DER ERZIEHUNGS- UND BILDUNGSBEGRIFF IM 20. JAHRHUNDERT

Erich Oberpichler

KLINKHARDTS PÄDAGOGISCHE QUELLENTEXTE

Herausgegeben von Prof. Dr. Theo Dietrich und Prof. Dr. Albert Reble unter Mitarbeit von Oskar Anweiler, Hans Herbert Becker, Magdalene Benden, Rudolf Biermann, Klaus Boeckmann, Winfried Böhm, Ulrich Bühler, Herbert Chiout, Erich Dauzenroth, Philipp Eggers, Hildegard Feidel-Mertz, Erich E. Geissler, Berthold Gerner, Werner Glogauer, Gottfried Hausmann, Helmut Heiland, Marian Heitger, Hubert Hettwer, Helmwart Hierdeis, Franz Huber, Theo Hülshoff, Heinz-Jürgen Ipfling, Franz-Josef Kaiser, Ludwig Kerstiens, Job-Günther Klink, Friedrich W. Kron, Otto Lange, Rudolf Lassahn, Rudolf Lennert, Ilse Lichtenstein-Rother, Rudolf Lochner, Joachim Lohmann, Hermann Lorenzen, Karl Ernst-Maier, Fritz März, Rudi Maskus, Kurt Meiers, Lotte Müller, Werner S. Nicklis, Friedhelm Nicolin, Horst W. Opaschowski, Hans-Heinrich Plickat, Franz Pöggeler, Eckhardt Preuss, Hans Dietrich Raapke, Hermann Röhrs, Wolfgang Scheibe, Jürgen Schriewer, Karl Seidelmann, Karl Seiler, Berthold Simonsohn, Franz J. Steinbacher, Arnold Stenzel, Erich Weber, Achill Wenzel, Heinz Wohlers u. a.

DER ERZIEHUNGS- UND BILDUNGSBEGRIFF IM 20. JAHRHUNDERT

Herausgegeben von
Prof. Dr. Erich Weber

3., erweiterte Auflage

1976

VERLAG JULIUS KLINKHARDT · BAD HEILBRUNN/OBB.

1976. 10. Ii. Alle Rechte vorbehalten
Gesamtherstellung: Graphischer Großbetrieb Friedrich Pustet, Regensburg
Printed in Germany 1976
ISBN 3-7815-0303-8

Inhalt

I. Josef Dolch: Worte der Erziehung in den Sprachen der Welt 7

II. Otto Willmann: Die Fundamentalbegriffe der Erziehungswissenschaft . . 15

III. Peter Petersen: Bildung und Erziehung 30

IV. Herman Nohl: Die Autonomie der Pädagogik 37

V. Eduard Spranger: Über Erziehung und Bildung 46

VI. Theodor Litt: Bildung heute 49

VII. Wilhelm Flitner: Erziehung 55

VIII. Wolfgang Klafki: Zur Theorie der kategorialen Bildung 64

IX. Alfred Petzelt: Bildung als Einheit von Erziehung und Unterricht . . . 85

X. Theodor Ballauff: Grundgedanken einer neuen Pädagogik 92

XI. Heinrich Roth: Erziehung aus der Sicht der Pädagogischen Anthropologie . 104

XII. Klaus Mollenhauer: Was ist Erziehung? 116

XIII. Werner Loch: Enkulturation als anthropologischer Grundbegriff der Pädagogik 122

XIV. Hans-Jochen Gamm: Erziehung und Bildung 141

XV. Wolfgang Brezinka: Präzisierung des Begriffes »Erziehung« . . . 152

Quellennachweis und Anmerkungen des Herausgebers 172

Nachwort des Herausgebers 184

Bibliographie (Auswahl) 190

I. Josef Dolch
Worte der Erziehung in den Sprachen der Welt[1]

...

Umschau im indogermanischen Bereich

1. Der Worte im Bereiche der »Erziehung« sind im *Deutschen* gar viele, vor allem auch deshalb, weil nahezu jedes zwischenmenschliche Verhalten und Handeln unter gewissen Umständen auch Erziehungswirkung haben kann. Bei Franz Dornseiff (Der deutsche Wortschatz, ⁵1959) findet sich erzieherisch Bedeutsames in nicht weniger als elf seiner »Sachgruppen«. Die seinerzeit von Leopold von Wiese aufgestellte »Tafel der menschlichen Beziehungen« (Allg. Soziologie 1, 1924) vermöchte manche Anregung zur Sammlung und Ordnung pädagogisch einschlägiger Worte zu geben. Weiter ist zu beachten, daß viele Worte vor allem durch Vorsilben einen zusätzlichen pädagogischen Nebensinn bekommen können. So ist *sehen* zunächst die Bezeichnung für einen ganz einfachen Vorgang, einem Kinde einen Fehler *nachsehen* hingegen eine pädagogische Maßnahme, bezeichnet *singen* einen Ausdruck der Gemütsbewegung, *vorsingen* jedoch etwas Lehrhaftes, *sagen* einfach von-sich-geben und mitteilen, *untersagen* weithin eine Angelegenheit der Zucht. Aber es ist auch klar, daß es darauf ankommt, in diesen und ähnlichen Fällen genauestens zu ermitteln, worin nun das »pädagogisch Eigentliche« liegt, was aus einem sonst außerhalb des erzieherischen Feldes Liegenden etwas erzieherisch Bedeutsames macht. Damit wird deutlich, daß die Hauptrichtung unserer Untersuchung auch im sprachlichen Bereich in erster Linie auf *erziehen* überhaupt zu nehmen ist und erst dann zu weiteren Wörtern übergegangen werden kann.

Das eben Gesagte gilt auch für das engere sprachliche Feld. Dieses ist nämlich auch ohne die erwähnten Ableitungen, Übertragungen u. ä. schon sehr differenziert, was in einem weiteren Arbeitsschritt näher aufgezeigt werden müßte. Ich nenne unter Verzicht auf fremdsprachliche Fachwörter nur vorläufig die einschlägigen Verben *erziehen, lernen, lehren, unterrichten, bilden, formen, prägen, unterweisen, hinweisen, anweisen, zurechtweisen, mahnen, tadeln, strafen, belohnen, beaufsichtigen, drohen, ermuntern, ermutigen, üben, einüben, einprägen, zeigen, vormachen, vortun, anleiten, behüten, entgegenwirken, unterstützen* usw. (vgl. auch die Neubearbeitung von Hugo Wehrle: Deutscher Wortschatz, durch Hans Eggers, ¹²1961), wozu nicht wenige Substantive und sonstige Worte treten. Das alles muß einmal in möglichst vielen Sprachen nach modernen Gesichtspunkten der Feldforschung zusammengestellt und sowohl systematisch wie historisch durchgearbeitet werden. Mit Anerkennung und Neid blickt der wissenschaftliche Pädagoge auf ein Werk wie Jost Triers »Der deutsche Wortschatz im Sinnbezirk des Verstandes. Die Geschichte eines sprachlichen Feldes« (1. Bd. 1931) und kann nur wünschen, daß Ähnliches einstens für den pädagogischen Bereich vorliegen wird. Doch ist wohl zu sehen (Trier in der Behaghel-Festschrift 1934, S. 188), daß die Zusammengehörigkeit der Worte im sprachlichen Feld »eine rein inhaltliche« ist, die etymologische Verwandtschaft sich zwar vorfinden kann, aber nicht muß: was in unserem Falle bei Niemeyer, nicht aber bei Schwarz-Curtmann und Willmann[2] beachtet ist. Anders ausgedrückt: Es kommt nicht — mindestens nicht in erster Linie — darauf an, die sprachliche Verwandtschaft des Wortes *erziehen* bis in die feinsten Verästelungen im Deutschen, Ausläufer in verwandten Sprachen oder Verwurzelungen in alten Sprachen aufzuweisen, sondern die »Grundbedeutung«, den »Ursinn«, oder wie immer man das heißen mag, zu klären, von dem aus allein festgestellt werden darf, wann und warum dann dieses und jenes andere Wort zum pädagogischen Sprachfeld gehört.

Gewisse sprachphilosophische Schwierigkeiten sollen dabei zurückgestellt werden; nach einem bekannten und berechtigten Satze Herbarts kann die Pädagogik ja nicht warten, bis die Philosophen ihre Meinungsverschiedenheiten ausgetragen haben. Hier handelt es sich zunächst ganz schlicht darum, festzustellen, was mit einem Worte wie *erziehen* gemeint ist, und zwar so, daß von ganz einfachen Sätzen ausgegangen wird: *Die Eltern erziehen ihre Kinder* oder *Er hat ihn zu einem tüchtigen Menschen erzogen* oder *Sie hinterließ einige unerzogene und ungezogene Kinder*. Besonders auch beim Vergleich mit anderen Sprachen dürfen ja nicht nur kurzschlüssige Wortgleichungen aus Wörterbüchern herausgepickt, sondern müssen sinngemäß dieselben Sätze zugrunde gelegt werden.

2. Die sprachlichen Hinweise gehen nun natürlich zuerst darauf, daß unser pädagogisches Grundwort aus dem Verbum *ziehen* und der Vorsilbe *er-* gebildet ist. Nun ist zu fragen, welche Bedeutung die einzelnen Bestandteile für sich oder in ihrer Verbindung haben.

a) Hierzu wird uns von der Wortforschung gesagt, die deutsche Vorsilbe *er-* komme von mhd. *er-*, ahd. *ar-*, *ir-* oder *ur-*, sei im Althochdeutschen noch »selbständige Präposition des Sinnes *heraus aus, von*« gewesen, habe jetzt die Aufgabe, Zeitwörter »auf den Eintritt oder das Ende des Zustandes umzuschalten« (Trübners Dt. Wörterbuch II, 1940, S. 210 mit Spezialliteratur), eine Entwicklung, an die sich »leicht auch die Vorstellung von einer Bewegung aus der Tiefe in die Höhe anknüpfte« (Paul-Euling, Dt. Wörterbuch [4]1935, S. 140; Paul-Schirmer, [5]1956, S. 162). Ich möchte dem hinzufügen, daß mancher Gebrauch auch auf eine gewisse Intensivierung oder Verinnerlichung hinzudeuten scheint: *leben-erleben, tragen-ertragen, fahren-erfahren, leiden-erleiden* usw.

b) Was jedoch das Grundwort *ziehen* betrifft, so war es vielleicht ein recht wirksamer Umstand, daß uns außer einigen brauchbaren Bemerkungen über die reiche Entwicklung dieser Wortsippe (Kluge-Götze, Etymologisches Wörterbuch der dt. Sprache, [15]1951, S. 901) und über die frühzeitige Beziehung des Wortes auch auf Ernährung und Pflege von Pflanzen und Tieren (Paul-Schirmer, Dt.

Wörterbuch ⁵1956, S. 767—768) die Aussage des »großen Grimm« bis vor kurzem noch fehlte. Daher waren wir Erziehungswissenschaftler zum Heile der Sache genötigt, selber eindringlich darüber nachzudenken, was *ziehen* eigentlich meint, uns anschaulich vorzustellen, was geschieht, wenn ein Wagen gezogen wird, uns zu überlegen, in welcher letzten Übereinstimmung der pädagogische Wortgebrauch damit steht. Dabei mußte sich unschwer ergeben: auf etwas unter Anwendung von Kraft derart einwirken, daß es von einer Lage oder Befindlichkeit in eine dem Einwirkenden irgendwie näher seiende andere, bessere oder richtiger, erwünschter erscheinende gebracht wird. Wir stoßen weiter darauf, daß diese Einwirkung möglicherweise, aber nicht notwendigerweise gegenüber einem gewissen Widerstand erfolgt, daß das Gezogene aber auch seiner Natur nach kein schlechthin Unbewegliches ist, daß die Einwirkung eine gewisse Zeit hindurch mit Kraft, nicht ruckartig und gewaltsam erfolgt — andernfalls wir *reißen oder zerren* gebrauchten — und dgl. mehr. Diese aus dem schlichten Vorsichthinstellen und Versenken gewonnene Bedeutung wird jetzt durchaus in der gründlichen Behandlung des Wortes *ziehen* im 15. Bande von J. und W. Grimms Deutschem Wörterbuch (1956, Sp. 938—1027) bestätigt. Die Erziehungswissenschaft tut gut daran, sich das bestens anzusehen (bei Trübner VIII, 1957, ist das Wort nicht behandelt). Als »Grundbedeutung« ist bei Grimm (Sp. 940) angegeben, einen Gegenstand *ziehen* heiße, »eine Kraft, die ihn zu sich hinzubewegen strebt, gleichmäßig auf ihn einwirken zu lassen, so daß er sich ihrem Ausgangspunkt nähert oder, wenn sie fortrückt, ihr folgt oder, wenn er an einem Punkt festgehalten wird, sich, falls er elastisch ist, in der Richtung der Kraft ausdehnt«. Da die Bezeichnungen für Gegenstände und Vorgänge der nicht-materiellen Welt zumeist aus dem Bereich der anschaulichen Dinge und Erscheinungen herübergenommen, dann aber etwas anders abgetönt werden, ist nicht nur auf die Übereinstimmungen, sondern vor allem auf die Nuancen zu achten. Wenn das auch hier noch nicht durchgeführt werden kann, so muß doch wenigstens dies erwähnt werden, daß das einfache *ziehen* mit dem *erziehen* zwar die Bewegung als Wesentliches gemeinsam hat, daß aber im ersten Ausdrucke das wichtige Moment des dauernden Erfolges, des Verbleibs am neuen Ort oder im neuen Zustand, fehlt.

Von größter Bedeutung ist m. E. weiter der auch heutzutage noch durchaus zulässige Gebrauch von *ziehen* im Bereich der Pflanzen- und Tierwelt, während *erziehen* jetzt für Pflanzen überhaupt nicht mehr, hinsichtlich höherer Tiere nur mehr dort benützt wird, wo umgekehrt eine Art Analogon zum Erziehungsvorgang (im »pädagogischen« Sinne) gemeint wird. Auf der anderen Seite hat sich aber die Bedeutung von *Ziehe* als »körperliche Pflege und Aufzucht eines kleinen Kindes durch eine fremde Frau« (so Grimm, Wörterbuch XV, S. 937) bis in die Gegenwart restweise erhalten, obwohl schon Johann Christoph Adelung in seinem »Grammatisch-kritischen Wörterbuch der Hochdt. Mundart« (²1793) gemeint hatte, daß diese Verwendung nur »bei dem großen Haufen... noch üblich« sei. Man tut gut, beim Zurücktasten zur Urbedeutung diese etwas nüchternere Seite — das Verhelfen zum Wachsen und Größerwerden überhaupt — nicht zu übersehen. Denn im reinen Bewegungssinn von *ziehen* ist diese Nuance, z. B. beim gezogenen Wagen, keineswegs mitenthalten.

3. Bei der Verbreitung und Vielgestaltigkeit der verwandten Abstammungen aus indogermanisch *deuk-* (vgl. Julius Pokorny, Indogerm. etymolog. Wörterbuch I, 1959, S. 220) und der Rolle, die dann das Griechische und Lateinische für die Entstehung und Fortentwicklung der mittel- und westeuropäischen Sprachen gerade im Bereich des nicht unmittelbar sinnlich Wahrnehmbaren spielten, ist nicht verwunderlich, daß in diesem Gesamtbereich sehr viele und enge Verwandtschaften zwischen den Worten der Erziehung bestehen. Doch heben die genannten Sprachen auch Momente heraus, die in den von ihnen beeinflußten nicht mehr oder nicht in Abhängigkeit davon hervortreten. Sehen wir uns den Bestand etwas an!

Das alte *Griechisch* verwandte ursprünglich *trepho* mit der Bedeutung fest, dick, stark, groß machen, nähren, füttern, hegen und pflegen und erst später das bekannte *paideuo*, in dem erstmals und einmalig der Hauptgegenstand der Einwirkung *pais* = Kind, Knabe, Mädchen markant auftritt. Im *Lateinischen* hingegen zeigt sich sowohl in dem wichtigsten Wort *educare*, das erziehen im seelisch-geistigen Sinn und aufziehen, großziehen durch Nahrung und sonstigen Aufwand (*meo cibo et sumptu educatus est:* Plautus) bedeutet, als auch in *educere* = herausziehen, emporziehen, auf- oder großziehen (*aliquem a parvulo:* Terenz) und *erudire* = ausbilden, unterrichten besonders das Herausbringen (*ex-, e-*) aus dem bisherigen Zustand (dem »Rohen«: *e rudi ducere*). Die Wortbildungen für das Phänomen des Erziehens verbinden also bald den Ausgangszustand mit der Einwirkung, bald diese mit dem Zielzustand, während die Wortbildungen für den Unterricht — z. B. *institutio, instruere,* im Deutschen das Wort *Unterricht* selbst — nicht so sehr den Blick auf die Zustände des Educandus haben, sondern auf das Hinein in ein Anderes, ein schon Bestehendes oder die Aufnahme eines solchen in den Menschen. Erst die beiden Wortgruppen zusammen umfassen jenes Ganze der Erziehung im heutigen und besonders im wissenschaftlichen Sinne, das einstens E. D. Fr. Schleiermacher als »Ausbilden der Natur und Hineinbilden in das sittliche Leben« bezeichnete (Pädagogische Vorlesungen 1826, Einleitung, und 6. Stunde 1813/14; ed. C. Platz ³1902, S. 35 f. und 424; ed. E. Weniger I, 1957, S. 33 f. und 376).

Im *Französischen* spielen bekanntlich *instruire* und *enseigner*, beide vorwiegend lehren und unterrichten meinend, eine vorherrschende Rolle; das einfache *élever* aber heißt sowohl erheben, erhöhen, höher machen, als auch Kinder, Pflanzen und Tiere auf- oder großziehen. Unter lateinischem Einfluß bürgerte sich *éducation* ein, das jedoch auch Dressur und Züchtung von Lebewesen bedeuten kann. Das *Italienische* gebraucht für erziehen vorwiegend drei Worte, von denen *allevare* = aufziehen, erziehen, einen Säugling nähren, stillen, Pflanzen und Tiere züchten den uns nun schon bekannten einen Pol, *coltivare* = Pflanzen, bes. Blumen ziehen, pflegen, aber auch den Geist bilden den anderen und *educare* die breite Mitte von erziehen mit einer gewissen Tendenz zu ausbilden hin bestreiten. Deutlich steht auch im *Spanischen* und wörtlich ebenso im *Portugiesischen* neben dem dominierenden *educar* noch *criar* (von lat. *creare*), das vollwertig erziehen, aber auch erzeugen, säugen, ernähren, füttern bis hin zur Aufzucht im allgemeinen bedeutet.

Wenden wir uns von den eigentlichen Tochtersprachen des Lateinischen zum germanischen Sprachbereich, so sehen wir mit Erstaunen, daß auch im *Englischen to educate* in seiner Breite von aufziehen, erziehen, ausbilden, bilden und dressieren den Sieg über andere Worte davontrug (vgl. The Oxford English Dictionary 3 [1933] 44—45). So gegen das ganz alte *to rear* = aufrichten, erziehen, züchten, aber auch das schlichte *to bring up* = hinaufziehen, aufziehen; *to form* jedoch ähnelt bereits merklich dem deutschen (sich) bilden. Im *Niederländischen* hingegen hielt sich durchaus *opvoeden* = erziehen, auffüttern, aufziehen, großziehen von *voederen* = füttern als wichtigstes Wort der Erziehung. Desgleichen im *Schwedischen* mit *uppfostra*, zusammenhängend mit *fostra* = großziehen, aufziehen, erzeugen. Doch wird auch *uppdraga* = hinaufziehen verwendet, dem im *Norwegischen* und *Dänischen* gleichfalls eine Bildung aus ziehen, nämlich *opdraga*, entspricht.

Aus der slawischen Sprachgruppe möge das maßgebliche Erziehungswort des *Russischen* genügen, das umfassende *vospityvat* = großziehen, aufziehen, aber auch geistig bilden, vervollkommnen, zusammengesetzt aus *pitat* = nähren, ernähren, speisen und der Vorsilbe *vos-*, die in Zusammensetzungen (hin)auf, empor u. ä. bedeutet. Anderes gehört schon vorwiegend zu lehren und unterrichten — und überdies bürgert sich, wie in vielen der bereits genannten Sprachen, auch in Rußland der Gebrauch von »pädagogisch« als Fremdwort zunehmend ein.

Aus asiatischen Sprachen

Von besonderer Wichtigkeit für die Inangriffnahme der gestellten Aufgabe ist es, zu sehen, in welchen sachlichen — nicht so sehr etymologischen! — Zusammenhang die nicht-europäischen Völker, vor allem auch die alten Kulturvölker, ihre Worte für erziehen stellen[a].

1. Das biblische *Hebräisch* verwendet für erziehen zwei Worte: *amnah* von einer Wurzel 'mn, die in der einfachen Form (Kal) die Bedeutung von säugen, stillen, dann auch großziehen, erziehen hat, in der Passiv-Form (Niphal) soviel wie zuverlässig sein, beständig sein, treu sein. Das andere Wort ist *mussar* von einer Wurzel jsr = züchtigen, erziehen, warnen, zurechtweisen. Banner macht darauf aufmerksam, daß manche Stellen des Alten Testaments der »Stab« der Zurechtweisung noch hinzusetzen; auch Werner Jentsch (Urchristliches Erziehungsdenken [1951], S. 86 ff.) verweist darauf, daß sowohl biblisches wie rabbinisches *jsr*, das »meistgebrauchte Wort für erziehen«, hauptsächlich im Sinne von Züchtigung, Mahnung und Strafe verwendet wird. Für unsere Untersuchung

---

[a] Nachstehende Angaben stammen für das Hebräische zumeist von Herrn Lehrbeauftragten Josef Banner (Saarbrücken—Forbach), für das Arabische und die ost- bzw. nordasiatischen Sprachen von Herrn Privat-Doz. Dr. Max Mangold (Saarbrücken—Basel).

wichtig ist daran, daß hier das Erziehungswort von einer charakteristischen, wohl vorwiegenden Maßnahme genommen wird, etwa wie man auf alten Bildern — nicht ohne Zusammenhang mit den alttestamentlichen Züchtigungsmahnungen Spr. 13, 24; 22, 15; Sir. 30, 1 u. ö.; vgl. auch Sprüche des Achikar — die Rute als Normalattribut des Lehrers findet. Vielleicht ist hier der passende Ort zu erwähnen, daß auch im *Altägyptischen* die Grundbedeutung des zusammenfassenden Wortes für lehren, unterweisen, erziehen die von strafen, züchtigen ist (Lorenz Dürr, Erziehungswesen im Alten Testament und im Orient [1932], S. 20).

Im *Arabischen* gruppieren sich die Worte der Erziehung um fünf verschiedene Wurzeln. Von *rbw* stammt *rabā* = sich mehren, zunehmen, wachsen und wachsen machen, heranwachsen, entwickeln, auch übersteigen, überschreiten, jedoch auch gleich ziehen und züchten von Tieren; von *rbb* kommt *rabba* = besitzen, beherrschen, ein Kind aufziehen, vergöttlichen; von '*db* leiten sich ab *adaba* = zu einem Fest einladen, wohl erziehen, bilden, züchtigen, strafen und *aduba* = wohlerzogen, feingebildet sein; die Wurzel *hdb* bildet reinigen, säubern, glätten, beschneiden, zurechtstutzen, verbessern, verfeinern, feilen, berichtigen, korrigieren, durchsehen, überprüfen, erziehen, bilden, belehren, '*lm* jedoch lernen und lehren, sich erkundigen, wissen und wissen lassen, erkennen, unterscheiden und die entsprechenden Substantiva, »*fann at-ta 'līm*, wörtlich die Wissenschaft des *ta līm*, steht für Pädagogik«.

Im *Chinesischen* wird für erziehen, vor allem als Übersetzung für das Englische education, durchweg *jiàoyù* (sprich: dschjau-jü) gebraucht. Die erste Silbe, d. i. *jiào*, bedeutet unterrichten, lassen, befehlen, auch Religion; die zweite, d. i. *yù* = gebären, ernähren, pflegen, großziehen, heranwachsen, aufwachsen, erziehen, bilden. Mit der ersten Silbe *jiào* werden aber noch drei andere Worte für Erziehung gebildet: *jiàodào* (sprich: dschjau-dau), worin *dào* führen, überleiten bedeutet. Dann auch *jiàohuà* (sprich dschjau-chua), wobei *huà* die Bedeutungen umbilden, (sich) auflösen, schmelzen, verbrennen, sterben, planmäßig entwickeln, verdauen, Bildung, Kultur, Kosten, Ausgabe u. a. hat. Endlich *jiàoyáng* (sprich: dschjau-jang), in dem die zweite Silbe *yáng* soviel wie ernähren, aufziehen, großziehen, züchten, sorgen für, unterhalten, ja Kinder gebären heißt. Man sieht sehr aufschlußreich, wie die verschiedenen Nuancen des weiten Feldes durch Verbindungen mit *jiào* entstehen.

Im *Japanischen* sind die meisten Worte für Erziehung chinesischen Ursprungs. Am häufigsten ist *kyōiku* (sprich: kjoo-iku), das direkt aus dem chinesischen *jiàoyù* stammt. Ferner kommt vor *kuniku* (sprich: kun-iku) aus chinesisch *xùn* + *yù*, wovon das letztere schon oben erklärt ist, das erstere belehren, erziehen, unterweisen, ermahnen bedeutet. Ein weiteres Wort *kyōka* (sprich: kjoo-ka) kommt von chinesisch *jiàohuà* und wird im Wörterbuch mit education, culture, enlightenment, evangelization übersetzt. Gleichfalls aus dem Chinesischen kommt *xūntáo* (sprich: hsün-tau), wovon *xūn* ausräuchern, beeinflussen, *táo* jedoch töpfern, formen und brennen, bilden, erziehen, vergnügt sein, sich ergötzen bedeutet. Als letztes Erziehungswort chinesischer Herkunft sei genannt *tōya*

(sprich: too-ja) aus *táo* (wie oben) und *yě*, das schmelzen, gießen und u. a. auch reizend heißt; es wird mit education, training, cultivation übersetzt...
...

Auswertung für Systematik und Vergleich

Nicht nur die sorgfältige Sammlung des einschlägigen Wortmaterials, sondern auch seine zweckmäßige Auswertung erfordert eine enge Zusammenarbeit der Pädagogen mit Philologen, aber auch mit Psychologen und Soziologen, Ethnologen und Wissenschaftlern anderer »menschlicher« Gegenstände. Die Bedeutung scheint m. E. im wesentlichen dreifach zu sein:

1. Einen ersten Aufgabenbereich darf man wohl als *lexikalisch* bezeichnen. Es handelt sich darum, den Gesamtbestand an Worten des pädagogischen Feldes zusammenzustellen und überdies die treffenden gegenseitigen Übersetzungen zu ermitteln. Schon das ist, wie alle lexikalische Arbeit, in einer Zeit wachsender internationaler Zusammenarbeit ein höchst dankenswertes Unternehmen. Befriedigende Vorarbeiten dafür fehlen sowohl hinsichtlich der Wortbestandsaufnahme in den einzelnen Sprachen selbst wie hinsichtlich der Übersetzungen. Die in manchen Veröffentlichungen der UNESCO gebotenen lexikalisch-terminologischen Hilfen beziehen sich fast ausschließlich auf schulorganisatorische Begriffe, die Dezimalklassifikation — DK 37 Erziehung. Unterricht = education = enseignement, instruction — kann, wie schon dies Beispiel zeigt, nur ein Notbehelf sein. Die schwierigste und vorerst wichtigste Aufgabe ist jedoch die erste: die innersprachliche Wortbedeutungsforschung. Sie muß sich daran halten, welche Bedeutung das Wort *hat*, was tatsächlich damit bezeichnet *wird*, und darf — wenigstens ihrerseits! — noch nicht Gesichtspunkte hereintragen, wie es gebraucht werden soll. Anderseits kann sie aber auch nicht auf eine sachliche Analyse verzichten, z. B. wenn sie den Unterschied von *lehren* und *unterrichten* herausarbeitet. Geschichtliche Rückblendungen können dabei mitunter recht nützlich sein, wofür etwa Triers Darlegungen über *kunst*, *wisheit* und *list* im Mittelhochdeutschen ein Vorbild sein können.

2. Eine zweite Aufgabe kann wohl die *systematische* heißen. Sie hängt aufs engste mit dem zuletzt Gesagten zusammen. Denn eine wirklich auch sachlich befriedigende Übersicht von Worten des pädagogischen Feldes, die Überordnung, Unterordnung und Gleichordnung von Begriffen zum Ausdruck bringt, ist ein dringendes Bedürfnis der systematischen Pädagogik selbst. Es wird zwar nicht selten gesagt, das Zeitalter der pädagogischen Systeme sei vorüber. Das kann aber nur insoweit richtig sein, als nicht mehr aus obersten Begriffen deduziert wird. Aber keine Wissenschaft kann und darf darauf verzichten, ihre geistige Ordnungsarbeit in klare Begriffe zu fassen und in entsprechenden Worten auszudrücken. Oft wird sie dabei genötigt sein, Herkömmliches zu präzisieren oder neue Begriffe und Worte zu bilden, nicht selten dabei auch die toten Sprachen, wie Latein und Griechisch, in Anspruch zu nehmen. Zunächst ist dabei jedoch der sich anbietende Wortbestand der lebendigen Sprache eine unschätzbare Hilfe und könnte es um so mehr sein, als im Sinne dieses anregenden Beitrages die

sprachliche Erforschung des pädagogischen Wortfeldes durchgeführt wäre. Ich habe zwar selbst (Grundbegriffe der Pädagogischen Fachsprache, ³1960, S. 30) unter Berufung auf das gemeinsame Grundwort dagegen Stellung genommen, *Bildung* und *Ausbildung* als Gegensatz hinzustellen, muß aber in diesem Zusammenhange doch sagen, daß es immerhin recht nützlich ist, Vorhandensein und Gebrauch dieser beiden Worte zum Anlaß einer eingehenden sachlichen Überlegung zu machen. Einfach ist das freilich nicht, wie der berühmte Versuch Platons (Nomoi I, 12, 643 d — 644 a) zeigt, der *trophe* und *paideia* voneinander abzugrenzen unternahm und damit endete, sich »nicht wegen des Wortes zu streiten« (vgl. auch Jaeger, Paideia 3, S. 301 f.). Ein weiteres Beispiel dafür, zu welchen sachlichen Überlegungen schon die Beachtung des Wortbestandes anregen kann, ist etwa die Gruppe *hinweisen, anweisen, unterweisen* und *zurechtweisen,* in der Gemeinsames und Unterschiedliches sehr wohl auf Sachliches hindeutet.

Eine weitere systematische Bedeutsamkeit eingehenderer Beschäftigung mit dem Felde der Erziehungsworte liegt in der in dieser Skizze verfolgten Richtung, sich in die Bedeutung der annähernd gleichsinnig gebrauchten Worte, vor allem der auf Einfaches, Anschauliches gerichteten Ausdrücke zu vertiefen und damit einen Beitrag zur Wesenserschließung zu gewinnen. Schon die bescheidene Zusammenstellung zeigt doch eine Fülle von Momenten, die in einem rechten Verständnis von »Erziehung« nicht übersehen werden dürfen. Da ist neben dem deutschen Ziehen als »bewegende Einwirkung« und dem Richtungssinn des »Empor« der Hinweis auf »Kind, Jugendlicher« im Griechischen als zwar nicht einzigen, aber doch speziellen Gegenstand dieser Einwirkung, ist der Ausgangspunkt im Lateinischen als etwas »Unvollkommenes, Rohes« charakterisiert, vielfach die enge Verknüpfung mit »Wachstum, Entwicklung, Ernährung« angedeutet, der Endpunkt als »erwachsener Mensch« als »Schmuck, Zierde, Würze« (so türkisch *terbyiye* = sowohl Erziehung wie Sauce, Würze!), die Einwirkung selbst als »Ziehen« (nicht Reißen, Zerren), Verbessern, Korrigieren, aber auch als »Dressieren, Züchten, Strafen« u. a. m. Es ist nicht an dem, daß die wissenschaftliche Begriffsbildung sich mit den hier aufgetretenen Gesichtspunkten begnügen müßte, aber sie scheinen mir immerhin als vereinigte Uraussage der Menschheit über die Erziehung nicht weniger wichtig, als manches nebulose pädagogische Gerede, das keinen Boden mehr unter den Füßen hat[3].

3. Endlich haben solche Sammlungen und Auswertungen noch eine *komparative* Bedeutung. Daß eine Vergleichende Pädagogik sowohl an der erwähnten lexikalischen wie auch an der systematischen Seite interessiert ist, braucht nicht weiter dargelegt zu werden. Aber darüber hinaus bietet gerade der Verbleib von Unterschieden den Anreiz zu weiterer Untersuchung. Es hat noch nichts mit Rassenwahn oder Klischeevorstellungen zu tun, wenn ganz allgemein darauf hingewiesen wird, daß es doch auch so etwas wie einen Volkscharakter im pädagogischen Bereich gibt (vgl. Friedrich Schneider: Triebkräfte der Pädagogik der Völker, ²1947, S. 46 ff.). In dieser Hinsicht kann eine Betrachtung des pädagogischen Wortbestandes der lebendigen, der gebrauchten Sprache — erst in zwei-

ter Linie auch der Fachliteratur — sicherlich gewisse Dienste tun. Es ist gewiß kein Zufall, wenn die eine Sprache ein zusammenfassendes Wort, eine andere mehrere gleichwertige Worte für den Gesamtbereich gebraucht, da das Moment der Zucht, des Hinbringens zum rechten Benehmen, dort zum gewandten Sprechen und zum Wissen, wenn einmal die helfende, die gebende, die unterstützende, ein andermal die hemmende, beschneidende Seite hervortritt. Nicht ohne Wert wäre vielleicht auch, konnte hier aber noch nicht verwertet werden, was die Häufigkeitsuntersuchungen des Wortgebrauchs dazu neuerdings beitragen.

Zuletzt darf aber auch die geschichtliche Seite des Vergleichens nicht vergessen werden. Wie von der historischen Wortforschung für andere Bereiche bereits erwiesen, unterliegt doch auch der Wortgebrauch im Pädagogischen einem geschichtlichen Wandel. Die Worte entstehen und dringen doch mit der Sache ein, und sie treten auch mit ihr ab oder mindestens zurück. Daß z. B. *Kinder (er)ziehen* bei uns kaum mehr das physische Ernähren, Bekleiden, Betreuen überhaupt bedeutet, ist nichts anderes als der Ausdruck dafür, daß dies, was in einfacheren Verhältnissen noch das Vordringlichste und Härteste war, mit den veränderten Gesamtverhältnissen schon beinahe zur nicht mehr erwähnten Selbstverständlichkeit geworden ist. Wo in einer gebrauchten Sprache jene Erziehungsworte an Häufigkeit und Wichtigkeit zunehmen, die ins Lehren und Lernen, in Unterricht, Bildung und Ausbildung hineinreichen, ist es ein untrügliches Anzeichen für einen kulturell bedingten Wandel im Erziehungsfeld selbst. Demgemäß ist umgekehrt der pädagogische Wortbestand auch ein Symptom der kulturellen Verhältnisse selbst, wie z. B. die Aufnahme des russischen Lehnwortes *vospitajda* in den Gebrauch der Samojeden, also neben den alten Worten des Nenzischen, deutlich macht. Endlich geben Wortbestand und Wortgebrauch auch deutliche Hinweise auf das Vorhandensein, den Einfluß und die allenfallsige Herkunft eines pädagogischen Denkens bestimmter Zeiten und das keineswegs nur hinsichtlich spezieller Fachwörter. So dürfte z. B. sicher sein, daß die Verschiebung und Einengung von *Erziehung* vom mechanischen Vorgang auf Menschenformung recht wesentlich davon mitbestimmt gewesen waren, daß die lange allein für die Literatur und Diskussion in Frage kommenden Lehrer und Geistlichen das lateinische *Educatio* gleichsam im Bewußtseinshintergrunde hatten...

II. Otto Willmann
Die Fundamentalbegriffe der Erziehungswissenschaft[1]

1. Was Erziehung ist, weiß jedermann; wer Kinder hat, wer die Jugend unterrichtet, *soll* es wissen, denn für solche ist Erziehung eine Pflicht. Trotzdem ist es nicht so leicht, sich Rechenschaft zu geben, was Erziehung eigentlich ist, d. h. was als das ihr Eigene, ihr Wesen, ihre Natur zu gelten hat. Für die Eltern erscheint sie mit dem Familienleben verflochten, für die Lehrer mit dem Werke des

Unterrichtens. Im Hause wächst die Aufgabe, die Kinder zu *erziehen* aus der ursprünglicheren, sie *auf*zuziehen, allmählich, fast unmerklich heraus. In der Bedeutung von: erziehen schwingt die des Stammwortes: ziehen mit, und nur die Vorsilbe: er- weist auf den Unterschied hin[2]. Ziehen ist in diesem Zusammenhange gleichbedeutend mit aufziehen, d. i. heraufbringen, groß machen, durch Nahrung, Wartung, Pflege zum Wachsen und Gedeihen bringen. Man zieht Pflanzen, Tiere, Kinder; es ist ein für ein werdendes, in *Entwicklung* begriffenes, organisches Wesen *fürsorgendes* Tun. Erziehen muß aber mehr besagen; die Vorsilbe er = gotisch us, uz, althochdeutsch ir-, or-, ur-, identisch mit unserem ur- in: uralt, Urheber, Ursprung u. a. zeigt das Hervortreten, Entspringen aus dem Grunde an, zugleich aber das völlige Heraustreten, den Abschluß der Handlung, wie dies die Vergleichung von: werben und erwerben, forschen und erforschen, kennen und erkennen u. a. nahelegt; damit kann aber auch eine Steigerung, Erhöhung der Tätigkeit mitbezeichnet sein: erdenken ist mehr als denken, erfinden mehr als finden.

Danach wäre Erziehen ein von Grund aus anhebendes, erhöhtes und abschließendes Ziehen oder Wachsen- und Gedeihenmachen. Der Sprachgebrauch schränkt es auf Menschen ein; nur der werdende Mensch wird erzogen; wenn der Erzieher mit dem Gärtner, dem Züchter vergleichbar ist, so ist doch sein Tun ein höheres, aus dem Organischen in das *Moralische* gesteigertes und darum das Aufziehen untergreifend und vollendend.

2. In der älteren Sprache ist dieser Unterschied noch nicht ausgeprägt; man sprach vom Erziehen von Reben, von Saaten u. a. In Ableitungen von: ziehen erscheint der Unterschied auch bei uns verwischt. Wir sagen: Baumzucht, Pferdezucht, aber auch Kinderzucht, Manneszucht, Hauszucht, womit schon das Ziehen in das Moralische vorgeschoben wird. Die Tätigkeit, welche dabei vorschwebt, ist nun nicht sowohl ein Wachsenmachen als ein Strecken, Recken, Richten, *Regeln,* etwa dem der Rebe oder des Spalierbäumchens vergleichbar, nur bezogen auf Strebungen, Neigungen, Willensakte, also moralische Lebensäußerungen. Ganz in das moralische Gebiet tritt die Bedeutung von: züchtig, zuchtlos, züchtigen u. a. über. Zuchtlos ist: ungesittet, ohne Lebensart, ein verstärktes: ungezogen. Letzteres aber deckt sich nicht mit: un*er*zogen; der Ungezogene gibt Anstoß durch Mangel an Lebensformen, der Un*er*zogene kann diese haben, läßt es aber an Regelung seines Innern fehlen, entbehrt der Selbstbeherrschung. Hier erscheint die Erziehung als *Verinnerlichung* der Zucht, also wieder als eine Erhöhung und Vollendung, wie sie sich als solche des Aufziehens darstellte.

Im häuslichen Leben hebt sich das Ziehen als Aufziehen oder Pflegen und das Ziehen als Strecken oder Zucht kenntlich ab. Jenes ist Lebensförderung, bei diesem findet ein Abbrechen, Einschränken, Gegenwirken statt. Die Pflege soll wirken, daß die Kinder sich auswachsen, d. h. gedeihen, die Zucht dagegen, daß sie nicht auswachsen, d. h. übermütig werden. Das junge Leben soll sich entfalten, aber sein Spielraum ist durch die Ordnung des Hauses begrenzt; die Kinderzucht fällt in die Hauszucht; eine *Lebensgemeinschaft,* die ursprünglichste: das

Haus, die Familie greift bestimmend ein, stellt an die Jugend die Forderung der Teilnahme, Einreihung, Eingliederung.

So treten die aufziehende Pflege und die regelnde Zuchtübung voneinander ab; sie haben wohl beide das Leben zum Augenmerk, aber in verschiedenem Sinne; jene fördert ein sich entwickelndes Leben, für diese ist das Leben zugleich ein objektiver Faktor, eine Macht oder eine Norm, welche die Jugend in ihren Bereich zieht, in ihren Dienst fordert.

Was jedoch über beide übergreift und sie verbindet, ist die *Fürsorge;* die Lebensförderung und die regelnde Gegenwirkung sollen dem Besten der Kinder dienen und auch die Zuchtübung ist ein Gedeihenmachen, insofern auch sie Lebensbedingungen, nicht zwar physische, aber *soziale* gewährt.

3. Alle Fürsorge gewährt, spendet, gibt, teilt etwas mit, was die Empfangenden fördern kann. Bei der Pflege sind es materielle, der Gegenwart dienende Gaben, bei der Zucht sind es Gewöhnungen, Weisungen, Sitten, also immaterielle, für Gegenwart und Zukunft berechnet. Das Erziehen erweist sich als höheres Aufziehen und Zuchtüben, auch durch das *Ausstatten,* das Sichern eines Besitzes, das Vermitteln von geistigen *Gütern,* und damit zieht es das *Lehren,* Unterweisen, Unterrichten in seinen Bereich. Die waltende, weise herrschende Hausfrau in Schillers »Glocke« »lehret die Mädchen und wehret den Knaben«; der Gleichklang der Worte bezeichnet gut die Ergänzung der Zucht durch die Lehre. Das Lehren ist ein geistiges Ausstatten, und damit reiht es sich den wirtschaftlichrechtlichen Beziehungen an, welche den Besitz regeln. Mit der Obsorge für die physische Existenz, welcher die Pflege dient, geht ja die für die wirtschaftliche Hand in Hand. Gewissenhafte Eltern sorgen dafür, daß ihre Kinder einmal etwas haben, und darin liegt für sie ein namhaftes Motiv zum Erwerben und zum Zusammenhalten des Erworbenen. Aber Geld und Gut sichern die wirtschaftliche Existenz erst, wenn ihr Besitz mit dem von Fertigkeiten, Kenntnissen, Gesinnungen verbunden ist, wie solche die Erziehung als lehrende gewährt.

In den Ausdrücken für Lehre und Unterricht greift die Sprache mehrfach auf Tätigkeiten der Pflege, besonders auf das Nähren zurück. »Des Menschen Geist wird durch Lernen und Denken genährt«, sagt Cicero[a] und er bezeichnet die Studien als Speise des Menschentums[b]. Die Lehre wird mit der Bestellung des Ackers verglichen; sie ist animi cultus, geistiger Anbau; unserm Worte: Kultur liegt diese Übertragung zugrunde. Andere Ausdrücke weisen darauf hin, daß das Lehren nicht sowohl ein *Anbauen* als ein *Einbauen* ist, so die lateinischen instruere und informare, das deutsche: unterrichten, gleichsam einen Unterbau herstellen; als Gestalten, Formen faßt unser Wort: *Bildung* die Aufgabe und das Ergebnis des Lehrens.

Wenn die erste geistige Ausstattung noch im Gesichtskreise des Hauses liegt, so greift die Fürsorge für die Bildung der Jugend darüber hinaus und wird von der *Schule* übernommen, wie die Hauszucht von der *Schuldisziplin* fortgeführt wird, welche der Bildung die *Sittigung* zur Seite gibt.

---

[a] De officiis I, 30.
[b] De fin V, 19, humanitatis cibus.

4. Die erziehende Tätigkeit wächst so aus der des Aufziehens heraus, welche sich in ihr ins Moralische erhebt, der geistig-ausstattenden als bildenden entgegen. Fürsorge, Regelung der Strebungen, Ausstattung des Innern verschränken sich in ihr; aus *Pflege, Zucht und Lehre setzt sich die Erziehung zusammen,* sie bilden den *pädagogischen Ternar*³. Die Einheit dieser drei Betätigungen besteht in ihrer Beziehung auf werdende Menschen und in dem dadurch bedingten Eingreifen ineinander. Die Pflege hebt als physische an, aber insoferne Zucht und Lehre vor Anlagen der Zöglinge gestellt sind, welche sie fürsorgend zu erhalten, zu entwickeln, zu steigern haben, zeigen auch sie den Charakter der Pflege. Ebenso durchwaltet die Zucht das ganze Tun; schon die Pflege als Nahrung, Wartung, Aufsicht verlangt Regelung der Strebungen durch Gewöhnen und Abgewöhnen, Antreiben und Versagen, Gebot und Verbot; weit mehr noch aber das Lernen, das, mag es als Ausstatten oder Bilden gefaßt werden, ein geregeltes Vorgehen sein muß. Treffend vereinigt der lateinische Ausdruck für Zucht: disciplina, von discere lernen, beide Seiten. Wie Pflege und Zucht so durchzieht aber auch die Belehrung das Gesamtgebiet. Sie hebt mit dem Verkehre von Mutter und Kind an, findet in der Überlieferung der Sprache ihre Grundlegung; belehrende Vorschriften begleiten das Aufziehen und die Zuchtübung; das Lehren selbst übt Geistespflege und Geisteszucht.

Der Mannigfaltigkeit des Erziehungsgeschäftes suchen die Sprachen durch Verbindung bald von drei, bald von zwei Ausdrücken genug zu tun. Wir sagen: Kinderzucht und Jugendbildung, wobei bei der doppelten Bedeutung von: Zucht alle drei Momente genannt werden. Die Griechen verbinden entweder trophē und agōgē: Aufziehen und Führung oder trophē und paideia: Aufziehung und Bildung oder alle drei Ausdrücke, die den drei Momenten entsprechen. Wenn dabei die Zucht Führung genannt wird, so tritt die Selbsttätigkeit des Zöglings mehr hervor als in dem strengeren deutschen Ausdrucke. Jedes der Wörter kann aber auch das Ganze bezeichnen: paidōn agōgê oder paidagōgía, Führung der Kinder heißt Erziehung ͨ. Paideuein kommt von pais, Kind, Knabe, und ist nach Prof. P. M. Zirroik vermittelt durch ein verlorengegangenes paideus, was Kinderführer, Pädagog, Erzieher bedeutet haben muß, so daß paideuein hieße: den Beruf eines Erziehers haben, d. i. erziehen, eine Entwicklungsreihe, wie sie vollständig vorliegt bei: hippos, Pferd, hippeus, Reiter, und hippeuein, Reiter sein, reiten. An Stelle jenes verloren gegangenen paideus trat paidagogos.

5. Nicht ohne Einfluß des Sprachgebrauchs ist die Reihe zustande gekommen, welche bei den Alten gangbar ist, bei der die drei Momente der Erziehung erscheinen als: *Natur, Gewöhnung* und *Lehre:* physis, êthos, logos, also bezeichnet mit den Stammwörtern der drei Wissenschaften: Physik, Ethik (von êthos), Logik — ein Wink, daß diese vereinigt auch der Erziehungslehre zugrunde zu legen sind. Aristoteles nennt die drei Momente als Bedingungen zur Tugend zu gelan-

---

ͨ Dabei wirkt die Erinnerung an Aufziehen und Fürsorge so stark nach, daß von einer »Pädagogie der Bäume«, Plut. de educ. 4 und der Krankheit im Sinne von Pflege die Rede sein kann, Euripid. Orest. 875 (883).

gen, in welcher er den Zweck der Erziehung zusammengefaßt sieht[d]. In einer Angabe bei Diogenes von Laerte wird die Reihe als: Natur, Lernen (Mathêsis) und Übung (askêsis) aufgeführt[e]. In der dem Plutarch zugeschriebenen Abhandlung über die Erziehung der Kinder heißt es: »Im allgemeinen läßt sich von der Tugend dasselbe sagen, was wir bei den Künsten und Wissenschaften anzunehmen pflegen: daß es nämlich drei Stücke sind, welche zur Vollendung zusammentreten müssen: Natur, Unterricht und Gewöhnung; unter dem Unterricht verstehe ich das Erlernen, unter Gewöhnung die Übung. Der Anfang gehört der Natur an, der Fortschritt dem Erlernen, die Anwendung der Übung, die Vollendung allen«[f]. Unter: Natur ist hier die Anlage gemeint, aber die Alten beziehen den Ausdruck auch auf das physische Leben und rechnen die von ihnen so hochgestellte Gymnastik hierher.

Die Reihe: Pflege, Zucht, Lehre geht auf die anthropologische: *Leben, Streben* und *Erkennen* oder: vitales Gebiet, Wille und Geist zurück, und sie bezeichnet zugleich eine *Stufenfolge* der Entwicklung, welche ein pythagoreischer Spruch sinnreich ausdrückt: »Das Netzwerk der Seele besteht zuerst aus den Adern und Nerven, aber sobald sie erstarkt und zu sich gekommen ist, bilden es ihre Gedanken und Werke«[g]. An jenem ersten Netzwerk arbeitet die Pflege, von den physischen Bedürfnissen in Gang gesetzt; an dem der Strebungen, das in Werken seine Festigkeit gewinnen soll, die Zucht, den moralischen Bedürfnissen Rechnung tragend, aber zugleich das Individuum über sich hinaus in die Lebensordnung einführend; an dem Netzwerk der Gedanken aber webt die Lehre als Ausstattung das Innere erfüllend, als Bildung es gestaltend. Wodurch die Seele sukzessiv zu sich selbst kommt, was also das Individuum zur Persönlichkeit erhebt, drückt aber zugleich einen Fortschritt vom *Subjekt zum Objekt* aus: für die Pflege ist das Subjekt, der Pflegling das *Maß*, für die Zucht ist es der Zögling, aber zugleich die Lebensordnung, für die Lehre ist es der Lehrinhalt in erster Linie, dem sich der Lernende zu konformieren hat, in zweiter dessen Aufnahmsfähigkeit[h].

6. Die drei Betätigungen, welche in der Erziehung zusammengeschlossen sind, könnten darum auf den ersten Blick als spezifisch pädagogische erscheinen, allein näher betrachtet überschreitet jede derselben das Gebiet der Erziehung, und sie werden pädagogische erst in ihrer Anwendung auf den werdenden Menschen.

Pflege als physisch-moralische Fürsorge tritt uns auch in der Krankenpflege, in den hygienischen Einrichtungen aller Art, in der Fürsorge für Alte, Unheilbare, Irre und in verwandten Wohlfahrtseinrichtungen entgegen, bei denen die Beziehung auf ein werdendes Leben fehlt und nur die Erhaltung, Wiederherstel-

---

[d] Politik VII, 13. VIII, 3. Nikom. Ethik X, 16, 6. Vgl. Rhetorik I, 1, Poetik 1, Metaphysik IX, 5, Plat. Phaedr. p. 269 D.
[e] Diog. Laert. V, 18.
[f] De educ. puer. 4.
[g] Diog. Laert. VIII, 31.
[h] Vgl. W. Toischer, Theoretische Pädagogik und allgemeine Didaktik, München 1896. S. 19 f.

lung, Förderung des Lebens nicht ohne ein moralisches Moment, aber doch auch nicht in pädagogischem Sinn, bezweckt wird. Zuchtübung als Regelung der Strebungen und des Willens tritt überall auf, wo es gilt, eine bestehende Ordnung zu erhalten. Wenn die Hauszucht pädagogisch ist, so gilt das nicht mehr von der Manneszucht im Herrn, von der Disziplin in Körperschaften der verschiedensten Art, von der Kirchenzucht, von der Polizei, von der Strafrechtspflege. Auch hier kann und soll die Regelung wie bei der Erziehung über das Äußere zu inneren Einwirkungen vorschreiten; aber das Moment der Fürsorge und Ausstattung für die Zukunft entfällt.

Noch weniger ist die lehrende und bildende Tätigkeit auf die Erziehung eingeschränkt. Die Lehre dient der Übertragung geistiger Inhalte überhaupt; sie ist ein Lebenselement der Wissenschaft, der Kunst, der Religion. Die Bildung ist eine Kulturerscheinung, in gewissem Betracht die Blüte der Kultur, ein Faktor des Lebens, der sich im Bildungswesen in dasselbe verzweigt. Enger begrenzt ist der Unterricht, d. i. diejenige Belehrung, mit welcher die Obsorge für Aneignung des Lehrinhalts durch den Lernenden verbunden ist; aber auch der Unterricht ist nicht spezifisch erziehlich; als der Schulung und der Berufsbildung dienend kann bei ihm das Moment der Fürsorge ganz gegen das soziale zurücktreten.

So grenzen nach drei Seiten hin weite Gebiete der geistig-sittlichen Betätigung an die Erziehung an und sie greifen sogar bestimmend in sie hinüber; denn wie sich die Erziehung gestaltet, ihr Charakter, ihr *Ethos* ist wesentlich bedingt durch die Anschauungen, Maximen, Sitten, Einrichtungen, welche für jene Gebiete gelten. Was man für die erziehliche Kinderpflege tut, geschieht in demselben Geiste, wie er in der hygienischen Fürsorge herrscht; die Hauszucht spiegelt die Zucht und Disziplin des öffentlichen Lebens wieder; der Jugendunterricht bestimmt sich nach den Bildungsbestrebungen überhaupt und weiterhin nach dem Stande der Wissenschaften und Künste. Im allgemeinen erscheint die pädagogische Betätigung nur als *Projektion* jener Betätigungen der Gesellschaft auf die Aufgabe der Erziehung der Jugend. Es ist nicht anders zu erwarten: das Haus, die Familie als die eigentliche Stätte der Erziehung ist zwar die ursprünglichste, aber auch die kleinste der Lebensgemeinschaften oder Sozialverbände; ihrem *Sonder*leben steht das *Gemein*leben gegenüber, wie es sich einerseits in der *nationalen* Lebensgemeinschaft, andererseits in der Gesellschaft, des im engeren Sinne *sozialen* Verbandes, welcher der Gütererzeugung dient und sich in der Berufsgliederung ausgestaltet, wie es sich weiter in dem *Gemeinwesen*, dem Rechts- und Staatsverbande, verfestigt und in der *religiösen* Lebensgemeinschaft einer höheren Ordnung einreiht. Von diesen Gemeinschaften ist das Erziehungswerk umschlossen; sie sind ebensowohl die *Träger* der über die Familie hinausgreifenden Einrichtungen: der Schulen und Erziehungsanstalten, als die der Erziehung die *Ziele* vorzeichnenden Faktoren, durch deren Einhaltung sie zur Heranbildung der Jugend für die Lebensgemeinschaften wird. So faßte sie die ältere Erziehungsweisheit; wo die Pädagogik der Alten über gelegentliche Reflexionen hinausgeht, kristallisiert sie sich an die Staatslehre an; Platos Bücher vom Staate und Aristoteles' Politik stehen an der Spitze der systematischen Pädagogik.

7. Damit wird die Erziehung unter den *sozialen* Gesichtspunkt gerückt; sie erscheint als *Heranbildung* der Jugend zum Eintritt in die Lebensgemeinschaften und die Aufgabe ihrer Ausstattung fürs Leben erhält damit eine bestimmtere Fassung. Aber dem sozialen Gesichtspunkte ist damit noch nicht genug getan; es ist dabei der Standort der Erziehenden eingehalten, von dem sich das Ganze noch nicht überblicken läßt. Wir müssen den Standort auch in den Lebensgemeinschaften nehmen und von ihnen aus auf die Erziehung ausblicken[1]. Diese Gemeinschaften bilden in ihrem Ineinander eine Einheit, die man mit Anwendung eines der Natur entnommenen Gleichnisses den *sozialen Körper* genannt hat, eine Ausdrucksweise, die schon die Mythen kennen, welche die Menschheit aus den Gliedern eines Gottes entstehen lassen und der Menenius Agrippa in der Fabel vom Streite der Glieder und des Magens eine allbekannte praktische Anwendung abgewann. Die Analogie der Gesellschaft mit dem organischen Körper ist nun eine mehrfache: bei beiden findet eine Verteilung der Funktionen für das Ganze statt beide stellen ferner ein Ineinander von Systemen dar, und zwar der Organismus ein solches von Knochen-, Muskeln-, Adern-, Nervensystem, die Gesellschaft ein aus den verschiedenen Lebensgemeinschaften bestehendes. Endlich stimmen beide darin überein, daß ihre Teile und Teilchen ein stetes Gehen und Kommen zeigen, und dem Stoffwechsel beim Lebewesen entspricht die Erneuerung des Sozialkörpers im Wechsel der Generationen. Dieser Wechsel ist, wie der Name sagt, ein natürlicher Prozeß: generatio heißt Zeugung, aber die Nachbarschaft von Zeugen und Ziehen, auf die wir schon hinwiesen, kehrt hier im Großen wieder: die Fürsorge der älteren Generation für die jüngere und mit ihr verwachsen die Regelung von deren Strebungen, und ihre Ausstattung mit Kenntnissen und Fertigkeiten erscheint nun als ein Teil des *Erneuerungsprozesses des Sozialkörpers.*

Damit aber gewinnt, was seitens der gereiften Generation für die nachwachsende geschieht, ein anderes Ansehen, als wenn man die Erziehung vom Standpunkte der Individuen und Familien betrachtet. Der Prozeß der Erneuerung ist zugleich ein Prozeß der *Angleichung,* der Assimilation. Die jüngere Generation wächst in die ältere hinein und wird ihr ähnlich, wie alles Zusammenleben eine spontane, d. h. von selbst erfolgende Assimilation mit sich bringt. Wilde nehmen, inmitten von Zivilisierten lebend, Zivilisation an, umgekehrt verwildern Kulturmenschen unter Wilden, Nationen gleichen sich durch Austausch von Lebensgewohnheiten und Sitten einander an. Wie aus einer umgebenden Atmosphäre schlagen sich psychische Bestimmtheiten auf die in ein Milieu eintretenden Individuen nieder. Bei dem Verhältnisse von den Alten und den Jungen bleibt es aber nicht bei diesem unbewußten Angleichen, sondern Fürsorge, regelnde, ausstattende, bildende Einwirkung greifen, von Pflichtbewußtsein und sittlichen Zwecken geleitet, fördernd und den Prozeß ergänzend und beschleunigend ein. Die Zucht überträgt Sitten und Lebensformen, die Lehre Inhalte des Wissens und Könnens, die Erziehung erscheint als mehr oder weniger planmäßige *Über-*

---

[1] Zu dem Folgenden vgl. des Verf. »Didaktik« I, Einl. I.[5]

lieferung und in Rücksicht der Lebensgemeinschaften als Beginn der *Eingliederung* des Nachwuchses in dieselben.

8. Wir können nun das Ergebnis unserer Darlegungen in die Definition zusammenfassen:

Die Erziehung ist die fürsorgende, regelnde und bildende Einwirkung gereifter Menschen auf die Entwicklung werdender, um diesen an den die Lebensgemeinschaften begründenden Gütern Anteil zu geben.

Von andern gangbaren Definitionen der Erziehung unterscheidet sich die gegebene dadurch, daß sie zugleich der *individualen* und der *sozialen,* sowie der *subjektiven* und der *objektiven* Seite der Erziehungsaufgabe genugzutun sucht, was gemeinhin nicht geschieht.

Es wird mehrfach darin gefehlt, daß man nur das individuale Moment in Betracht zieht. So bei der von Th. *Waitz*[6] gegebenen Definition, welche die Erziehung faßt als »das planmäßige Einwirken auf das noch bildsame innere Leben eines andern, wodurch diesem Leben eine bestimmte Gestalt gegeben werden soll«[j]. Hier ist als der Bezirk der Erziehung nur das innere Leben genannt, und es fehlt nicht bloß der Hinweis auf dessen Ausstattung und Erfüllung, sondern auch der auf das Leben im objektiven, sozialen Sinne, dem die Erziehung zuführen soll.

Noch mangelhafter sind die Definitionen, welche die Erziehung als »die harmonische Ausbildung aller Anlagen und Kräfte« bestimmen[k7], weil keineswegs alle Anlagen der Menschennatur zur Entfaltung kommen dürfen, sondern auch das Winzermesser der regelnden Zucht einzugreifen hat, die daher neben der Ausbildung zu nennen wäre. Ein völliges Hinüberspielen der Erziehung in die Bildung zeigt die Definition *Gräfes*[8], wonach sie ist »die absichtliche Einwirkung gebildeter Menschen auf noch nicht gebildete, wodurch dieselben in ihrer Selbstbildung unterstützt werden«[l], wobei zugleich die Selbsttätigkeit, welcher durch den Hinweis auf die Entwicklung genuggetan wird, über Gebühr hervorgehoben erscheint.

Das individuale und soziale Moment wird in einfachster Form verbunden in Schleiermachers[9] Erklärung der Erziehungsaufgabe, wonach sie das »*Heraus*bilden des Individuellen« mit dem »*Hinein*bilden in das gemeinsame Leben« zu vereinigen habe. Die Gegenüberstellung von Heraus- und Hinein- ist treffend, aber es bleibt auch nur beim Bilden bewenden, und es ist das Bindeglied zwischen der Entwicklung des Subjekts und dem Gemeinleben zu vermissen; herauszubilden sind doch nur die Anlagen und Kräfte, welche auf das Gute und die Güter hingeordnet sind, und die letzteren sind zugleich die Mittel und die Bedingungen des Hineinbildens.

---

[j] Allgemeine Pädagogik, Einl.

[k] So bei Niemeyer, Grundsätze der Erziehung u. des Unterrichts I[8], 1824, S. 14.

[l] Allgemeine Pädagogik, Lpz. 1855, I, S. 371. Daselbst S. 358 f. sind verschiedene Definitionen der Erziehung zusammengestellt. Ebenso bei Aug. Vogel, Systematische Enzykl. der Päd. Eisenach 1881, S. 21.

Den Begriff der Bedingung verwendet *Goethe* in seiner Definition, wonach »Erziehung heißt, an die Bedingungen gewöhnen, zu den Bedingungen bilden, unter denen die Welt überhaupt, sodann aber in besonderen Kreisen existieren kann«[m]. Verstehen wir unter Welt die sittliche Welt, unter den besonderen Kreisen die Lebensgemeinschaften, so erscheint das soziale Moment zur Genüge ausgedrückt, ebenso aber wird das individuale durch die Verbindung von Gewöhnung und Bildung, also Zucht und Lehre, richtig bestimmt. Aber als Erfüllung von Bedingungen bezeichnet, entbehrt die Erziehung den Charakter der Fürsorge, des Gewöhnens, der Ausstattung, es tritt die wesentliche Bedingung jenes Weltbestandes und der Einführung in denselben auch hier nicht hervor, daß es Güter sind, die jene tragen und diese vermitteln.

Geht man auf die Wahrung des sozialen Charakters der Erziehung aus, so darf man den *Güterbegriff* nicht beiseitesetzen; als An- oder Eingliederung ist die Erziehung nur zu verstehen, wenn sie zugleich als Überlieferung begriffen wird. Darauf weist nicht nur ihre populäre Auffassung als Ausstattung hin, sondern weit nachdrücklicher die Verwandtschaft des Güter- und Gemeinschaftsbegriffes. Man hat zum Schaden der Gesellschaftslehre den Satz vergessen, mit dem Aristoteles seine »Politik« beginnt: »Da wir sehen, daß jedes Gemeinwesen eine Gemeinschaft ist und jede Gemeinschaft eines Gutes wegen zustande gekommen ist — denn alle üben um dessentwillen, was sie für ein Gut halten, jedwede Betätigung aus — so ist ersichtlich, daß alle Gemeinschaften auf irgend ein Gut abzielen, zumal auf das maßgebendste, diejenige, welche die maßgebendste und alle andern umfassende ist: das Gemeinwesen, der Staatsverband[n].« Hier sind nur die diesseitigen Güter ins Auge gefaßt, aber das Verhältnis von Gütern und Gemeinschaften gilt schlechthin.

9. Bei der Verschränkung der Erziehung mit andern Betätigungen ist es erforderlich, zum Zwecke der Bestimmung ihrer Aufgabe das ihr Eigene kenntlich zu machen. Von anderweitiger, fürsorgender, regelnder und bildender Tätigkeit erscheint die Erziehung durch den Hinweis auf die *Entwicklung* werdender Menschen genügend unterschieden; von Abrichtung und bloßer Schulung unterscheidet sie die bei ihr leitende Fürsorge; die über die Erziehung hinausgehende *Einführung* in bestimmte Lebenskreise und Berufsarten wird ausgeschlossen durch die Angabe, daß die Erziehung nur den Anteil an den die Lebensgemeinschaften tragenden Gütern vermittelt, also jenen die Jugend nur *zuzuführen* hat. Aus dem spontanen Assimilationsprozesse des Nachwuchses wird sie herausgehoben durch die Nennung ihrer regelnden, bildenden, gütervermittelnden Funktion, die nur eine bewußte und planmäßige sein kann. Die Lebensgemeinschaften werden vor den geistigen Gütern genannt, weil sie sich den Erziehenden früher als Zielpunkte darbieten als die Güter, durch welche jene konstituiert werden. Die Nennung persönlicher Eigenschaften als Erziehungszwecke wie: Tugend, Vollkommenheit u. a. ist nicht erforderlich, weil deren Begründung mit der Einführung in

---

[m] Bei der Beschreibung der »pädagogischen Provinz«[10].
[n] Pol. I, 1.

die Lebensgemeinschaften und die Vermittlung von deren Gütern gegeben ist; denn die sozial-ethische Zwecksetzung schließt die individuale in sich.

Als die Momente, welche den Erziehungsbegriff konstituieren, boten sich zwei Begriffsreihen dar: Fürsorge, Regelung und Bildung, und die andere: Entwicklung, Lebensgemeinschaften, geistige Güter. Der erste dieser beiden *Ternare* geht auf *psychologische* Begriffe zurück: Leben, Streben, Erkennen; der zweite auf *ethische;* die Entwicklung, die hier in Betracht kommt, ist zwar auch eine physische und psychologische, aber vermöge ihrer Hinordnung auf die Gemeinschaften und Güter vorzugsweise moralischer Natur, wie diese zielgebenden Faktoren selbst. —

Der Erziehungsbegriff ist *der* Fundamentalbegriff der Pädagogik, jene in ihm verbundene Momente können aber *die* Fundamentalbegriffe derselben genannt werden. Ihre nähere Bestimmung eröffnet den Weg zur *wissenschaftlichen* Behandlung der Erziehung, welche die Pädagogik befähigt, in die Reihe der älteren, die sittliche Welt behandelnden Wissenschaften: den Wissenschaften vom Rechte, vom Staate, von der Wirtschaft, von der Kunst, von der Wissenschaft selbst, gleichberechtigt einzutreten. Wenn dies verhältnismäßig spät in Angriff genommen worden ist, so hat das darin seinen Grund, daß die Reflexionen über die Erziehung aus dem praktischen Bedürfnisse erwuchsen und an bestimmte Verhältnisse anknüpften, damit aber den Gesichtskreis in die Enge zogen. Ein Problem, wie es z. B. der Staat ist, konnte zugleich die praktische Reflexion, das empirisch-historische Interesse für die gegebenen Staatenbildungen und das spekulative, auf das Wesen des Staates gerichtete, in Gang setzen, und wir finden schon bei Aristoteles eine historische und philosophische Staatslehre; bei der Erziehungslehre kam es zur Aufstellung eines solchen Problems nicht; es blieb bei der allgemeinen Erörterung der Erziehungsaufgabe und bei gelegentlicher Vergleichung verschiedener Erziehungsweisen bewenden. Wo sich, wie in der neueren Zeit, der individuale Gesichtspunkt geltend machte, trat mit der Beiseitlassung der sozialen Seite der Erziehung auch deren geschichtliche Betrachtung zurück; mit der Betonung jener wird auch der *historischen Ansicht* die Bahn gebrochen.

Das Interesse an der Erziehungstätigkeit als historischer Tatsache und an ihrer geschichtlichen Entwicklung darf jedoch nicht verkennen lassen, daß die Erziehung eine Aufgabe, eine Pflicht bleibt und ihre Betrachtung unvollständig ist, wenn sie nicht zu Imperativen, zu Postulaten, zu Weisungen führt, wie wir erziehen sollen. Es muß die Forschung nicht bloß den *Stammbaum* unserer Erziehungsansichten und -maximen darlegen, sondern auch in das *Wesen* der Sache eindringen und in ihm die *Leitlinien* für deren rechte Behandlung aufweisen, womit erst das geschichtliche, das spekulative und das praktische Interesse ins Gleichmaß treten. Die Erziehungs*wissenschaft* muß zuhöchst auf Erziehungs*weisheit* angelegt sein, auf ein Wissen, das breit bewurzelt und zugleich aus dem *Grunde* geschöpft ist und uns zur Verwirklichung von *Zwecken,* zur Lösung von *Aufgaben* befähigt.

10. Die Definition der Erziehung besagt nicht bloß, was für ein Tun dieselbe ist, sondern sie schließt Hinweise darauf in sich, wie man dasselbe zu vollziehen

hat. So gewiß eine Begriffsbestimmung auf das *Wesen* der Sache geht, so gewiß liegen in ihr auch *Wertbestimmungen,* wie dies Aristoteles erkannte, welcher lehrt: »Man definiert den Gegenstand nicht schlechthin, sondern *nach seiner guten und vollendeten Verfassung*.. Ein Redner ist, wer sich auf Überzeugungsmittel versteht, ein Dieb, wer heimlich wegzunehmen weiß; die Definitionen gehen auf den guten Redner, den geschickten Dieb ... Das *Beste* an jedem Gegenstande ist auch immer dasjenige, was sein *Wesen* ausmacht, dementsprechend muß das Beste eines Gegenstandes vorzugsweise zu seiner (begrifflichen) Bezeichnung dienen°.«

Dieses Verhältnis von Wesen und Wert tritt am deutlichsten hervor, wenn man Erscheinungen oder Fälle erwägt, welche hinter den in der Definition gegebenen Merkmalen zurückbleiben. Wir sagen: Dieser Wortemacher ist kein Redner, dieser linkische Langfinger ist kein Dieb. So können wir auch im vorliegenden Falle sagen: Dieses und dieses Verhalten der Erwachsenen zu dem Nachwuchse kann nicht Erziehung genannt werden. So glaubten Plato und Aristoteles der spartanischen Behandlung der Jugend den Namen der Paideia, also der bildenden Erziehung, vorenthalten zu müssen, da sie vielmehr nur militärische Abrichtung sei. Wer Rousseaus Ansichten über die Erziehung unbefangen beurteilt, wird sich sagen: Dieses Experimentieren mit einem künstlich isolierten, sogar den fürsorgenden Eltern entrückten, jeder Zucht und Lehrüberlieferung enthobenen Knaben, für dessen Führer es keine realen Lebensgemeinschaften und keine Güter, sondern nur Übel der Kultur gibt, kann gar nicht mehr Erziehung heißen. Aber jene Abrichtung und diese Zuchtlosigkeit spielt in andere Erziehungsweisen und -ansichten wenigstens hinein und berechtigt zu dem Urteile, daß sie hinter den Forderungen des Erziehungsbegriffes zurückbleiben.

So gibt es eine *untere* Grenze des Anwendungsbereiches des Erziehungsbegriffes, und für die Beurteilung einer im Leben oder in der Geschichte uns entgegentretenden Erziehungsweise oder -ansicht bildet der *Abstand* von jener Grenze einen *Maßstab* der Beurteilung. Ob es aber auch eine *obere Grenze* gibt, ein dem Erziehungsbegriffe schlechthin genugtuendes Vorgehen, welches die Erziehung in ihrer »guten und vollendeten Verfassung« zeigt, bei dem also Wesen und Wert zusammenfallen und alle in dem Begriffe liegenden Forderungen erfüllt werden, kann man für fraglich erklären, weil sich bei der Mannigfaltigkeit der Verhältnisse eine allgemein gültige Norm nicht aufstellen lasse. Wir suchen ja auch nicht mehr nach Art der alten Philosophen nach dem »besten Staate«, nach der idealen Verfassung, sondern lassen verschiedene, den Umständen angemessene Verfassungen gelten. So scheint es; allein das Suchen jener oberen Grenze ist doch nicht aussichtslos, und unsere Definition der Erziehung gibt uns mehr als einen Fingerzeig und Maßstab dafür an die Hand. Eine Erziehungsweise ist die rechte und entspricht darum dem Begriffe, wenn dessen verschiedene Merkmale, Momente, Seiten darin in *angemessener Verbindung* miteinander vorliegen, also: Pflege, Zucht und Lehre ineinander übergreifen und die individuale und soziale,

---

° Topik VI, 12. Vgl. auch des Verf. Logik § 3, 6 und § 20, 3.

die subjektive und objektive Seite ausgeglichen sind. Sie läßt sich ferner als die rechte erkennen, wenn die Betätigungen, welche die Erziehung mit anderen Lebensgebieten teilt, in letzteren eine *volle, reiche Entfaltung* gefunden haben, also die erziehliche Fürsorge, Regelung, Bildung, Lebensgemeinschaft, Güterwelt daran Rückhalt, Hinterlage, Resonanz erhalten. Endlich wird sich diejenige Erziehungsweise als die rechte kenntlich machen, welche in den Erfahrungen, Einsichten, Prinzipien, Überlieferungen bewurzelt ist, die sich auf diesem Gebiete von je bewährt haben, und damit auch die *Kontinuität* einhält, welche die Erhebung des pädagogischen Wissens und Könnens zur *Erziehungsweisheit* bedingt.

Von diesen Gesichtspunkten aus haben wir die einzelnen Momente des Erziehungsbegriffes zu betrachten und zuzusehen, inwieweit sie für sich und in ihrer Vereinigung einer *allgemein gültigen* und darum *normativen* Fassung und Gestaltung der Erziehungsaufgabe zustreben und damit deren Lösung versprechen.

11. *Fürsorge* für den Nachwuchs teilt der Mensch mit den höheren Tieren, bei denen sich ebenfalls ein Aufziehen an das Zeugen anschließt. Der Trieb der Arterhaltung, der die Geschlechter zusammenführt, bindet als Jungenliebe die ältere Generation an die jüngere. In der Liebe, wie sie menschliche Erzeuger zu ihren Nachkommen hegen, wirkt etwas von diesem primitiven Antriebe nach; »die Eltern«, sagt Aristoteles, »lieben ihre Kinder, weil diese aus ihnen sind[p].« Bei den Tieren lockert sich aber das die Generationen verknüpfende Band sehr bald, während es sich beim Menschen fester zieht; die Fürsorge für die Kinder, die aufziehende und erziehende Pflege schränkt sich nicht auf die Bedürfnisse des Augenblicks ein, sondern greift in die Zukunft, sie erstreckt sich auf alles, was das Gedeihen des werdenden Lebens fördern kann und voraussichtlich können wird. Zucht und Lehre wird von fürsorgender Liebe getragen, die das Motiv zur Ausstattung der Kinder für das Leben hergibt. Das Gedeihen, das die Erziehenden zu sichern streben, wird als leibliches, aber auch als geistiges gefaßt, eine Erweiterung, die wir auch im Begriffe der Gesundheit antreffen. »Wir müssen die gesund nennen«, sagt Cicero, »deren Sinn durch keine krankhafte Regung ergriffen ist[q].« Die Griechen nannten die Tugend der Selbstbeherrschung sôphrosyne, d. i. gesunder Sinn oder moralische Gesundheit; von dem Worte sôs, gesund, heil, kommt sôtêria, das Heil, die Erlösung, und sôter, salvator, der Heiland. So steigert sich die Bedeutung dieser Worte vom Leiblichen und Zeitlichen bis zum Überirdischen und Außerzeitlichen. Die erziehende Pflege ist auf das *Beste* des Pfleglings gerichtet, ob dieses Beste nur in seinem *Wohle* oder auch in seinem *Heile* gefunden wird, ist nicht gleichgültig, und der Forderung der Fürsorge wird in höherem Maße genügt, wenn auch das Heil der Seele ihr Augenmerk ist, wie es die christliche Erziehungsweisheit fordert.

Die Fürsorge für die Nachkommen hat schon in einfachen Kulturstufen ein Gegenstück in der Fürsorge für das Greisenalter. In den Religionsurkunden des

---

[p] Nikomachische Ethik VIII, 14.
[q] Tuscul. III, 5, II.

Morgenlandes, in den Gesetzen griechischer Staaten wird diese eingeschärft. »Die Kosten des Aufziehens zurückerstatten«, threptêria apodûnai, nannten die Griechen die Fürsorge für Eltern und Voreltern. In den Totenkulten setzt sich diese Pietätsübung in die Reihe der Aszendenten fort. Alterspflege und Jugendpflege werden immer in verwandtem Geiste gestaltet sein und die erstere hat für die Jugendzucht die größte Bedeutung; die Gebote: das Alter ehren, der Verstorbenen gedenken sind Grundpfeiler der sittlichen Bildung. Im christlichen Lebensganzen erscheint die Fürsorge für die Jugend von der *caritativen* Tätigkeit, sozusagen, in die Mitte genommen. Das Liebeswerk dieser umfaßt die Alten, die Kranken, die Armen, die Verlassenen, die Gefährdeten, und es wird Erziehungswerk, soweit die Pfleglinge im Jugendalter stehen: in der Waisenpflege, der Jugendorganisation u. a. Diese Ausdehnung der fürsorgenden Liebe und die Schulung in ihr muß aber segensreich auf die Erziehung überhaupt zurückwirken, indem sie zum Bewußtsein bringt, was volle, echte, ganze Fürsorge ist.

Die Maxime: Mens sana in corpore sano[11] hat ihre volle Gültigkeit; die höheren Aufgaben der Erziehung dürfen deren physische Voraussetzungen nicht in Schatten stellen, und es war ein Fehler mancher pädagogischen Systeme, wenn sie neben der Zucht und dem Unterrichte nicht der Pflege ihre Stelle einräumten[r]. Doch ist jene Maxime durch den *Naturalismus* mißbraucht worden, der in die Musculareducation die Hauptleistung der Erziehung verlegen möchte. Man sollte den Zusammenhang nicht vergessen, in welchem jene Sentenz auftritt: in Juvenals zehnter Satire V. 356 f., wo es heißt: »Wir müssen beten, daß ein gesunder Sinn im gesunden Leibe sei; erflehe dir einen tapferen, von Todesfurcht freien Geist.« Hier ist der gesunde Leib nicht Selbstzweck, sondern der Herd der sittlichen Kraft, und beide werden als Gabe einer höheren Macht betrachtet. Damit wird die physische Tüchtigkeit in einen Zusammenhang eingerückt, der auch für die erziehliche Pflege das Ziel bezeichnen soll. Sie entspricht ihrer Bestimmung und bildet ein Moment des Erziehungsbegriffes, wenn sie vom physischen Gebiete aus sich als Fürsorge auf den *ganzen Menschen* ausdehnt und in Wechselwirkung steht mit den Formen der Fürsorge, die einem sittlich-religiösen *Lebensganzen* erwachsen.

12. Die *Zucht* als Moment der Erziehung besteht in der *regelnden*, zunächst auf die Lebensgemeinschaften hingeordneten Einwirkung auf das werdende Willensleben. *Regula* heißt im Lateinischen das Richtscheit, Richtmaß und ist bedeutungsverwandt mit norma (eigentlich Winkelmaß) und dem griechischen kanón. In unserem Zusammenhange ist Regel das Richtmaß von Strebungen und Willensakten, angewandt im Kleinen und im Großen, in letzterem Falle mit *Gesetz* und *Gebot* gleichbedeutend. Die regelnde Einwirkung hat eine *Person* zum Träger und wird auf Grund von deren *Autorität* vollzogen; auctoritas heißt die Urheberschaft, von auctor, wörtlich: Mehrer, dann Förderer, Urheber,

---

[r] Vgl. Münch, »Die Gliederung der Erziehungstätigkeit und der Geist der Erziehung« in der Monatsschrift für höhere Schule, II. Jahrg., und dasselbe, »Geist des Lehramts«, Berl. 1903.

Vater*. Für ein gereiftes Willensleben kann die Regel als Gebot, Gesetz unveränderlich sein, für ein werdendes muß sie eine Entwicklung begleiten; sie ist dann ein Richtmaß, wie es Aristoteles den lesbischen Kanon nennt, ein Stab von Blei, der sich dem zu messenden Körper anschließt†. Die regelnde Einwirkung verlangt seitens des Zöglings *Gehorsam*, welcher zunächst der Person gilt und lediglich empfangend ist, gleich jenem, der dem Kommando des Vorgesetzten gezollt wird. Für die pädagogische Zucht ist das aber nur der Ausgangspunkt; worauf sie ausgeht, ist ein der Regel geltender und von eigenen Antrieben getragener Gehorsam. Sie hat ihren Zweck erreicht, wenn die Regel als ein *überpersönliches*, aller Willkür der gebietenden Person entzogenes Willensmotiv verstanden und *freiwillig* befolgt wird, eine Betätigung, in der sich die Reife des Willenslebens bezeugt. Dieser Vorgang ist eine *Verinnerlichung:* die Regel bindet zuerst die Betätigung und Strebung, in das Innenleben aufgenommen den Willen und zuhöchst das *Gewissen,* d. i. Gesamtbewußtsein als moralisches, und diese Bindung ist zugleich eine Bildung; das gewohnheitsmäßige Gehorchen wird zum einsichtigen Befolgen der in das Gewissen eingerückten, gleichsam darin eingeschmolzenen Regel.

Eine Regelung der Strebungen, welche der Forderung der Verinnerlichung der Regel nicht gerecht wird, kommt über die *Abrichtung*, bestenfalls über die Gewöhnung zu legalem, korrektem Verhalten nicht hinaus und bleibt vor der Schwelle der Erziehung stehen. Eine Auffassung dagegen, welche die *Positivität* der Regel und deren Funktion als objektives Maß der Strebungen verkennt, hebt alle Zucht auf. Eine *Autonomie,* wie sie Rousseau seinem Zögling vorbehält und wie sie Kant zum Moralprinzip erhebt, läßt für die Erziehung keinen Raum, weil sie alle Verbindlichkeit aller Gesetze aufhebt, die nicht das Subjekt selbst statuiert. Hier wird das Verinnerlichen des Gesetzes zum Erzeugen desselben gemacht, der Gesetzesbegriff entleert und der Willkür preisgegeben.

Solche Verirrungen waren nur möglich, weil man vorher das *Gebot,* wie es die Religion aufstellt, und die göttliche Autorität beseitigt hatte, die Anker des Gesetzesgeistes und der sittlichen Zucht. Das religiöse Gebot ist seiner Natur nach positiv; es schließt die Subjektivierung aus, aber es fordert und fördert zugleich die Verinnerlichung. Es ist bedeutungsvoll, daß erst die christliche Moral den Begriff des Gewissens ausgebildet hat, wie sie andererseits die Positivität des Gesetzes sicherstellte: »Wer die Gebote hält, den halten die Gebote«, wie die hl.

---

* Der Autoritätsbegriff, der hier als abgeleiteter auftritt, kann ebensogut als ein Fundamentalbegriff der Pädagogik betrachtet werden, wie dies in der unten folgenden Abhandlung geschieht. Die Autorität ist mehr als die Voraussetzung der Regelung und Zucht, da sie auch die Hinterlage des Lehrens bildet; ihr Korrelat ist ebensowohl der Gehorsam als die willige Aufnahme des Lehrinhalts durch den Lernenden, jenes Beipflichten, welches in Aristoteles' bekanntem Ausspruch gemeint ist: »Wer lernt, muß glauben«*.
* Elenchen 2.
† Nikomachische Ethik V, 14.

Schrift sagt^u; tene regulam, et regula te tenebit, wie der monastische Spruch den Gedanken ausdrückt^v.

Die Jugendzucht spiegelt immer die Lebensordnung wieder, welcher die Jugend zugeführt werden soll. Ist diese Ordnung vom Gesetzesgeiste getragen und reichen ihre Wurzeln in das Gewissen hinein, so entspricht auch die Jugendzucht ihrer Bestimmung, und wie bei der Fürsorge so zeigt sich auch hier das christliche Lebensganze als das die Erziehung sicherstellende Element.

13. Wie die Zucht vor das Gebiet der Strebungen gestellt ist, so die *Bildungsaufgabe* vor das der intellektuellen Regsamkeit. »Alle Menschen streben von Natur nach Wissen«, sagt Aristoteles^w und: »Lernen ist nicht nur den Forschern (Philosophen) eine Lust, sondern auch andern Menschenkindern, nur bleiben diese nicht lange genug dabei^x.« Wissenstrieb und Lernlust greifen nach allen Seiten aus; die Lehre kommt ihnen entgegen und leitet den Drang, der erlahmen oder sich ins Unbestimmte verlieren würde. Insoferne sie die Jugend für das Leben auszustatten hat, geht sie auf das Nötige und Nützliche; aber auch hier ist eine Verinnerlichung erforderlich: das Lernen soll zugleich innerlich gestalten, durchgeistigen, verfeinern, veredeln, versittlichen; die Lehre lenkt zur Zucht zurück. Eine »Zucht der Wahrheit«, disciplina mentis üben schon die Lehrstoffe aus, in deren Struktur der Lernende einzudringen angewiesen ist. *Lernarbeit* bildet den Willen unmittelbar. Wenn die Römer die Bildung: eruditio, Entrohung, und die Bildungsstudien bonae artes: das rechte Können oder Können des Rechten nannten, so drückt sich darin die Forderung des sittlichen Endzwecks der bildenden Einwirkung aus. Er bewahrt die Bildung vor der Zersplitterung, sowie vor selbstischen Motiven. Das sittliche Band von Lehrer und Schüler hält das ganze Altertum hoch und es erhebt das Lehren über das Irdische, indem es die Götter als die ersten Lehrer der Menschen feiert. Wir nennen noch ein weihevolles Treiben der Studien einen Musendienst. Das Christentum klärt diese höheren Motive und fordert den Abschluß des geistigen Lebens in dem Leben im Geiste, der intellektuellen Betätigung in der spirituellen Erhebung, der *Bildung in der Erbauung*.

Damit ist auch von dieser Seite der Erziehung der *Autonomismus* ausgeschlossen: die bildende Einwirkung entspricht ihrer Aufgabe nicht, wenn sie nur darauf angelegt ist, das Subjekt zu fördern, wenn sie die Lehrinhalte *nur* als Nahrungsmittel des Geistes behandelt und nicht zugleich als an sich wertvolle Güter, wenn ihr eine in sich ruhende Persönlichkeit vorschwebt, deren Mitwirkung an den Lebensgemeinschaften von ihrer Willkür abhängt. Der Unterricht erfüllt die für ihn aus dem Erziehungsbegriffe erfließende Forderung, hat also auf den Namen des erziehenden Anspruch, wenn er dem sittlichen und religiösen Zwecke dient unter Einhaltung der Rücksicht auf die subjektive und objektive

---

^u Ekklesiastikus 15, 16.

^v Von der Zucht als Eingliederung und Überlieferung handelt lichtvoll Toischer in seiner »Theoretischen Pädagogik usw.« S. 144 f.⁴

^w Metaphysik I, 1.

^x Poetik 4.

Seite des Erkenntniserwerbes und auf den Einklang des individualen und sozialen Faktors ...

III. Peter Petersen
Bildung und Erziehung[1]

... Erziehung ist ein organisches Geistwerden, vergleichbar einem Vorgang der Anpassung, des Hineinlebens, richtiger des Hineingelebtwerdens in die Gemeinschaft, ein Hineinleben nicht nur in die Güter und Formen der Kulturwelt, sondern vor allem und stets damit auch in ihre Werte, die Ewigkeitscharakter tragen. In diesem vollen Umfange wächst der Mensch in die Gemeinschaft hinein und schafft sich seinen »Lebensraum«, und in diesem Sinne ist Erziehung ein Vorgang natürlichen Wachstums am und im Ganzen unter natürlichen Einwirkungen der mannigfachsten Art. Und das ganze Leben des Menschen ist nach *Friedrich Fröbels* Worte »*Ein* Leben der Erziehung«[a]. Auch die völkerkundliche Untersuchung der tatsächlich unter den Menschen der Erde, heute wie in fernster Vergangenheit, vorhandenen Formen für Erziehung des Nachwuchses rechtfertigt diese Bestimmung der Erziehung.

... die Erziehung offenbart sich damit als eine Urmacht, als eine kosmische Funktion innerhalb der Menschheit ...

Worauf zielt diese kosmische Funktion ab?

Wo wir sie in ihren letzten Wirkungen erfassen, da war sie und ist sie immer dieselbe, eine Kraft, welche Vergeistigung und damit Befreiung wirkt, rein auf das individuelle Werden gesehen den organischen Aufbau, die Gestaltwerdung, die Form des individuellen Seins. *Immer und überall steht Erziehung in einer unaufhebbaren Beziehung zu Geist und zu Freiheit.* Sie ist schlechthin das Geistige in seinem Ringen um Selbstdarstellung im Menschen in Freiheit, in Reinheit, in reiner Form, in einem ungestörten, »natürlichen«, harmonischen organischen Aufbau. Und damit ist sie selber Ursache und Zweck, causa und finis zugleich.

Das Geistige verkündet sich in den sog. stummen Formen der unbelebten Natur, sofern sie Form sind; in den Bewegungen des in seinem körperlichen Rhythmus befreiten Menschen, insofern er Harmonie offenbart; im individuellen

---

[a] S. meine »Allgemeine Erziehungswissenschaft«, I, 1924, S. 104 f. — Unter »Gemeinschaft verstehe ich einmal im metaphysischen Sinne die Wirklichkeit, das Seiende überhaupt, insofern es Geist ist, und sodann die sichtbaren Gemeinschaften, insofern sie die Formen der Darstellung, Erzeugung und Erhaltung des Geistigen in der Menschenwelt sind (προς ἡμας). Gesellschaft oder das Soziale ist darum der Gemeinschaft gegenüber das Zweite, ein Erzeugnis auch der Gemeinschaft, ebenso wie Staat und Kirche«; vgl. a. a. O. S. 18—31[2].

wie volklichen Handeln, soweit sie Stil, Eigenart bekunden; in den Versuchen, Lebendiges und seine Erzeugnisse aufzufassen und zu deuten, und ganz besonders in den Werken des Menschen, wenn sie echte Geisterzeugnisse sind, d. h. *absichtslos* recht, gut, schön, — kurz, einfach nur *sind*. Darum ist es für denjenigen, dessen Augen hell geworden sind, ganz einerlei, ob dieses Werk das stille, scheinbar gleichförmige des Landmannes, eines Handwerkers oder das eines großen Künstlers, eines Gelehrten oder Dichters ist.

Jedes Werk ist nun genau in dem Maße und in dem Umfange, wie es absichtslos nur da ist und so Geistiges verkündet, wiederum auch erzieherisch wirksam; ja nur dann. Je weniger Geistiges in ihm vorhanden ist, desto geringer ist die erziehende Kraft des Werkes, auch eines Künstlers, eines Dichters, und sie ist unabhängig von dem Massenurteil und der öffentlichen Geltung in seiner Zeit, die beide ja selber keineswegs geistig bewirkt zu sein brauchen...

Verglichen mit dem Werk ist alles Reden und Redewerk zweiten und dritten Ranges. Den ersten beanspruchen das Tun und seine Stufen: die Taten und Werke. Damit wird etwas Grundlegendes für alle Formen und Äußerungen von Erziehung berührt. Diese Funktion der Wirklichkeit ist in keiner Weise urbedingt durch die Sprache; sie war da vor allen Worten und wird sein, wenn kein redendes Wesen mehr lebt. Sprache und Verstand sollen ihre Diener sein und können dann auch Künder ihrer Macht werden. Damit hängt es zusammen, daß die stumme Sprache eines Werkes, einer Tat hundertmal deutlicher und bedeutender ist als alles, was darüber gesagt und geschrieben werden kann, — genau so wie das Leben gewaltiger ist als alles, was vom Lebendigen wissenschaftlich, künstlerisch durchforscht, beschrieben, nachgebildet wird...

...

... *Ich und Du stehen in unaufhebbarer Wechselbeziehung;* eins setzt und hebt auf das andere. Kein Lebensraum ohne die geistige Gemeinschaft der Vielen, ohne den großen Wirkungszusammenhang der geistigen Welt, in welchen jeder Mensch wie in den Naturboden für seine Sendung hineingeboren wird. Darum ist auch die geistige Entwicklung des Einzelnen, seine Mensch-Werdung niemals restlos eigenes Werk. Das Eigene könnte ohne das Gemeinschaftliche gar nicht zur Entfaltung kommen, niemals gelänge es außerhalb des geistigen Zusammenhanges, sondern nur in ihm und an ihm. Darum nennen wir auch in der Erziehungspraxis das *Du konstitutiv für die Entfaltung und Vollendung des Ich*. Es wächst ein jeder am andern; und der andere ist, gerade auch als Gegensatz zu mir, nötig zu *meiner* Entwicklung.

Das ergibt folgende Grundansichten:

1. Die Übersteigerung oder die Pervertierung individueller Kräfte führt zum Egoismus. Und *dieses* überbetonte Ich ist eine Art Verkrampfung, Zusammenschrumpfung der Willenskräfte auf das eigene Ergehen, die eigenen Interessen, welche daher allesamt in übersteigertem Maße als eigenen Wertes und von eigener Bedeutung erscheinen. Der »egoistische« Mensch sieht sich als Einzelnen außerhalb der anderen, in einem unnatürlichen ja widernatürlichen Verhältnis..

2. Der Einzelne, jede Individualität hat ein Eigenrecht und Eigenwert. Sie ist

darum als Ganzheit, als psychophysisches Ganzes in *allen* ihren Teilen zu bejahen, und in jenem Recht und Wert zu bejahen. Sie ist als Selbstbegrenzung des Geistes gewollt und notwendig, besitzt darum mit ihrer Sendung ihren eigenen Wert, hat eine »individuelle Note«, und infolge ihrer »Sendung« vollkommene Bestimmtheit.

3. Jeder Einzelne ist durch seine Verwurzelung »geborene Individualität« und eingefügt der Wirklichkeit, *naturhaft,* zugleich *geistig* verwurzelt dadurch, daß er als auffassendes und wertendes Wesen in das apriorische System der Werte eingefügt ist. Da diese beiden Bindungen aber die unaufhebbare Vorbedingung für die Schaffung jenes Lebens- und Arbeitsraumes sind, demnach für die Schöpfung des Einzelnen wie für die Schöpfungen der Gemeinschaft, so zeigen sie uns *Individuum und Gemeinschaft in vollendeter Wechselwirkung.* Wohl bedeutet die Begrenzung zugleich beschränkte Kraft und Unfreiheit, aber es trifft diese Beschränkung nur die *Form* des Einzelnen. Was an geistigen Akten von dieser Form geleistet wird, das ist in Freiheit getan, weil Geistesleistung, alles ganz ohne Ansehung des zufälligen Standpunktes oder Standes irgendeines Individuums.

...

4. Der Prozeß der geistigen Akte eines Individuums, das, was sich als Entwicklung, besser als Entfaltung einer Individualität darstellt, ist sein Ringen mit dem andern oder den andern, der Kampf um die Verwirklichung seiner in ihm angelegten Möglichkeiten, kurz gesagt, sein Kampf mit der »Gegenwelt«. So setzt ein Ringen ein zwischen dem Persönlich-Geistigen und dem sogenannten Objektiven, dem Gegenständlichen. Da aber der Mensch als Naturwesen auch sich selber Gegenwelt ist, so führt er auch einen Kampf seines persönlich-geistigen Menschen mit sich selber als Naturwesen. Das Ziel dieses Kampfes ist überall die Harmonie, sowohl in den Beziehungen der Vielen zueinander wie im Verhältnis des Einzelnen zu sich selber.

In sich selber erringt jeder diese Harmonie in demselben Maße, wie er in all seinem Denken, Handeln und Sein in dem überindividuellen Reiche ruht. Je mehr er in allem Handeln und Sein zu einem gleichschwebenden Verhältnis von Individualität und Gemeinschaft gelangt, desto völliger erwirbt er sich die Eudämonie, den »guten Dämon«, das gute Gewissen, und zwar von *selbst;* wie — nach den schönen Worten des *Aristoteles* — die Jugendschönheit dem Jünglinge von selbst zufällt, wenn er die betreffenden Jugendjahre erreicht hat, also folgt die Lust (ἡδονη) der Tugend. Jene Harmonie und Eudämonie sind deswegen *nicht* Ziele, demnach auch nicht Ziele der Erziehung, sondern Begleitwirkungen; sie eignen jedem, der wahrhaft erzogen ist; sie geben Zeugnis vom Standpunkt seiner Selbsterziehung.

5. Die in solchem Sinne gemeinschaftserfüllte und -getriebene Individualität nennen wir *Persönlichkeit*[b].

...

---

[b] M. Allgemeine Erziehungswissenschaft, I. S. 44—56².

... Die Wirklichkeit erwies sich uns als Geist-Leben; in der Erziehungswirklichkeit-Stehen als unmittelbares Handeln im Sinne des vollendeten Dienstes. Was heißt es da, wenn von Erziehung schlechthin geredet wird und wenn sie bezogen wird auf das Geistige im Menschen? Was heißt geistige Schöpfungen des Menschen, Erzeugnisse »geistiger Kultur«, Werk des »menschlichen Geistes«? ...
...
»Geist« ist uns in diesem Zusammenhange der Inbegriff aller derjenigen Akte, durch welche ein Mensch sich selbst und alles Seiende und Geschehende in ihm und um ihn auffaßt, weiß und versteht als seiend, wertempfangend und selber wertend *aus dem Grunde alles Seienden heraus* oder in denen er aus dem Grunde der Wirklichkeit heraus fühlt und handelt, so daß die im eminenten Maße menschlichen (geistigen) Gefühle und Handlungen entstehen wie Güte, Liebe, Demut, echtes Mitleid, Leid, Andacht, Ehrfurcht u. a. m.[c] Das Organ, mit dem oder durch das der Mensch solcher Akte fähig wird, ist (in einem erweiterten Sinne genommen!) die Vernunft, die somit weit mehr in sich begreift als das Denken der Ideen. Sie ist Organ eines »Vernehmens«, und zwar Organ zum Vernehmen der Wirkungen des »Geistes an sich«, des Seinsgrundes, genauer zu umschreiben als das Organ zur Wahrnehmung des In-sich selber-Schwingens, des Atmens der Wirklichkeit, sowie zum Fühlen, Gestimmtsein und Wollen im Erfüllt- oder Durchdrungensein vom Absoluten. Der Akt solchen Vernehmens ist das Einordnen von Teilhaftem in ein Ganzes in einem schauend hingegebenen Verhalten. Er ist daher nie gleich Setzung oder Erschließen von Etwas. In einem geistigen Akte gewinnt Einzelnes Teil am Ganzen; es wird »als Teil« erfaßt und damit evident, einsichtig hell. Das Eigentümliche des geistigen Aktes ist demnach, daß der Gegenstand solchen Aktes vom Seinsgrunde her in jenem »Vernehmen« selbst als in einem höchsten Sinne vernünftig erschaut, empfunden, gewollt wird, und es ist an ihm seine »Vernünftigkeit«, die ihn uns evident, klar, selbstleuchtend macht. Demnach wirkt zunehmende Vergeistigung, oder, wie wir auch werden sagen können, die *Humanisierung* wie eine Durchleuchtung und Erhellung des Menschen. »Inneres Licht« gelangt zur Herrschaft; es verklärt, reift und verhilft zum »Stehen über den Dingen« im Sinne der Weisheit, zur »letzten Klarheit« über alles und jedes. Es bewirkt Ausgeglichenheit, Abgeklärtheit, Harmonie, die goldene Ruhe des Weisen, den stillen Frieden des Frommen, die Hoheit des lebend das Leben Überwindenden.
Der Geist *bedient sich* des *ganzen* Menschen und aller seiner verschiedenen Kräfte und Funktionen wie Sprechen, Denken, Erkennen, Gefühlsleben, Trieb und Wille, des Körpersinnes, um den vernünftigen, den geistigen Menschen in möglichst allen seinen Ausprägungen zu schaffen.
Ebenso bedient er sich aber innerhalb der menschlichen *Gesellschaft* aller sozialen Formen und der Gemeinschaftsformen in Sprache, Sitte, Recht, Kunst, Reli-

---

[c] Vgl. Max Scheler, Die Stellung des Menschen im Kosmos, 1930, S. 46 f., ferner S. 49 ff., 53—60. Die Auseinandersetzung auch mit M. Scheler wird im 3. Bande erfolgen[3].

gion, um die Menschheit vernünftig, geistig zu machen (nicht zu verstehen im Sinne eines sich in der Zeit vollziehenden Fortschritts zu »immer höherer« Geistigkeit).

»Geistige Kultur« nennen wir alles, was vermittelst der eben definierten geistigen Akte *außer uns* gesetzt ward und von jenem Vernünftigen, jenem Licht zeugt. »Außer uns« ist auch das dem andern Sichtbare oder Erkennbare an geistiger Kultur an uns als Einzelwesen, vor allem auch unsere »innere Kultur«. Gesehen und erkannt werden kann geistige Kultur nur von dem, der erleuchtet wurde, d. h. sofern er und in dem Umfange, in dem er selber geistige Akte vollzog oder vollziehen *kann*.

Der so oft im Gegensatz zum Geist verwandte Begriff *Natur* ist uns, wie schon oben ausgeführt, nicht eine tote Hyle, bloße Materie, sondern in allen Teilen lebendige Kraft. Stein, Pflanzenwelt, Menschenwelt sind verschiedene »Gestalten«, *neben*einander stehende Offenbarungen oder Darstellungen des Geistes, nicht Stufen, wie sie in systematischer wissenschaftlicher Betrachtung geordnet und aufgebaut werden mögen. Das Tote sind die Kulturschöpfungen des Menschen, die er in Erz und Stein, auf Leinewand, Holz oder Papyrus außer sich setzte, und ebenso der Mensch als sein eigenes Kunstwerk und Kulturwerk. Deswegen ist es auch nicht der Klage wert für den, der auf den Menschen blickt, daß etwas »verloren geht« oder in der langen Geschichte der Menschheitskultur verloren gegangen ist, wenngleich es »interessant« wäre, mehr oder dies und das auch zu wissen, oder »aufschlußreich« für diese oder jene Frage. Jede Gegenwart kann dem vollsten Interesse dessen genügen, der sich zum Lebensstudium den Menschen wählte, und kann ihm jederzeit allen Aufschluß über seine Fragen und Wünsche geben, wenn er nur fähig ist, ein echtes Interesse aufzubringen, die Fragen zu formen und jenseits seiner selbst zu wünschen und zu wollen. Darum ist es auch jederzeit das Wichtigste, daß *heute, immer in der Gegenwart,* geistig kraftvoll schaffende Menschen leben und ihr Dasein durch ihre Taten, und vor allem durch ihr Sein und ihre Gesinnung bekunden, daß immer *heute* geistige Kultur ist.

Und der Mensch selber — wohin gehört er als Gesamtperson? Als Natur, als psychophysische Wesen, ist er ein Lebewesen, und als Lebewesen eignet ihm *Form*. Form ist Merkmal alles Lebendigen, und erst darum hätte *Max Scheler* »Ausdruck« ein Urphänomen des Lebens nennen dürfen. Denn Ausdruck bezeichnet, daß *wir* eine Form als Künderin von Geistigem aufnehmen. Form ist uns gleich dem aristotelischen Eidos, dessen beste Definition *Goethe* gegeben hat: »Geprägte Form, die lebend sich entwickelt.«

Leben: Geist ist die Ur-Polarität, in welche der Seinsgrund, die Wirklichkeit, die wir als Einheit Geistleben begriffen haben, »für unsere Erkenntnis« aufgesprungen, auseinandergetreten ist. Wir erfassen die Wirklichkeit in ihrer Bewegung — dem *unser* Tätigsein in allen seinen Formen und Feinheiten antwortet wie die Harfen dem Wind, der sie streicht — als die Polarität von Leben: Geist. Weil diese darum auch den Charakter größter Fremdheit an sich tragen, erklären sich alle Anschauungen und Systeme asketischer, lebensfeindlicher Einstellung. Sie übersehen alle, daß beide, Geist und Leben, sich zugleich derart innig bedingen, daß keines ohne das andere sein kann. Und dies ist die Einstellung, welche eine Erziehungswissenschaft an keiner Stelle ihres Systems so wenig wie in irgendeiner Form, in der sie praktisch wird, aufgeben darf; sie bildet im höchsten Sinne ihre Grundanschauung.

Die Funktion des Lebens aber ist Entwicklung, Entfaltung, ist *Bildung* oder Formung als Vorgang, sowie Bildung oder Form als Ergebnis. In der Form wie in der Formung, also in jeder Bildung, ist, was das Werden der *Form* betreibt, — geistig. Die Form ist mithin im Bereiche des Lebendigen das Anzeichen und Kennzeichen des Geistigen, ebenso wie es auch Typus, Rhythmus, Stil sind. Weil aber die Einheit des Grundes auseinandergetreten ist, so ist nicht jede Form vollkommen, d. h. fähig zum *tätigen* Dienst des Geistes, also mehr zu sein als nur dastehender oder sich entfaltender Ausdruck des Geistigen, nämlich auch »Form *für* Geistiges« zu sein. Ein Tier, eine Päonie[c], ein Berg sind nicht Formen für Geistiges, obwohl an ihnen Geistiges ist, soweit sie Form sind und eine Bildung bekunden.

So ist nun auch die menschliche Individualität als Form dadurch ein Zeugnis von Geistigem, aber damit noch nicht vergeistigt. Alle ihre Lebens- und Bewußtseinskräfte mögen der Bildung einer Individualität dienen, sie bewirken auch durch die vollkommenste Bildung noch keine Vergeistigung. Danach könnte ein Mensch körperlich wie seelisch die höchste Bildung erreichen und darstellen, ohne deswegen ein geistiger Mensch zu sein. So sehr sehen wir alle physischen und psychischen Kräfte einer menschlichen Individualität in den Dienst der *Bildung* gestellt. Auch die Bewußtseinsseite gehört auf die Seite des Lebens, und wir setzen nicht Bewußtsein gleich Geist, sondern im Verhältnis zum Bewußtsein wäre Geist eher, mit *Fichte* zu reden, »das Bewußtsein Erzeugende«.

Bildung findet sich demnach in Stein, Pflanze, Tier- und Menschenwelt. Wir sehen auch in jedem dieser Reiche jede Individualität sich nach *ihrem* Bildungsgesetz entfalten und in ihrem *Bildungs*gesetz ihre Begrenzung, die Möglichkeiten ihrer Formgestaltung besitzen.

Im Menschen aber finden wir etwas, das ihn von allen Gliedern der Pflanzen- und Tierwelt vollkommen unterscheidet. Und diesen *Unterschied* immer klarer und deutlicher herauszustellen, das bildet *die grundlegende und erste Aufgabe für System und Praxis einer Erziehungswissenschaft* von nun an, *im Gegensatz zu aller Pädagogik der voraufgehenden Jahrhunderte*.

Bäume und Blumen wachsen nebeneinander auf, jedes nach seinem Bildungsgesetz, Tiere nebeneinander nach ihrem Gesetz und nach den immer gleichen Ordnungen der Tiergesellschaft. In diesen Reichen herrscht der Entfaltungstrieb des einen *gegen* den andern und um dieses Entfaltungs- und Erhaltungstriebes willen auch *mit* dem andern im Dienste der *Lebens*interessen. Der Mensch bedarf des andern *auch* um des Lebens willen[d], allein außerdem um seiner *wesent-*

---

[d] Vgl. in m. »Allgemeinen Erziehungswissenschaft«, S. 108—276: Die Reiche der Lebensnot; auch S. 46 ff.[2].

lichen Vollendung willen. Denn keine Pflanze und kein Tier sind Formen für Geistiges, wohl aber ist es der Mensch, d. h. der *ganze* Inhalt und Gehalt einer menschlichen Form an Energien soll in den Dienst des Geistes treten und somit der Mensch in einem höheren Maße Ausdruck des Geistes werden und sein. Damit gehört der Mensch, im stärksten Gegensatz zu Pflanze und Tier, in das Reich des tätigen und selbstbewußten Geistes hinein. In ihm ist jene Polarität von Leben: Geist unaufhaltsam voll wirksam von der Empfängnis bis zur Auflösung seiner Form.

Was entspricht nun jener Entfaltung und Entwicklung, die wir als die Funktion des Lebens aufzeigten, auf seiten des Geistes? *Die* Funktion des »Geistes in Tätigkeit« ist die *Erziehung;* Erziehung ist darum Vergeistigung. Gewiß ist sie damit auch Funktion der Wirklichkeit. Wie Entfaltung, Entwicklung *die* Funktion des *Lebens*funktion ist und als *Lebens*funktion in der Wirklichkeit gründet, so desgleichen Erziehung als die Funktion des tätigen Geistes. Die Wirklichkeit (als Geistleben) ist das unabhängig Variable, Erziehung die abhängige Variable, und wenn wir von Erziehungswirklichkeit reden, so vom Definitionsbereich der abhängigen Variablen. Dieser Bereich erstreckt sich aber, für uns erkennbar, nur über den Menschen, und deswegen sind wir berechtigt, Erziehung auch den Prozeß der *Humanisierung* zu nennen; denn Mensch-Werden im Sinne des eigentümlich und wesenhaft Menschlichen ist Vergeistigung. Erziehung gibt es also nicht in der Tierwelt, sondern hier nur Aufzucht, Dressur u. dgl.
...

Erziehung als Funktion des Geistes in Tätigkeit wirkt nur in der Menschheit. Sie bewirkt jene geistigen Akte und treibt in der menschlichen Vernunft als Vernunft*kraft*. Damit ist klar, daß der Geist nicht rational wirkt im Sinne des Verständigen, des Intellektuellen, sondern — wie er sich aller körperlichen und seelischen Kräfte des Menschen bedient, so *benutzt* er auch des Menschen Fähigkeit zum beziehenden Denken, seine Intelligenz, und so entsteht u. a. innerhalb des Bewußtseinsbereichs das *Selbst*bewußtsein, das Bewußtsein produktiver innerer Tätigkeit verbunden mit dem Vermögen, sich selbst die Welt in Wort und Tat zurecht zu legen, um auch mit dessen Hilfe eine *geistige* Herrschaft über sich und andere auszuüben, nicht nur wie Tiere eine physische und vom Instinkt gestützte Beherrschung der Lebenslage zu erreichen.

So muß dem Geiste alles dienen: er möchte auf sich selbst, auf den Grund alles Seienden alles richten und in Beziehung setzen zu ihm: Trieb und Instinkt, Vitales und Seelisches, Gefühl und Willen, kurz alle Bildungskräfte des Menschen. *Die gesamte Bildungsenergie einer Individualität ist zum Dienste der Erziehung vorbestimmt.*

Nun erwachen die geistigen Schöpfungen erst am andern; sie bedürfen der Gemeinschaft, so daß geistige Gemeinschaft die Voraussetzung allen geistigen Werdens und Schaffens ist, und besonders alles Schöpferischen. Darum erfordern auch in den konkreten Verhältnissen des menschlichen Lebens wahrhaft erzieherische Kräfte die Form der Gemeinschaft, um echtes erzieherisches Wirken möglich zu machen, und sie setzen ein Verhalten der Hingabe, der *tätigen* Hingabe voraus. In der bewußt gelebten Erziehungswirklichkeit, etwa als Erziehungspraxis, muß sich eine geistige Gemeinschaft bilden, in welcher die Glieder im Verhältnis des unmittelbaren Handelns an und für einander, in dem Verhältnis des »vollendeten Dienstes« stehen, wenn sie ihre höchsten und reinsten Formen zur Erscheinung bringen wollen.

Jene Tatsache, daß sich die Erziehung auch der Bildungsenergien bedient, hat noch eine weitere, auch erziehungspraktisch wichtige Folge. In der Bildung eines Menschenkindes, d. h. im Werden, Sich-Entfalten seiner Form, *wird diese Form zum plastischen Ausdruck seines ganzen Wesens*, seiner Vitalität, Rationalität, Willenskräfte, seiner ganzen Geistigkeit. Die in einer menschlichen Individualität treibende geistige Kraft der Erziehung prägt die Eigentümlichkeit der individuellen Bildung auch nach außen hin sichtbar aus. Und so strahlt eines Menschen Geistigkeit in jeder Teilform wie in jeder Tätigkeit aus: in Gesicht und Hand, in Schrift und Gang; in seiner Bewegung im Tanz, im Lied, in jedem beruflichen Tun, in der Rede, im Schrifttum; in der Leitung eines Haushalts, in der Kinderpflege und in fürsorgender Arbeit an Psychopathen, in der Schulstube, in all seinem Handeln und Wandeln unter den Mitmenschen, und verrät, »wes Geistes Kind er ist«.

IV. Herman Nohl
Die Autonomie der Pädagogik[1]

1. Das Wesen des erzieherischen Verhaltens

...Herbart hat einmal gesagt: ohne die Einstellung von Locke und Rousseau auf das Individuell-Persönliche eines bestimmten Zöglings wäre das wahre Wesen der Erziehung nie zutage gekommen. »So mußte der Standpunkt genommen werden, wenn das Eigentümliche der Pädagogik gegenüber der Sittenlehre sein bestimmtes Gepräge zeigen sollte.« »Was kann aus dem einzelnen zur Erziehung dargebotenen Subjekt werden oder nicht werden?«, das sei die wahre pädagogische Frage, die dem Begriff der Pädagogik entspreche. Wenn man das interpretiert, so heißt es: stand die Pädagogik bis dahin im Dienst objektiver Aufgaben, wo das Individuum nur der an sich unwesentliche Träger solcher objektiven Ziele war, wie Staat, Kirche, Wissenschaft, Stand und Beruf, so nahm sie jetzt zum ersten Mal mit vollem Bewußtsein der Tragweite einen radikalen Wechsel des Blickpunktes vor und stellte sich in das Individuum und sein subjektives Leben. War bis dahin das Kind das willenlose Geschöpf, das sich der älteren Generation und ihren Zwecken anzupassen hatte und dem die objektiven Formen eingeprägt wurden, so wird es jetzt in seinem eigenen spontanen produktiven Leben gesehen, hat seinen Zweck in ihm selber, und der Pädagoge muß seine Aufgabe, ehe er sie im Namen der objektiven Ziele nimmt, im Namen des

Kindes verstehen. In dieser eigentümlichen Umdrehung, die man sich in ihrer vollen Bedeutung vor Augen stellen muß, liegt das Geheimnis des pädagogischen Verhaltens und sein eigenstes Ethos. Wenn Sokrates, statt Bücher zu schreiben, lieber in die lebendige jugendliche Seele schreiben und zugleich doch nur Hebammendienste an ihr leisten wollte, so war das echt pädagogisch, und die Entwicklung von Rousseau, Pestalozzi und Fröbel bis zu der heutigen Jugendkunde und Jugendbewegung, Berthold Otto und Montessori meint immer dasselbe. Diese Umdrehung hat damals die Welt des Kindes erst entdeckt, und von dieser Grundeinstellung her ergaben sich die wichtigsten pädagogischen Begriffe, wie die Entwicklung der Individualität, Selbsttätigkeit und Selbstverwaltung, der Selbstwert jedes Moments im Zusammenhang des fortschreitenden Lebens, die Ausbildung des *ganzen Menschen*. In dieser Einstellung auf das subjektive Leben des Zöglings liegt das pädagogische Kriterium: was immer an Ansprüchen aus der objektiven Kultur und den sozialen Bezügen an das Kind herantreten mag, es muß sich eine Umformung gefallen lassen, die aus der Frage hervorgeht: welchen Sinn bekommt diese Forderung im Zusammenhang des Lebens dieses Kindes für seinen Aufbau und die Steigerung seiner Kräfte, und welche Mittel hat dieses Kind, um sie zu bewältigen? *Insofern* ist also jede Pädagogik Individualpädagogik. Diese Drehung von der objektiven Kultur zur Lebendigkeit des Subjekts gilt aber nicht bloß dem Einzelindividuum gegenüber, sondern auch gegenüber dem Volk als Gesamtindividualität. Auch hier ist das pädagogische Ziel nicht Verbreitung des Wissens um des Wissens willen oder die Entwicklung der Leistungskraft für wirtschaftliche Zwecke, sondern immer der lebendige Mensch und die Erweckung eines gesunden adligen geistigen Lebens in allen Volksgenossen, das dann ganz von selbst auch der Quell von Leistungen sein wird.

Aber hier tut sich gleich die Grundantinomie des pädagogischen Lebens vor uns auf, die die Grundantinomie auch des ethischen Lebens ist, und auch die *Grenze* der Pädagogik sehen läßt. Hier ist das Ich, das sich aus sich und seinen Kräften entwickelt und sein Ziel zunächst in sich selbst hat, und dort sind die großen objektiven Inhalte, der Zusammenhang der Kultur und die sozialen Gemeinschaften, die dieses Individuum für sich in Anspruch nehmen und ihre eigenen Gesetze haben, die nicht nach Wille und Gesetz des Individuums fragen. Pädagogisch gewendet heißt das: das Kind ist nicht bloß Selbstzweck, sondern ist auch den objektiven Gehalten und Zielen verpflichtet, zu denen es hin erzogen wird, diese Gehalte sind nicht nur Bildungsmittel für die individuelle Gestalt, sondern haben einen eigenen Wert, und das Kind darf nicht bloß sich erzogen werden, sondern auch der Kulturarbeit, dem Beruf und der nationalen Gemeinschaft. Von hier aus ergibt sich »die Doppelendigkeit aller Erziehung«, wie Fröbel das einmal nennt, ihr nachgehendes und ihr vorschreibendes Wesen; seit Schleiermacher bewegt sich die Pädagogik bewußt in dieser Spannung, und wir werden sehen, *wie diese Polarität nun alle einzelnen pädagogischen Verhältnisse und Leistungen durchdringt*. Es bleibt aber dabei, daß das individuelle Moment, wie Schleiermacher das nennt, gegenüber dem universalen *für den Erzieher* den entscheidenden Ton zu tragen hat: *er ist verantwortlich für das Subjekt*.

Der geistige Prozeß besteht darin, daß sich immerfort aus dem lebendigen Grunde des Subjekts in seinem Dasein mit anderen Subjekten Formen herausheben, die, an sich bedeutungsvoll und gültig, zur Norm des Lebens werden: Kunst, Wissenschaft, Recht, sie lösen sich von den Subjekten ab und erlangen eine eigene Existenz und unabhängige Autorität. Die Kultur hat sich verobjektiviert und den Subjekten gegenübergestellt, die jetzt ihrem Werk dienen sollen. Aber »die Kultur dauert nur, wenn sie beständig aus der Quelle der erlebenden Subjekte gespeist wird. Ist dieser Zufluß unterbrochen und die Kultur vom schöpferischen Bewußtsein abgeschnürt, so vertrocknet und verödet sie bald«[2]. *Es ist die große Funktion der Pädagogik im Haushalt des geistigen Lebens, daß sie die von Generation zu Generation regelmäßig einsetzende Verobjektivierung immer wieder aufhebt in der neuen Jugend*, so daß die »Bücher leben« und die Kultur spontane Bildung wird.

...

2. Der pädagogische Bezug und die Bildungsgemeinschaft

Unser ganzes Leben ist durchzogen von dem Austausch der Geister und von geistiger Führung. In jedem Lebensverhältnis liegt darum ein bildendes, ja erzieherisches Moment, in jedem Gespräch macht es sich geltend. Erziehung und Unterricht erscheinen von hier aus nur wie besondere Mittel neben andern in solcher Bildungsarbeit, in der die Entwicklung und Formung eines ganzen Volkes wie jedes Einzelnen vor sich geht. Sie sind zwar insofern entscheidend, als wir von Pädagogik, von Kinderführung nur reden, wo dieser Bildungsaustausch mit dem *bewußten* Willen solcher Führung vor sich geht, der dann eben seine eigenen Mittel und Einrichtungen dafür schafft. Aber auch solche planmäßige Erhebung und Formung durchzieht das ganze Leben, ist in jedem Handwerk, in der Fabrik, beim Militär enthalten. Damit droht aber die Pädagogik als selbständige geistige Funktion verlorenzugehen, scheint dann nur ein universales Element, das überall wirksam ist, wo Geistiges von verschiedener Höhe, Geformtes und Ungeformtes sich begegnet. Radikale Pädagogen haben denn auch diesen Schluß gezogen: die Zeit der Schule ist vorbei, das Leben muß so geformt sein, daß es erzieht, der besondere Beruf des Pädagogen ist eine Unmöglichkeit.

Dieser Auflösung scheint eine Einsicht von dem entgegengesetzten Ausgangspunkt des Zöglings und seinen Bildungserlebnissen entgegenzukommen. Danach wäre das erzieherische Grunderlebnis, daß der Mensch in sich selbst gespalten ist: er findet hier ein bewußt Vorwaltendes, Zielsetzendes vor und ein Triebhaftes, das »erzogen« werden soll. Wir nehmen uns etwas vor und verwirklichen es dann. Diese Form des zielbewußten Vorgehens gilt für die innere, wie die äußere Handlung; zur Grundform der Lebensgestaltung gemacht, gibt sie dieser ein pädagogisches Ansehen. Wie Gandhi einmal von sich sagt, daß sein ganzes Leben ein pädagogisches sei, weil er sich selbst ein Gelübde gebe und dann durch solche Bindung sich steigert. Diesen Prozeß, in dem ein Mensch sich entwickelt, nennen wir Selbsterziehung, und von hier aus ließe sich der Erziehungsbegriff so verallgemeinern, daß er die Form der menschlichen Entwicklung überhaupt ausdrückt. Krieck hat so geistvoll versucht, die Erziehung ganz von dem Gegensatz der Generationen wie überhaupt von der Doppelheit von Erzieher und Zögling loszulösen und ihren tiefsten Punkt in der Form der geistigen Entwicklung überhaupt zu finden, als deren zwei Arten dann Selbsterziehung und Fremderziehung erscheinen, wo die Fremderziehung aber ein Sekundäres wäre. Diese Lösung kam der Bewegung in der Jugend entgegen, die damals grade auch auf eine Loslösung von der älteren Generation und auf Selbsterziehung aus war. Aber damit würde die Pädagogik als ein eigentümlicher Bereich wieder verschwinden, und auch das Bildungserlebnis des jungen Menschen kann auf diese Weise nicht vollständig erfaßt werden. Der Begriff der Selbsterziehung ist in Wahrheit nur eine analogische Übertragung jenes echt pädagogischen Verhaltens und Prozesses, in dem ein Mensch auf den andern wirkt. Das primäre Bildungserlebnis ist nicht die Erfahrung einer Spaltung des Ichs in Vorwaltendes und Geführtes, sondern das in einem pädagogischen Bezug Stehen zu einem Führer: »Beginnt nicht Erziehung erst in dem Augenblick, wo das Selbst durch eine höhere Ganzheit abgelöst wird, die uns aus uns selbst herauszieht und von uns selbst befreit?« (Fr. W. Förster.) Im Bildungserlebnis des jungen Menschen ist wesensmäßig die Hingabe an den Lehrer und die Erfahrung von einem Wachstum und einer Formung durch den andern enthalten. Die bloße Erfahrung des Sollens in sich — wenn sie überhaupt ohne die Bildungsgemeinschaft in mir lebendig aufgeht — ist eine ethische Erfahrung, die gewiß ihre große Bedeutung für die Pädagogik hat, aber noch nicht die erzieherische Erfahrung als solche. Die Erziehung endet da, wo der Mensch mündig wird, das heißt nach Schleiermacher: wenn die jüngere Generation auf selbständige Weise zur Erfüllung der sittlichen Aufgabe mitwirkend der älteren Generation gleichsteht, die Pädagogik hat so das Ziel, sich selbst überflüssig zu machen und zur Selbsterziehung zu werden, die dann bis zu unserm Tode fortreicht, aber damit ist gerade die Grenze der Pädagogik nach oben ausgedrückt, wo sie in Ethik übergeht. Es ist ja leider auch nicht so, daß uns das höhere Selbst in uns ohne Erziehung geschenkt würde, sondern es muß selbst erst geweckt, gereinigt und gefestigt werden ehe es erziehen kann, und auch dann bleibt immer noch ein Moment von Hingabe und Empfangen im religiösen Verhältnis, das pädagogischen Charakter hat. Also auch vom Bildungserlebnis des Zöglings aus ist die Grundlage der Erziehung die Bildungsgemeinschaft zwischen dem Erzieher und Zögling mit seinem Bildungswillen. Und wie sich in dem pädagogischen Verhalten, in dem Vatersein, Muttersein, Lehrersein, ein Stück unseres Lebens selbst erfüllt, das nicht nur Mittel ist, sondern seinen eigenen Sinn hat, eine Leidenschaft mit eigenen Schmerzen und Freuden, so ist auch für den Zögling der pädagogische Bezug ein Stück seines Lebens selbst und nicht nur Mittel zum Erwachsendasein — dazu dauert er auch zu lange, und wie viele erleben das Ziel nie! Unter den wenigen Verhältnissen, die uns im Leben gegeben sind, Freundschaft, Liebe, Arbeitsgemeinschaft, ist das Verhältnis zum echten Lehrer vielleicht das grundlegendste, das unser Dasein am stärksten erfüllt und formt. Erst wenn man das pädagogische Verhältnis vom Lehrer wie vom Schüler aus so versteht, erkennt man seine volle Lebensbedeutung, die es auch zu einem dichterischen Motiv ersten Ranges macht, auch mit der Tragik, die in ihm enthalten ist.

Noch unter einem anderen Gesichtspunkt wird die grundlegende Bedeutung des pädagogischen Bezuges klar. Ist das Ziel der Erziehung die Erweckung eines einheitlichen geistigen Lebens, so kann sie nur wieder durch ein einheitliches geistiges Leben gelingen, persönlicher Geist sich nur an persönlichem Geist entwickeln. Die pädagogische Wirkung geht nicht aus von einem System von geltenden Werten, sondern immer nur von einem ursprünglichen Selbst, einem wirklichen Menschen mit einem festen Willen, wie sie auch auf einen wirklichen Menschen gerichtet ist: die Formung aus einer Einheit. Das ist der Primat der Persönlichkeit und der personalen Gemeinschaft in der Erziehung gegenüber bloßen Ideen, einer Formung durch den objektiven Geist und die Macht der Sache. Wenn wir älter werden, leben wir in sachlichen Interessen und in der Hingabe an objektive Aufgaben, aber im Erziehungsprozeß geht die Gestaltung unseres Lebens nur vor sich, wo wir uns Personen hingeben, in denen uns solche Aufgaben lebendig entgegenkommen, und auch dann wird nicht die Idee in ihnen gemeint, sondern immer der Mensch und seine persönliche ideale Form, das fleischgewordene Wort, und wir entnehmen aus ihnen weniger die Sache als die persönliche Art ihrer Vertretung, Hingabe und Schwung, die Gewissenhaftigkeit und Treue der Arbeit, die Strenge gegen sich selbst, kurz die persönliche Kraft. Meine Begabung führt mich zur Sache, aber der erzieherische Bezug formt auch die Begabung, und formt sie nicht aus der Sache, sondern aus den persönlichen Kräften, zu denen dann allerdings auch die Sachlichkeit gehört. Darum kann ein großer Lehrer seine Wirkung behalten, auch wenn der Inhalt seiner Lehre längst überholt ist. Je zersplitterter oder unfertiger die Bildung einer Zeit ist, um so wichtiger wird die Repräsentation des höheren Lebens vor dem Zögling in dem einheitlichen Menschentum seines Erziehers, in dem das Bildungsideal aufbewahrt ist, wenn es sonst überall verschwunden wäre oder noch nicht da sein sollte ...

Die Grundlage der Erziehung ist also das leidenschaftliche Verhältnis eines reifen Menschen zu einem werdenden Menschen, und zwar um seiner selbst willen, daß er zu seinem Leben und seiner Form komme. Dieses erzieherische Verhältnis baut sich auf auf einer instinktiven Grundlage, die in den natürlichen Lebensbezügen der Menschen und in ihrer Geschlechtlichkeit verwurzelt ist. In dem Vater- und Muttersein, Schwester-, Bruder-, Tante- und Onkelsein, aber auch noch in dem Großvatersein und nicht zuletzt in der Erotik. Von jedem dieser elementaren Bezüge wird eine eigene Form des erzieherischen Verhältnisses getragen, er läßt jedes Mal andere Momente in diesem Verhältnis hervortreten, zielt auch auf ein jeweilig verschiedenes Alter, die Mutter auf das Kleinkind, der Vater auf den 12jährigen, die Erotik auf das Jugendalter. Jeder große Pädagoge ist typisch für eine dieser Formen, Sokrates und Herbart oder auch Wyneken für den erotischen, Pestalozzi für den mütterlichen, Salzmann oder Arndt für den männlich-väterlichen Typus, der alte Fröbel für den großväterlichen, und man versteht ihre Pädagogik in ihrem eigentümlichen Aufbau nicht, wenn man

41

in ihr nicht diesen ursprünglichen Kern mit seinen Konsequenzen spürt. Dabei ist das spezifisch pädagogische Verhältnis selbstverständlich doch wieder mehr als das instinktive Mutter- und Vatersein oder das erotische Band, nämlich ein *geistiges Verhalten selbständiger Art*, das sich auf den werdenden Menschen richtet um seiner höheren Form willen.

Man hat längst gewußt, seit Platons Symposion, daß im pädagogischen Bezug auch ein sinnliches Moment enthalten ist. Das äußert sich schon den Säuglingen gegenüber in allen den Zärtlichkeiten des Küssens und Streichelns. Die Psychoanalyse hat nun in diesen sinnlichen Berührungen Ableitungen des Sexualtriebes zu entdecken gemeint. Diese Untersuchungen vergessen dabei meist, daß das wahrhaft menschliche Leben eben doch darin besteht, aus dem Material solcher sinnlichen Grundzüge das neue Gebäude eines von einem Geistigen aus geformten Lebens zu machen, wo dann der Sinn solcher Berührungen ein völlig anderer geworden ist... Die wahre Liebe des Lehrers ist die hebende und nicht die begehrende, und das pädagogische Verhältnis ist eine wirkliche Gemeinschaft, wo dem Gefühl der einen Seite das entsprechende auf der andern gegenübersteht. —

Das Verhältnis des Erziehers zum Kind ist immer doppelt bestimmt: von der Liebe zu ihm in seiner Wirklichkeit und von der Liebe zu seinem Ziel, dem Ideal des Kindes, beides aber nun nicht als Getrenntes, sondern als ein Einheitliches: aus diesem Kinde machen, was aus ihm zu machen ist, das höhere Leben in ihm entfachen und zu zusammenhängender Leistung führen, nicht um der Leistung willen, sondern weil in ihr sich das Leben des Menschen vollendet. Das pädagogische Ziel ist nicht, einen Lebenstypus zu züchten. Der Gärtner, der die blaue Rose züchtet, opfert Tausende von Rosen für diesen Zweck, die pädagogische Liebe zum Kinde ist die Liebe zu *seinem* Ideal. Es soll ihm nichts Fremdes eingebildet werden, sondern die Lebensform, zu der sie führen will, muß die Lösung *seines* Lebens sein. So fordert die pädagogische Liebe Einfühlung in das Kind und seine Anlagen, in die Möglichkeiten seiner Bildsamkeit, immer im Hinblick auf sein vollendetes Leben. Der Unterschied zur rein naturhaften Mutterliebe wie zu dem Stolz des Vaters auf die Leistungen des Sohnes ist deutlich, realistisches Sehen und idealistisches Wollen sind hier auf das innigste verbunden.

Und dem entspricht im Zögling nun ein Wachstumswille und eine Hingabe, die nach Hilfe und Schutz, nach Zärtlichkeit und Anerkennung verlangt. Aber auch hier bekommen Wachstumswille und Hingabe erst den erzieherisch-geistigen Charakter, wo der Verkehr mit einem Reiferen gesucht wird, um von ihm Lebenskraft und Form zu gewinnen.

Was jedoch insbesondere den geistigen Charakter in diesem Wechselverhältnis ausmacht, ist *eine Spannung, die wieder von beiden Seiten her* empfunden wird. Das pädagogische Interesse ist nach der einen Seite, wie Herbart einmal so großartig sagt, »nur eine Äußerung unseres ganzen Interesses für Welt und Menschen; und der Unterricht konzentriert alle Gegenstände dieses Interesses — da, wohin sich unsre gescheuchten Hoffnungen endlich retten: — in den Schoß der Jugend, welcher der Schoß der Zukunft ist. — Außerdem ist der Unterricht sicherlich leer, und ohne Bedeutung. Sage niemand, er erziehe mit ganzer Seele! Das ist eine hohle Phrase. Entweder, er *hat nichts* zu vollbringen durch die Erziehung, — oder *die größere Hälfte seiner Besinnung gehört dem,* was er dem Knaben mitteilt, was er ihm zugänglich macht, — gehört seiner Erwartung von dem, was jenseits aller bisherigen Phänomene unserer Gattung die sorgfältiger gepflegte Menschheit werde leisten können«. Aber dieser Veränderungs- und Gestaltungswille wird doch gleichzeitig immer gebremst und im Kern veredelt durch eine bewußte Zurückhaltung vor der Spontaneität und dem Eigenwesen des Zöglings Wie ein Kunstwerk nicht aus einer bloßen Neutralität erwächst, sondern aus der Leidenschaft eines Glaubens und trotzdem ganz in sich beruhen soll und keine Tendenz haben, so ist auch der Erzieher kein Tendenzpädagoge. Dieses eigentümliche Gegeneinander und Ineinander von zwei Richtungen der Arbeit macht *die pädagogische Haltung* aus und gibt dem Erzieher eine eigentümliche *Distanz* zu seiner Sache wie zu seinem Zögling, deren feinster Ausdruck ein *pädagogischer Takt* ist, der dem Zögling auch da nicht »zu nahe tritt«, wo er ihn steigern oder bewahren möchte, und der spürt, wenn eine große Sache nicht pädagogisch klein gemacht werden darf. Und auch der Zögling will bei aller Hingabe an seinen Lehrer im Grunde doch sich, will selber sein und selber machen, schon das kleine Kind im Spiel, und so ist auch von seiner Seite in der Hingabe immer zugleich Distanz und Opposition, und das pädagogische Verhältnis strebt — das ist sein Schicksal und die Tragik des Lehrerseins — von beiden Seiten dahin, sich überflüssig zu machen und zu lösen, — ein Charakter, der so keinem anderen menschlichen Bezuge eigen ist. Schleiermacher versucht einmal den spezifischen Unterschied zwischen dem Kunstmäßigen und Kunstlosen festzustellen. Das Wesen des kunstlosen Zustandes sei, daß Erregung und Äußerung bei ihm identisch sind, wogegen in jeder Kunstleistung diese Identität wesentlich aufgehoben ist, »eine andere höhere Gewalt ist zwischen eingetreten, ein Moment der Besinnung bricht auf der einen Seite schon durch das Anhalten die rohe Gewalt der Erregung und bemächtigt sich zugleich während dieses Anhaltens der schon eingeleiteten Bewegung als ordnendes Prinzip«. Dieser Moment ist es also, durch welchen sich die Kunst von dem bloßen Naturprozeß unterscheidet, »es ist der Moment der Konzeption, in welchem, was hernach äußerlich hervortritt, sich innerlich vorbildet«. »Eine innere Erregung muß vorausgegeben werden, welche irgendeine nach außen gehende Funktion aus dem Schlummer weckt, aber Kunsttätigkeit entsteht nur insofern, als ein kräftiges Maß jener Besinnung vorhanden ist, welche die Naturtätigkeit über sich selbst erhebt und zu einer Offenbarung des sich seiner bewußten und die Erregung beherrschenden Geistes adelt«. Der Veränderungswille, der im Pädagogischen, im Unterschied von dem Politischen, nicht Verhältnisse, sondern Menschen ändern will, wird zu einer *pädagogischen* Leistung nur durch eine solche vorbildende Konzeption, die der ungehemmten Auswirkung vorangeht, und deren *schöpferisches Geheimnis in jener schweren Ineinsetzung des missionarischen Kulturwillens mit dem persönlichen Ideal und der Spontaneität des Zöglings* liegt. In dieser Spannung ruht alle Schwierigkeit des Erziehens, und wieder liegt der spezifisch pädagogische Ton auf dem Festhalten jener Distanz, die bei aller persönlichen Überzeugtheit von der Wahrheit des eigenen

Glaubens immer die Lebendigkeit des Zöglings respektiert, die in der Freiheit seiner sittlichen Selbstentscheidung gipfelt.

Die Doppelheit des Verhältnisses offenbart sich übrigens auch darin, daß wir dafür zwei Worte haben, »bilden« und »erziehen«. Neuere Untersuchungen haben den Bedeutungsunterschied der beiden Worte willkürlich aus ihrem System bestimmen wollen. Historisch ist der Ausdruck »bilden« erst in der zweiten Hälfte des 18. Jahrhunderts aufgekommen, heißt ursprünglich »sich bilden« (Bildungstrieb) und meint die spontane Entwicklung von innen her zu eigener Form, während »erziehen« (Zucht) mehr das Hinziehen zu einer vorgegebenen Form bedeutet. Wenn die Gegenwart wieder den Ausdruck »erziehen« bevorzugt, so ist das ein charakteristisches Zeichen für den Wandel in der pädagogischen Haltung.

Die Bildungsgemeinschaft ist gleichzeitig Lebensgemeinschaft und ihr Geist ist die stärkste bildende Kraft, er ist die Voraussetzung jeder einzelnen pädagogischen Einwirkung und alle Methodik ist ihm gegenüber ganz sekundär. In dieser Gemeinschaft macht sich nun aber wieder, weil sie pädagogische Gemeinschaft ist, jene Doppelheit geltend, die schon berührt wurde, als von der Mutterliebe und der Vaterführung gesprochen wurde. Entsprechend jener Doppelheit einer Liebe zum Kinde in seiner Wirklichkeit und der Liebe zu seiner Höhe, die Erhebung fordert, wird die pädagogische Gemeinschaft getragen von zwei Mächten: Liebe und Autorität. Diese zwei Mächte bestimmen die spezifisch pädagogische Struktur der Erziehungsgemeinschaft. Die Pädagogen haben je nach ihrer Einseitigkeit bald die eine oder andere betont, im Lebensprozeß sind sie beide verbunden. Die zentrale pädagogische Aufgabe, die Hervorbringung eines persönlichen geistigen Lebens, fordert vom Erzieher die Liebesgemeinschaft mit dem Kinde, die ihm alle Türen in ihm öffnet und sein ganzes kleines Leben im Vertrauen solcher Liebe sammelt und bindet, trägt und steigert. Wo ich vertraue, handle ich selbst besser, wo mir vertraut wird, fühle ich mich gebunden und bekomme Kräfte über mein Maß. Auf dieser Liebe gründet dann aber weiter die Konzentration durch den Gehorsam gegenüber der Autorität, die nichts anderes ist als das Gewissen jenes höheren Lebens und das Vorbild jener höheren Form, dem die Seele zugeführt werden soll. Die geistige Notwendigkeit, die das Ideal und seine Erhebung gegenüber dem bloßen Dasein charakterisiert, ist dem Kinde in dem Verhältnis zu der Autorität und in ihrem Ernst gegenwärtig. Autorität heißt also nicht Gewalt, wenn sie sich unter Umständen auch mit ihr wappnen muß, und Gehorsam heißt nicht aus Angst tun oder blind folgen, sondern heißt freie Aufnahme des Erwachsenenwillens in den eigenen Willen und spontane Unterordnung als Ausdruck eines inneren Willensverhältnisses, das gegründet ist in der überzeugten Hingabe an die Forderungen des höheren Lebens, das durch den Erzieher vertreten wird. Dies Verhältnis hat seine eigene Gewißheit, und eine Reihe der schönsten Gefühle sind in ihm gegründet: Ehrfurcht, Achtung, Pietät und Dankbarkeit...

...

3. Die Bildung als das pädagogische Werk

Ihre letzte Klarheit bekommt die Autonomie des pädagogischen Verhaltens aber erst, wenn man auf das Werk sieht: die Bildung. Wir können hier noch ganz absehen von den besonderen Formen und Gehalten dieser Bildung, es genügt zunächst, sich deutlich zu machen, daß die Erziehung in ihr, der Paideia, eine ganz eigentümliche Leistung aufzuweisen hat, eine Objektivität, die ihr allein gehört. Der erste, der sie so, als ein an sich bedeutungsvolles System höheren Lebens gesehen hat, war Plato im »Staat«. Er formulierte doch nur, was in der Aristokratie seines Volkes wirklich geworden war: die Erkenntnis vom Wesen der Bildung als eines zweckfreien Eigenwertes. Isokrates konnte dann schon geradezu sagen, daß einer Grieche sei weniger durch Abstammung als durch Teilhabe an dieser Bildung. *Dilthey* hat diese Paideia in seiner Geschichte der Pädagogik einmal so charakterisiert: sie sei »ein so herrliches Gebilde des griechischen Gesamtgeistes als Kunst und Wissenschaft, einmal als Erziehung selbst, dann aber in ihrer Verwebung mit der Bildung der Nation überhaupt, die in ihrem umfassenden Sinn noch etwas anderes ist als wissenschaftliches oder künstlerisches Schaffen. Sie ist schließlich die Gestaltung des Kunstwerks der Person oder der perönlichen Bildung, das Wesenhafte, was die Kultur eines Zeitalters hervorbringt und alle seine Einzelleistungen ermöglicht. Sie ist die Einheit derselben.« Seitdem erst konnte die Erziehung des Menschen zu einer höchsten Kulturaufgabe werden, und zwar seine Erziehung zum Menschen als einem erhöhten Lebensstand, ganz abgesehen von allen praktischen Aufgaben des Lebens, schließlich sogar auch des Staates. Die Römer nannten diese Paideia darum humanitas, wir jetzt »Bildung«. Bildung ist die subjektive Seinsweise der Kultur, die innere Form und geistige Haltung der Seele, die alles, was von draußen an sie herankommt, mit eigenen Kräften zu einheitlichem Leben in sich aufzunehmen und jede Äußerung und Handlung aus diesem einheitlichen Leben zu gestalten vermag. Die verschiedenen Kultursysteme, Kunst, Wissenschaft, Staat verlangen überall Leistungen von uns und Einstellung in bestimmte Zusammenhänge, die Bildung dagegen lebt im Individuum, will in ihm Kräfte und Fähigkeiten entbinden und zu einer Gestalt bringen, die nach einer Richtung den immanenten Sinn unseres Daseins, ein Telos der Geschichte, darstellt. Unabhängig von den Anprüchen, die der Beruf oder sonst irgendwelche objektiven Mächte des Lebens an uns stellen, soll hier das Menschliche sich erfüllen. Je zerspaltener das öffentliche Leben wird, um so entscheidender wird die Aufgabe der Pädagogik, solch einheitlich geformtes Leben in den Individuen zu erreichen. Wenn *Rousseau* am Beginn seines »Emile« sagt, daß er keinen Bürger, Priester, Richter oder Soldaten erziehen wolle, sondern einen Menschen, so meint »Mensch« eben dieses im Individuum zentrierte, in sich bedeutungsvolle Leben. Die Verwirklichung solchen totalen höheren Lebens im Individuum gegenüber allen Trennungen der Kultur war der tiefe Sinn des Humanitätsideals unserer klassischen Zeit und der echt pädagogische Kern des Gymnasiums gegenüber dem Utilitarismus einer falsch verstandenen Realbildung. Wie es in *Schillers* bekanntem Wort heißt:

gemeine Naturen bezahlen mit dem, was sie tun, edle mit dem, was sie *sind* ...
   Daß auch diese Bildung sich dann (als ἐγκύκλιος παιδεία = Enzyklopädie) ablösen kann von den Subjekten, um als selbständige Objektivität aufzutreten, die das Individuum nur zu übernehmen hat, um als »gebildet« zu erscheinen, ist die gefährliche Folge ihres Charakters, ein in sich Bedeutungsvolles zu sein, dessen Besitz in einen höheren Stand erhebt, weil die Bildung und ihr Typus ursprünglich in dem Ethos einer Aristokratie und in ihrer »Art« gründete — unsere pädagogische Terminologie ist noch voll von Worten, die von daher stammen, wie artig, aus der Art geschlagen, arthaft. Wo solche falsche Objektivierung der Bildung vor sich geht, ist ihr eigentliches Wesen verkehrt worden, das gerade darin besteht, eine Form zu sein, die sich nicht vom Leben ablösen darf.

V. Eduard Spranger
Über Erziehung und Bildung[1]

1. Die Konzeption des frühen Spranger
a) Erziehung[2]
...
   Der wesentliche Unterschied zwischen dem unmittelbaren Kulturschaffen und der Erziehung liegt darin, daß der kulturschöpferische Mensch aus seinem Subjekt durch sinnvolle geistige Akte objektive Wertgebilde herausgestaltet, die dann auch für andere da sind, von ihnen verstanden, genossen und fortgebildet werden können. Bei ihm also geht die Bewegung der Tätigkeit vom Subjekt zum Objekt. Der Erzieher hingegen ist seinerseits erfüllt von der Liebe zu den bereits gestalteten objektiven Geisteswerten, auch wenn er selbst gar kein Schöpfer sein sollte, und er ist bestrebt, diese objektiven Werte in subjektives seelisches Leben und Erleben zurückzuverwandeln. Er will sie vor allem in der Gesinnung und den Fertigkeiten sich entwickelnder Seelen rege machen. Bei ihm also geht die Bewegung vom Objektiven zum Subjekt. Er möchte Werte in Seelen entbinden, er möchte sie in werdenden Menschen zum adäquaten Erleben bringen.
   Das Leben der Kultur vollzieht sich in zwei gleich wichtigen, aber sachlich verschiedenen Tätigkeiten: im Kulturschaffen, vermöge dessen die geistige Welt immer neue Jahresringe ansetzt, und in der Kulturfortpflanzung, durch die der Kreislauf frischen Saftes in ihr aufrechterhalten wird. Diese Fortpflanzung der Kultur, die auf dem Lebendigerhalten des bereits Erarbeiteten in den werdenden Geistern beruht, nennen wir *Erziehung*.
   Aber wir würden diesen Ausdruck noch nicht anwenden, solange es sich nur um die Überlieferung dieser oder jener einzelnen Kulturschöpfung handelte.

Sonst wäre jede Aufführung eines Dramas schon Erziehung, weil sie die Absicht des Dichters empfänglichen Seelen näherbringt. Die Erziehung geht noch weiter in die Tiefen der Seelen zurück: sie will sie erst empfänglich machen. Und zwar nicht nur für diese oder jene Einzelheit, sondern für den totalen Sinn und die ethische Gesamtaufgabe des geistigen Lebens überhaupt. Deshalb ist sie auch nicht »Überlieferung«, sondern Entbindung persönlicher Wertrichtung in anderen.

Erziehung ist also der von einer gebenden Liebe zu der Seele des anderen getragene Wille, ihre totale Wertempfänglichkeit und Wertgestaltungsfähigkeit von innen heraus zu entfalten.

In dieser Begriffsbestimmung sind inhaltlich sehr wichtige Entscheidungen über das Wesen der Erziehung enthalten. Es liegt in ihr: 1. daß die seelische Entwicklung allein von den *Werten* aus beeinflußt werden kann, nicht von der bloßen Gesetzlichkeit eines Sachgebietes als solchen; 2. daß alle wahre Erziehung in der *formalen Bildung* ihren Mittelpunkt hat, in der *Kraftbildung*, nicht in der Stoffübermittelung; 3. daß sie (in dem hier innegehaltenen Sprachgebrauch) immer von einem religiösen Geist erfüllt sein wird, weil sie auf das Ganze der Seele und auf ihre Stellung zum ganzen Leben gerichtet ist.

Man darf jedoch die Behauptung, daß die Erziehung die Richtung vom objektiven Wert zur subjektiven Wertempfänglichkeit und Wertfähigkeit einschlage, nicht so verstehen, als ob ihre Aufgabe nur die Übertragung des historisch gegebenen objektiven Kulturbesitzes von der älteren auf die jüngere Generation sei. Gewiß muß sie zum *Verständnis* der objektiven, historisch gegebenen Kultur emporbilden[a], aber nicht immer zu ihrer *Billigung*. Vielmehr ist der Durchgang durch die gegebene Kultur in der Erziehung immer nur ein Mittel, um den echten Kulturwillen überhaupt zu wecken. Wir haben im ersten Kapitel dieses Buches zwei Bedeutungen des objektiven Geistes unterschieden: Man kann darunter den historisch gegebenen, vom einzelnen unabhängigen Kultur*bestand* mit seinem echten Wertgehalt und seinen Wertwidrigkeiten verstehen; man kann aber auch an den objektiven Geist im kritischen Sinne, an die Kultur*idee* denken, die wir kurz den normativen Geist nannten. In der Erziehung kann es nicht bloß auf die Einführung in das Verständnis der gegebenen Kultur ankommen. Dann wäre sie ja nur ein Mittel, die bestehenden Verhältnisse mit ihren Mängeln und begrenzten Vorzügen zu verewigen. Sondern für die wahre Erziehung ist dies alles nur ein Übungsstoff, um daran in der werdenden Seele den vorwärtstreibenden Willen zum echten Wert zu entbinden. Nicht einfach Wahrheiten sollen überliefert werden, sondern der Wille zur Wahrheit selbst soll gestärkt und bewußt werden, nicht bestehende Techniken sind einzuüben, sondern das technische Können und Suchen soll freigelegt werden; nicht bloße Staatstreue ist das Ziel, sondern das fortbildende Staatsethos, der Wille zum wahren und gerechten Staat usw. Oder alles mit einem Wort: es kommt nicht darauf an, einen fertigen Sinn des Lebens und der Kultur zu übermitteln, sondern darauf, daß das reine, unbestochene

---

[a] Manche Kreise der heutigen Jugendbewegung scheinen auf dem Standpunkt zu stehen: »Ich kenne die Kultur nicht, aber ich mißbillige sie.«

Suchen nach dem höchsten Sinn zu einer Ehrfurcht in der sich entfaltenden Seele werde.

Demnach können wir die vorhin gegebene Definition der Erziehung auch so umgestalten: *Erziehung ist diejenige Kulturtätigkeit, die auf persönliche Wesensformung sich entwickelnder Subjekte gerichtet ist. Sie erfolgt an den echt wertvollen Gehalten des gegebenen objektiven Geistes, hat aber zum letzten Ziel die Entbindung des autonomen normativen Geistes (eines sittlichidealen Kulturwillens) im Subjekt.* Und es versteht sich von selbst, daß diese Überlegenheit über die gegebene Kultur nur durch Anknüpfung an ein ideales Wertsystem (vgl. Abschnitt IV, Kap. 4) erreicht werden kann: ohne ein Klassisches gibt es keine Erziehung. — ...

b) Bildung[3]

... »Bildung ist die durch Kultureinflüsse erworbene, einheitliche und gegliederte, entwicklungsfähige Wesensformung des Individuums, die es zu objektiv wertvollen Kulturleistungen befähigt und für objektive Kulturwerte erlebnisfähig (einsichtig) macht.«

...

... »Bildung ist die lebendig wachsende Aufnahme aller objektiven Werte, die zu der Anlage und zu dem Lebenskreise eines sich entwickelnden Geistes in Beziehung gesetzt werden können, in das Erleben, die Gesinnung und die Schaffenskräfte dieses Menschen, mit dem Ziele einer geschlossenen, objektiv leistungsfähigen und in sich selbst befriedigten Persönlichkeit.«

...

2. Die Konzeption des späten Spranger
a) Die drei »Hauptseiten« der Erziehung[4]

...

Was ist denn nun Erziehung *eigentlich*? Sie ist ein sehr komplexes Verhalten, das einerseits für jede Altersphase, andererseits für jede Wesensschicht des werdenden Menschen eine besondere Gestalt annehmen muß. Aber drei Hauptseiten treten deutlich hervor. Sie ist 1. Entwicklungshilfe, die die Griechen τροφή (Aufzucht) nannten. Als solche ist die Erziehung stark biologisch bedingt. Der Leib fordert seine Pflege, und auch das seelische Leben, das sich ja auf eine geheimnisvolle Weise von innen entfaltet, muß zunächst entwicklungstreu gepflegt werden. Jedoch ist schon dies keine Technik, sondern eben »Pflege« eines Lebendigen, also lateinisch cultura. 2. Zweitens gehört zur Erziehung das Überliefern, das Tradieren von Kulturbesitz, der bereits von der Menschheit erarbeitet worden ist und nun auf einem planmäßig verkürzten Wege auswahlweise weitergegeben wird. Die Philosophie hat dieses Verfahren sorgsam analysiert, worauf ich hier nicht eingehen kann. Das wichtigste Ergebnis ist: Ein einfaches Überliefern von Kulturgütern, z. B. ein bloßes Hineinfüllen von Kenntnissen in ein angeblich passives Seelengefäß, gibt es gar nicht. Sondern schon hier muß innere Aktivität der sich entfaltenden Seele mitwirken, entgegenkommen oder abwehrend. Welch unheilvoller Irrtum Herbarts, daß man dem Zögling auch nur einen »Gedankenkreis« *machen* könne! Keine Aneignung des Gebotenen ohne innere Aktivität. 3. Damit aber ist das Dritte und Schwerste schon angedeutet: wie kommt man an diese stellungnehmende Innerlichkeit heran? Diejenigen haben nicht Unrecht, die das Erwachen des Inneren für ein so großes Geheimnis halten, daß man es nur der Gnade zuschreiben kann. Wenn aber Wachheit das Ziel ist, vor allem ein waches Gewissen, das sich vor höheren Mächten gebunden weiß, so wird man das erzieherische Bestreben, das hierauf gerichtet ist, als ein *Erwecken* bezeichnen dürfen ...

b) Erziehung als Gewissensregulation[5]

...
Erziehung ist bewußte regulierende Einwirkung auf die im jungen Menschen sich bildenden geistigen Regulatoren. Sie können ihm nicht eingesetzt, sondern nur von Störungen befreit und zu maßgebenden Kräften gestärkt werden. Jede Anleitung zur Herrschaft über sich selbst ist gleichbedeutend mit der Konsolidierung des höheren Selbst, das seine Wurzeln im Metaphysischen hat[6].

Wenn — gemäß dem Programm des Positivismus — nur *das* Wissenschaft ist, was die Grenzen zum Metaphysischen hin nicht überschreitet, so fürchte ich, daß die pädagogische Theorie genau da aufhören muß, wo ihr entscheidendes Thema erst anfängt ...

VI. Theodor Litt
Bildung heute[1]

1. Zur Bildungssituation nach 1945[2]

...
... Und wie ist es heute um »Bildung« bestellt? Wie weit sind wir berechtigt zu der Zuversicht, daß mit diesem Wort eine Beschaffenheit unseres gegenwärtigen *Seins* bezeichnet werde? Glaubt man den mit diesem Wort bezeichneten Begriff schon dann erfüllt, wenn ein Geschlecht über einen gewissen Vorrat an sog. »Kulturgütern« verfügt, die durch verstehendes Aufnehmen, planvolle Pflege und geregelte Übung dem Bewußtsein der Lebenden gegenwärtig erhalten und an die Nachwachsenden überliefert werden, dann dürfen wir, selbst nach den nie wieder zu reparierenden Verlusten, die uns der Krieg zugefügt hat, uns immer noch ein »gebildetes« Volk nennen. Anders sieht die Sache aus, wenn wir das Wort in dem hohen und verpflichtenden Sinn verstehen, den es in der klassischen Epoche deutscher »Bildung« durch die vereinten Geistesmühen unserer Dichter und Denker erhalten hat. Denn dann bezeichnet es nicht bloß die Beziehung, die das aufnehmende Subjekt mit einem Schatz von zu pflegenden und zu genießen-

den Gütern des Geistes verbindet, sondern die lebendige, die *»innere« Form*, zu der das nämliche Subjekt in der Zwiesprache mit der Welt, im Ringen mit der Forderung der Sache, in der Hingabe an das zu gestaltende Werk heranwächst. Und »innere Form« verdient hinwiederum die so entstehende Seelenhaltung nur dann zu heißen, wenn sie dem zu ihr Durchgedrungenen einen festen Stand verleiht in den Stürmen des Daseins, wenn sie ihm den klaren Blick gibt für Wert und Unwert, wenn sie ihn stark macht, sich gegen äußere und innere Anfechtungen im sicheren Besitz seiner selbst zu behaupten. Verstehen wir »Bildung« als die so hoch zielende Idee, dann hilft uns nichts vor dem Eingeständnis, daß in uns, den Zeugen, Vollstreckern und Opfern der deutschen Katastrophe, alle Voraussetzungen zerstört sind, von denen die Möglichkeit echter Bildung abhängt. Schiffbrüchigen gleich umhergetrieben von den Wogen eines Schicksals, das zu meistern wir uns unfähig erwiesen haben, bis auf den tiefsten Grund erschüttert nicht bloß in unserem äußeren Dasein, sondern auch in unserer seelischen Existenz, Opfer einer an Anarchie grenzenden Ratlosigkeit in der Ausrichtung unseres gemeinsamen Lebens, gelöst selbst aus den elementarsten Bindungen menschlicher Zusammengehörigkeit, müßten wir zu alledem auch noch einer unbegreiflichen Selbstverblendung verfallen sein, um uns im Besitze der so verstandenen »Bildung« glauben zu können. Nein: Bildung ist für uns nicht eine Gabe, deren wir uns auch nur im bescheidensten Sinne rühmen dürften, sondern eine Aufgabe, die wir, gleichsam bis auf den Nullpunkt der Existenz zurückgeworfen, aus weitem Abstande und mit ebensoviel Entsagung wie Geduld in Angriff zu nehmen haben. Gerade wenn wir Erzieher sind, muß uns erst recht der Wahn fernbleiben, daß solche Bildung selbst bei redlichstem und angespanntestem Bestreben in naher Zukunft Wirklichkeit werden könne. Wenn eine geschichtliche Gemeinschaft sich in den Abgrund einer Daseinskrisis hineingeschleudert findet, wie sie über uns gekommen ist, dann möge sie sich darüber klar sein, daß ihr eine neue und standhaltende Wesensprägung nur um den Preis von langwierigen und schmerzhaften Werdenöten beschieden sein wird. Wo alles in Gärung ist, da kann sich so bald kein Gebilde gestalten. Ich kann deshalb in der heute schon vielerorts laut gewordenen Forderung, es gelte, unverzüglich ein neues »Bildungsideal« vor dem Deutschen aufzurichten, nur eine charakteristische Äußerung der oben beanstandeten Pädagogenneigung erblicken, sich mit hochklingenden Parolen über den bittern Ernst der wirklichen Lage hinwegzutäuschen. »Bildungsideale« werden, wenn sie echt sind und nicht bloß ein papiernes Dasein führen, aus der Fülle und dem Überschwang geboren, sind Selbstdeutung eines zur Höhe seiner Bestimmung aufgestiegenen Menschentums. In ihnen spricht sich Wollen und Wesen eines Geschlechts aus, das seiner selbst sicher ist und mit dem Leben zu einem klaren Einverständnis gelangt ist. Wo aber noch die ersten unsicheren Schritte zurück zu einem gesitteten Gesamtzustand getan werden müssen, wo es zunächst nur darum geht, aus dem Abgrund unsäglicher Verwirrung wieder zur Ebene einer normalen Daseinsverfassung emporzuklimmen, wo das Leben sich in ein Geflecht von dunklen Rätseln und peinigenden Widersprüchen verwandelt hat, da möge die anspruchsvolle Rede vom »Bildungsideal« verstummen und der nüchternen Einsicht Platz machen, daß auf lange hin alle Kräfte des Leibes und der Seele durch die elementaren Aufgaben der äußeren Daseinsfristung und der inneren Aufräumung vollauf in Beschlag genommen sein werden. Welche lebendige Gestalt sich dermaleinst aus diesem mühseligen Ringen entbinden wird und wann man wieder einmal ohne Selbstbetrug und Großsprecherei von einer deutschen »Bildung« wird reden dürfen — das zu beurteilen überlasse man den Kommenden, die vielleicht wieder von einem aus der Fülle lebenden und schaffenden Deutschtum wissen werden und dann auch das durch solchen Reichtum beglaubigte »Bildungsideal« vor die Augen der Zeitgenossen hinstellen mögen ...

2. Der Begriff Bildung[3]

... Wenn wir einen Menschen »gebildet« nennen und ihm mit dieser Bezeichnung mehr bescheinigen wollen als die urkundlich bezeugte Absolvierung gewisser Lehrgänge, dann meinen wir doch wohl zumindest dies, daß es ihm gelungen sei, in dem Ganzen seiner Existenz, in der Mannigfaltigkeit der in ihm vereinigten Gaben, Möglichkeiten, Antriebe, Leistungen eine gewisse *Ordnung* herzustellen, die das eine zu dem anderen in das rechte Verhältnis setzt und sowohl die Überbetonung als auch die Unterdrückung des Besonderen verhütet. Nun aber kann der Mensch nie und nimmer in sich selbst Ordnung stiften, es sei denn, daß er auch seine Beziehungen zur *Welt* in angemessener Weise geregelt habe. Nehmen wir das eine mit dem anderen zusammen, so dürfen wir als »Bildung« jene Verfassung des Menschen bezeichnen, die ihn in den Stand setzt, sowohl sich selbst als auch seine Beziehungen zur Welt »in Ordnung zu bringen«. ...

3. Zur Aufhebung des Dualismus von Bildung und Ausbildung[4]

... Wenn man der humanen Bildung den Auftrag erteilt, ein »Gegengewicht« zu bilden zu den Einflüssen der organisierten Arbeitswelt, dann versetzt man diese in die Stellung eines zu Paralysierenden, eines durch Gegenmaßnahmen nach Möglichkeit Mattzusetzenden, und das heißt: man spricht ihr das Vermögen ab, zur Bildung der Humanität das Ihre hinzuzutun. Daß der fragliche Ausdruck diese Wertabstufung in sich schließt, das wird durch den Umstand bewiesen, daß man nicht daran denkt, das Verhältnis auch einmal umzukehren und die Teilnahme am Arbeitsleben als das »Gegengewicht« anzusprechen, durch welches der Hang zu ästhetisierender Abschließung und bindungslosem Selbstgenuß paralysiert werde. So wenig ist man bereit, die von dieser Seite her der »Totalität« drohende Verkürzung in Rechnung zu stellen!

Im schärfsten Gegensatz zu dieser dualistischen Aufspaltung des Menschentums hat alles zu geschehen, damit diejenigen erzieherischen Bemühungen, in denen es darum geht, den Heranwachsenden für die seiner harrende Lebensaufgabe zu ertüchtigen, die Gestalt annehmen, in der sie auch und gerade dem Menschen in ihm zur Entwicklung verhelfen. Zwar geht, wie wir sahen, von dem Erwerb und der Ausübung eines sachlich-fachlichen Könnens unter allen

Umständen jene Rückwirkung auf die innere Verfassung des werdenden Menschen aus, die mit dem Worte »bildend« gemeint ist. Niemals ist ihm dies Können wie ein äußeres Zubehör angehängt. Aber Art und Rang dieser »Bildung« werden doch wesentlich mitbestimmt durch die Qualität der Motive, durch welche sich der Mensch im Erwerb und in der Ausübung des fraglichen Könnens leiten läßt. Vergessen wir doch nicht, wie verschieden nach ihrer Art, wie ungleich nach ihrem Rang die Willensimpulse sein können, durch welche, je nach der Artung der Person, ein und dasselbe Tun in Gang gebracht und in Bewegung erhalten wird! Aus diesen Impulsen diejenigen auszulesen, die dem Menschen im Menschen am zuträglichsten sind: das ist die Aufgabe, deren sich die »Ausbildung« anzunehmen hat, um ihren Beitrag zur »Bildung« zum Höchstmaß emporzusteigern. Je ernster man es mit ihr nimmt, um so sicherer wird verhütet, daß die einschlägigen Fertigkeiten sich zu bloß »technisch« auszuübenden Funktionen verselbständigen und so von dem Ganzen des Menschen abschnüren. Gerade diese Ablösung ist es, der mit aller Energie entgegengearbeitet werden muß, weil, je weiter sie fortschreitet, um so sicherer der Mensch in jener Wachsamkeit erlahmt, die allein ihn davor bewahren kann, zum bloßen »Sach-Walter« auszutrocknen. Es kommt, mit einem Worte gesagt, darauf an, die Humanisierung recht eigentlich in das Herz der sachlich-fachlichen Schulung vorzutragen, nicht aber in ein Jenseits dieser Schulung zu verbannen. Damit sind alle Versuche gerichtet, die darauf hinauslaufen, der Humanität dadurch zu ihrem Rechte zu verhelfen, daß sie, aus dem Bereich der Fachschulung entfernt, auf gewisse ihr eigens zugedachte Veranstaltungen abgeschoben wird. Gerichtet ist die summierende Anreihung von »Ausbildung« und »Bildung«.

Das will und soll nun nicht dahin verstanden werden, als ob es abwegig oder verwerflich sei, durch eigens dafür bestimmte Einrichtungen, Belehrungen, Unterweisungen für eine Erweiterung des geistigen Horizonts Sorge zu tragen, durch welche der Zögling fähig gemacht wird, die eigene Lebensarbeit in den Zusammenhang des nationalen und des menschheitlichen Strebens einzuordnen und zu den letzten Daseinsfragen in das rechte Verhältnis zu setzen. Daß es solcher weiterführender Eröffnungen bedarf, wird kein Einsichtiger in Abrede stellen. Was zu verneinen und bekämpfen ist, das ist nur ein Mißverständnis, durch dessen Verbreitung die fraglichen Veranstaltungen dahin wirken könnten, den uns beschäftigenden Dualismus nicht, wie beabsichtigt, zu beheben, sondern erst recht zu bestätigen und zu befestigen. Sind erst einmal im Gesamtplan der Erziehung solche Unterweisungen vorgesehen, die, die Fachgrenzen überschreitend, den Ausblick auf das Ganze der »humanen« Verpflichtungen eröffnen sollen, dann kann es geschehen, daß sie selbst das Aussehen von »Fächern« annehmen, denen das Humane als ihr besonderer »Stoff« überwiesen sei. Das aber hat dann verhängnisvolle Rückwirkungen auf die Vertreter derjenigen Fächer, denen das »Allgemeinbildende« sich so äußerlich nebenordnet. Weil sie gewiß sind, daß in den »bildenden« Fächern für das Humane ausreichend gesorgt sei, fühlen sie sich von eigenen in die gleiche Richtung weisenden Verpflichtungen entlastet und ermächtigt, mit wohltätig beruhigtem Gewissen erst recht in die Enge eines rein fachlich orientierten Unterrichtsbetriebes zurückzuweichen. Indem dergestalt »Bildung« und »Ausbildung« als erzieherische Aufgaben angesehen werden, die sich auf zwei säuberlich getrennte Fächergruppen verteilen lassen, ist der nach Überwindung verlangende Dualismus bereits durch die Anlage des Lehrplans sanktioniert.

Gegen diese Fehlentwicklung, die wahrlich nicht bloß als abstrakte Möglichkeit konstruiert ist, gibt es nur ein Heilmittel. Es ist alles daranzusetzen, daß der Prozeß der Erstarrung und Einschnürung, der alle einschlägigen Bemühungen zum Scheitern bringen müßte, durch einen von beiden Seiten her in wohlüberlegter Verständigung erfolgenden Brückenschlag unterbunden werde. Es muß so gut vom Fach her der Blick ins Allgemeine eröffnet wie vom Allgemeinen her der Blick auf das Fach hingelenkt werden. Schon im Keim muß der Gedanke erstickt werden, als könne man das Humane, in die Hülse eines genau umschriebenen Fachs eingekapselt, neben das Fachliche hinpflanzen und durch diese Summation einen ganzen Menschen zustande bringen. Kein Zweifel, daß die damit geforderte Abstimmung der erzieherischen Teilbemühungen die didaktische Erfindsamkeit vor eine sehr schwierige Aufgabe stellt und den das Amt der Erziehung Ausübenden ein hohes Maß von Einfügungsbereitschaft zumutet. Kein Zweifel auch, daß diese Bereitschaft nicht eben zu den Tugenden zählt, mit denen die deutsche Erzieherwelt besonders reich gesegnet wäre. Ein jeder treibt lieber sein eigenes Geschäft, ohne nach rechts oder links zu blicken. Aber durch diese Abneigung wird von der Dringlichkeit der Aufgabe nicht das Mindeste hinweggenommen. . . .
. . .

4. Zur Rehabilitation der industriellen Lebensform und zur Anerkennung der Antinomien im Bildungsbereich[5]

. . .
. . . In *einer* Hinsicht sind die Apostel der Humanität in der Tat widerlegt und die »realistischen« Bildungstheoretiker gerechtfertigt worden. Als unhaltbar hat sich die Meinung und Vorstellung erwiesen, die in dem Heraufsteigen der technisierten Arbeitswelt die Folge eines Fehltritts erblicken will, durch die der Mensch seinem Auftrag untreu geworden sei. Als Fehltritt kann nicht verurteilt werden, was nur Erfüllung einer den Menschen an die Welt und sie an ihn verweisenden Beziehung ist. Was *Goethe* als ein zu beklagendes Übel sich in die Menschheit meint »einschleichen« zu sehen, das ist in Wahrheit die Einlösung eines Versprechens, das dem Menschen als dem Pflegling und Partner der Welt in die Wiege gelegt wurde. Alles, was zur Verwirklichung dieses Versprechens geschieht, ist über den Verdacht erhaben, Abirrung von der Bahn des Menschlichen zu sein. In dem Reich des »Humanen« hat es volles Bürgerrecht.

Daß diese Wahrheit eingeschärft werde, das tut heute mehr not denn je — und zwar nicht zum wenigsten aus pädagogischen Gründen. Denn das, was die Generation Goethes wider die Maschinenwelt auf dem Herzen hatte, hat sich in den seitdem verstrichenen Menschenaltern zu einer Klageweise verdichtet, die immer wieder von Poeten, Literaten, Philosophen, auch von einzelnen Theologen den Zeitgenossen in die Ohren gesungen wird. Diese Klageweise aber kann, wo immer sie Gehör findet, zwischen den ihr Verfallenden und dem sie umfangenden Lebenszustand nur unversöhnliche Feindschaft stiften. Diese Verfeindung wäre dann allenfalls zu ertragen, wenn die Bußprediger der Moderne uns zu sagen wüßten, was wir zu tun haben, um uns der von ihnen verdammten Daseinsverfassung zu entledigen und zu einer ihnen wohlgefälligeren Lebensform aufzusteigen. Da aber kein Einsichtiger daran zweifelt, daß schon der Versuch, die Arbeitsordnung der industriellen Gesellschaft abzubauen, von Millionen mit dem Leben bezahlt werden müßte, daß also der an der Sache sich orientierende »Fortschritt« durch keinerlei Deklamationen, sondern höchstens durch verheerende Katastrophen gebremst oder gar stillgestellt werden kann, so kann jene Verfeindung, wo immer sie ernst gemeint und nicht bloß wichtigtuerisches Gehabe ist, nur in der Finsternis der absoluten Daseinsverzweiflung ihren Abschluß finden.

Gegen diesen Nihilismus hilft nur die Einsicht, daß der Lebenszustand, der sich in der Kooperation von Naturwissenschaft, Technik und industrieller Produktion seine Gestalt gegeben hat, nicht ein als Sündenstrafe zu ertragendes Schicksal, sondern ein gigantisches Werk ist, auf das trotz allem stolz zu sein der für seine Entstehung verantwortliche Mensch allen Grund hat. Nur so kann ihm das gute Gewissen erhalten bleiben, dessen Zuspruch er in seiner werkenden Mühsal wahrlich nötig hat. Und da Erziehung nicht dasjenige sein würde, als was sie sich mit diesem Namen bezeichnet, wenn sie nicht allem entgegenwirkte, was darnach angetan ist, dem Menschen seine Lebensaufgabe hoffnungslos zu verleiden, so muß und wird auch sie das Ihrige tun, dem allerwärts grassierenden Mißtrauen gegen Recht und Wert des uns verpflichtenden Lebenszustandes mit der Bejahung sowohl seiner Notwendigkeit als auch seiner Erhaltenswürdigkeit zu begegnen. Nichts kann unser Geschlecht weniger vertragen als ein Verschweben in Hölderlin-Stimmungen, in denen der Wille, es mit unserer Welt und Gegenwart aufzunehmen, in nichts zergehen müßte. . . .

. . .

. . . : eine Versöhnung mit dem Lebenszustande, der mit dem Ausbau dieser Arbeitswelt Wirklichkeit geworden ist, kann nur unter der Voraussetzung stattfinden, daß wir von der Vorstellung ablassen, der Wert des Menschen sei von dem Maß seiner Annäherung an das Ideal der vollendeten Harmonie abzulesen und alles, was an dieser Harmonie fehle, komme auf Rechnung eines Erlahmens der Menschlichkeit oder eines Verstoßes wider die Menschlichkeit. Ganz im Gegenteil: gerade dies heißt es sich zum vollen Bewußtsein bringen, daß ein Lebenszustand nicht schon deshalb inhuman zu schelten ist, weil er von Konflikten grundsätzlicher Art heimgesucht wird, daß ein Tun nicht schon deshalb als Verfehlung wider die Menschlichkeit zu verdammen ist, weil aus ihm schwer zu bestehende Gegensätze entspringen. Es könnte sein, daß der Mensch von sich selbst, seinem Wesen und seiner Bestimmung, gerade dann am meisten erführe, wenn er sich nicht im Wohlgefühl ungestörter Harmonie wiegt, sondern von dem

Widerstreit nicht zu versöhnender Daseinsmächte aufgestört und umgetrieben wird. ...

... Stellen wir der »Harmonie« des mit den Augen der Humanitätsbewegung gesehenen Menschen die »Antinomie«[6] des im Sinne unseres Realismus verstandenen Menschen gegenüber, dann leuchtet es auch ein, weshalb es Bedenken hervorrufen muß, wenn die Grundbegriffe der klassischen Humanitätsbewegung auch heute noch weithin das pädagogische Gespräch beherrschen. Sie müssen, wo immer sie auch nur halbwegs ernst genommen werden, den Blick auf die Antinomik verstellen, die unverkürzt und unbeschönigt gesehen werden muß, wenn die Erziehung auch nur das Grundsätzliche an der ihr gestellten Aufgabe erfassen soll. ...

... Wenn die Antinomie nun einmal zum Wesen des vollentwickelten Menschen hinzugehört, dann muß sie auch in den Lebenshorizont dieses Menschen ohne jeden Versuch der Verharmlosung oder gar Verleugnung Aufnahme finden. Was wäre das für eine »Bildung«, die sich nur durch Abblendung eines bestimmenden Grundzugs menschlicher Existenz zu konstituieren und zu behaupten vermöchte!

Ein ganzer Mensch darf deshalb nur derjenige heißen, der nicht den Versuch macht, dem ihm anstößigen, weil sein Harmonieverlangen störenden Widerspruch durch eine Sezession in die Innerlichkeit aus dem Wege zu gehen, sondern den Mut hat, ihn ungemildert und unbeschönigt in seine Lebensrechnung einzustellen. Und wenn man dem Begriff »Bildung« auch bei der Einbeziehung dieses Zwiespalts nicht entsagen will, dann muß das Verhältnis dieses abgewandelten Bildungsbegriffs zu dem von unseren Klassikern kanonisierten dahin bestimmt werden, daß er den lediglich auf die »Persönlichkeit« gerichteten Vollendungsdrang durch Einfügung in ein übergeordnetes Ganzes relativiert, das ihm die Gegenbewegung einer auf ihre Sachforderungen bestehenden Welt zuordnet. Als »gebildet« darf danach nur gelten, wer diese Spannung sieht, anerkennt und als unaufhebbares Grundmotiv in seinen Lebensplan einbaut.
...

VII. Wilhelm Flitner
Erziehung[1]

I. Im täglichen Sprachgebrauch dienen die Worte »Erziehung« und »Bildung«, »Zucht«, »Ausbildung« zur Bezeichnung verwandter, aber unterschiedlicher Tatbestände. Wenn wissenschaftliche Texte sich der Ausdrücke bedienen, sind sie auf den »natürlichen« Sprachgebrauch angewiesen; aber da sie die Tatbestände aufklären wollen, so müssen sie auch die Bezeichnungen begrenzen und deutlich machen, welchen Wirklichkeitsbezirk sie jeweils in ihren Sätzen meinen.

Seit längerem hat man versucht, die Erziehung zu verstehen als bewußte, ihres Zieles sichere, einem technischen Verhalten analoge Tätigkeit. So definierte Tuiskon Ziller[2] (1876) die Erziehung »als eine absichtliche, planvolle Einwirkung auf einen Menschen, und zwar auf den einzelnen Menschen als solchen, in seiner frühesten Jugend, eine Einwirkung zu dem Zweck, daß eine bestimmte, aber zugleich bleibende Gestalt, dem Plane gemäß, bei ihm ausgebildet wird«.

Aber wer so definiert, hat bereits eine bestimmte Erziehungsweise im Sinn. Er sieht das Erziehungsgeschehen als die Folge bewußt geleiteter, rational durchsichtiger Erziehungstätigkeit. Eine solche Pädagogik ist zwar seit mehreren Jahrhunderten in Europa angestrebt worden; sie ist auch heute das Wunschbild vieler »progressiver« Denker, Politiker und Reformpädagogen; für ältere Zeiten und für die meisten exotischen Völker galt sie nicht, und auch in Europa ist sie nicht unbestritten. Ernst Krieck[3] hat zwischen »intentionaler« und »funktionaler« Erziehung unterschieden; die erste sei bewußt und zweckrational, die zweite unbeabsichtigt, sei die Einwirkung des Milieus oder der sozialen und politischen Verhältnisse auf die Formung des werdenden Menschen. Vor allem wäre dabei an die funktionale Prägung der Einzelnen durch die Lebensinterpretation ihrer religiösen Gruppe zu denken. Aber auch diese Scheidung beachtet nicht, daß in den »funktionalen« Einwirkungen ständig auch zweckrationales, einsichtiges Verhalten im kleinen und großen in unzähligen Akten und Wechselwirkungen einfließt. Daß man sich überhaupt von der Vorstellung lösen muß, es handle sich in der Erziehungstätigkeit um ein Machen, um ein Gestalten der jungen Menschen nach einem einsichtigen, geplanten Modell und mit rational völlig überschaubaren Mitteln. Diese Analogie des erzieherischen mit dem technischen oder künstlerischen Konstruieren und Formen entspricht der Sphäre nicht, die unser Gegenstand ist.

Die Erziehung muß umfassender verstanden werden: als ein allgemeines menschliches Lebensphänomen. Es findet sich überall und notwendig immer, wo der homo sapiens existiert, als ein Lebewesen, das eine lange Jugendepoche durchlaufen muß, ehe es voll lebensfähig wird, das aber lebensfähig nur ist im Zusammenspiel des sozialen Daseins und in dessen Kultur. Zu den anthropologischen Gegebenheiten in diesem Phänomen gehört die Generationenfolge, in der die kulturellen Leistungen übertragen und fortgebildet werden; ebenso die Stufenfolge von Entwicklungsschritten, von kulturell bestimmten Ausbildungen und persönlichem Reifwerden. Dies ist ebenso die Wirkung spontaner Akte des aufwachsenden Menschen, der mit anderen leben, der schaffen, genießen, anerkannt werden, dienen, herrschen, nachbilden und erfinden möchte, wie es auch die Wirkung der Erwachsenen ist, der tragenden Kräfte des kulturellen Daseins.

Die Erziehung beruht ebenso auf absichtslosem wie auf geplantem und zielbewußtem Werden, sie ist aber auch unbeabsichtigte Nebenwirkung von rationalen Akten, die eine andere Sinnrichtung befolgen — etwa politische, ökonomische, künstlerische, kultische. Sie ist ferner Wirkung im Feld pädagogisch geplanter Institutionen, oft auch dem Plan entgegen; sie kann auch ein Kampfplatz verschiedener Intentionen und verschiedenartiger Nebenwirkungen sein — ein weites Feld von rationalen Handlungen und voll von der »Heterogonie der Zwecke« (W. Wundt)[4]. In diesem Ereignisfelde entspringt aber das pädagogisch verantwortliche, sich selbst durchschauende, auf sich reflektierende Handeln. Es sucht sich seine Ziele, Wege, Medien und Nebenwirkungen einsichtig zu machen; es bedarf einer Theorie und der Durchforschung der erzieherisch relevanten Fragen. In solchen Bemühungen stellt es sich dann heraus, daß das Erziehungsgebiet eine der großen kulturellen Sinnrichtungen ist und in spezifischen Institutionen sich auch organisiert. Es wird erkannt, daß es eine öffentliche Verantwortung für die Aufgaben und Ereignisse dieser Sphäre gibt, daß sie in einer eigenen Theorie aufgeklärt und durch Forschungen kritisch überwacht und gefördert werden muß. In Europa ist diese Verantwortung ehemals nur durch die Kirche öffentlich vertreten worden; in der Neuzeit hat der Staat einen Hauptanteil übernommen; die Elternpflicht wird auch im Recht nach und nach als eine öffentliche Pflicht verstanden, das Recht des Kindes auf Erziehung wird politisch anerkannt. Das Erziehungsgebiet tritt selbständig als eine der großen Kulturerscheinungen ins Bewußtsein.

2. Als ein umfassendes Phänomen ist die Erziehung sowohl vom Standort der Gemeinschaft zu begreifen, die den Nachwuchs der nächsten Generation sich eingegliedert, wie vom Standort des einzelnen Kindes, das sich zur mündigen Person mit Hilfe der Gemeinschaft, in erster Linie der Eltern, entwickelt. Die Erziehung reiht sich damit zunächst in die biologisch und soziologisch beschreibbaren anthropologischen Phänomene ein. Biologisch gesehen sind Erscheinungen im Bereich des Tierlebens morphologisch verwandt: die Jugendzeit höherer Tiere, in der die Jungen von den Eltern gepflegt werden müssen (z. B. bei den »Nesthockern«), aber auch die Zeit, in welcher die »Nestflüchter«, die sich von der Geburt an frei bewegen, erst Erfahrungen sammeln, »lernen« und auch »spielen« (K. Groos)[5]. Die menschliche Jugend ist durch eine langsame und polymorphe *Wachstumslinie* gekennzeichnet: Das neugeborene Kind ist als Säugling hilfsbedürftig wie ein Nesthocker, aber es entwickelt sich im ersten Lebensjahr in steiler Kurve, um vom zweiten ab langsam und stetig zu wachsen und sodann im »Pubertätsschuß« nach dem 10. Jahr schnell eine Form der erwachsenenartigen Streckung zu gewinnen, worauf abermals eine langsamere Wachstumsphase folgt (A. Portmann)[6]. Diese Wachstumslinie ist aber in ihren späteren Stadien nach Typen verschieden und von der Sozialordnung sowie von der geistig-seelischen Gesamtlage abhängig. Der Polymorphismus der Wachstumslinie hängt mit der Besonderheit des Lebewesens Mensch zusammen und erweist sich als biologisch sinnvoll, wenn die rechtlich-sittliche Sozialordnung und die Geistestätigkeiten — die »Kultur« — als eine anthropobiologische Gegebenheit aufgefaßt werden. Während die anderen höheren Lebewesen sich instinktmäßig orientieren und verhalten und nur in den festen Bahnen des Instinktverhaltens lernen und zu Handlungen, auch der »praktischen Intelligenz«, gelangen (M. Scheler)[7], ist das menschliche Verhalten »weltoffen« und ermöglicht es, Sozialformen zu schaffen, in denen ein gemeinsames Leben zu führen ist. Die Partner müssen sich durch sprachliche und andere Symbole verstehen und sich verständigen, um zu kooper-

ieren (Plessner, Gehlen, Portmann)[8]. Die frühe Ausbildung sozialer Kontakte im ersten und die Spracherlernung im zweiten Lebensjahr sowie das langsame Wachstum der Kindheit mit seiner verlängerten Spielhaltung und dem Vorwiegen emotionaler, aber doch schon symbolisierender Bestimmung des Verhaltens machen es möglich, daß die Welt »objektiv« durch das Medium einer symbolisierten Welt hindurch als vom Subjekt abgelöst erfaßt werden kann; sie machen aber auch möglich, die Gemeinschaft mit den anderen in reichen Gemütsbewegungen, als geistig vermittelt, zu fassen und sich vom Du des andern zu unterscheiden; das instinktive emotionale Zusammenklingen wird damit nach und nach verwandelt in die sittliche Bindung geistig selbständiger und in den Verkehr des Verstehens miteinander eintretender Personen.

Der zweite langsame Wachstumsprozeß nach der Pubertät dient abermaligem Lernen, in dem das Spiel zurücktritt und ein Ernsteinsatz probiert wird (Lehrlingsalter), voller Ernsteinsatz aber zurückgehalten ist (erziehende Funktion der Muße). Die Ordnungen der Erziehung in dieser Epoche sind kulturmophologisch verschieden, eben weil der Sinn dieser Phase die *Eingliederung* in die bestehende und den jugendlichen Nachwuchs empfangende Kultur ist.

Wollte man von den beiden äußeren Aspekten, dem der Gemeinschaft und dem der individuellen Entwicklung, her die Erziehung definieren, so würde man sie zu bestimmen haben: a) als die Gesamtheit der Vorgänge (Verhaltensweisen und Tätigkeiten), welche durch den Wachstums- und Reifungsprozeß der Jungen hervorgerufen werden und die Erwachsenen dazu führen, jenen Prozeß zu schützen und zu unterstützen (anthropobiologische Sicht), zugleich aber b) als Inbegriff des Geschehens und Tuns, das aus dem Regenerationsstreben der gesellschaftlichen Gebilde und der geistigen, kulturellen Voraussetzungen des gemeinschaftlichen Verhaltens in ihnen hervorgeht (kulturanthropologische Sicht). Dort steht das Pflegen und Helfen voran, hier die Zucht des Nachwuchses und der individuelle Drang, sich dem Gemeinleben zu assimilieren.

3. Der äußeren stellt sich eine *innere Betrachtung* der Erziehung zur Seite und gegenüber, die ebenfalls einen universellen und individuellen Aspekt zuläßt. Das Wachstum zielt auf Reifung im Sinn von Erwachsensein, selbständig lebensfähig werden; kulturelle Eingliederung hat das gleiche Ziel und versteht es im Sinne der Erhaltung und Weiterbildung menschlicher Kultur und Zivilisierung. Was aber »Reifsein« und »Kultur« wesenhaft ist und sein soll, das ist weder gesetzhaft determiniert noch objektiv feststellbar. Vielmehr ist es die Folge der Weltoffenheit und personalen Freisetzung des Menschen innerhalb seiner Gesellung, daß er sich selbst in der Wirklichkeit unter den anderen Personen und neben den Objekten sieht, daß er für seine Taten verantwortlich, mit seiner Vergangenheit identisch bleibt und sich in die Zukunft hinein einen Entwurf macht, nach dessen Weisungen er sein Leben zu »führen« suchen muß (»Freiheit« des Menschen). Sein Verhalten und Tun ist auf Auslegung seiner eigenen Bestimmung innerhalb einer auszulegenden sozialen und natürlichen Wirklichkeit bezogen; und in aller Auslegung bleibt das Ausgelegte noch immer offen gegenüber Wirklichkeiten, welche das Erfahrbare transzendieren. Wird diese innere Leistung

der Selbstauslegung, des Entwerfens und der Lebensführung als Kernpunkt der Erziehung angesehen, so ergeben sich neue Wesensbestimmungen. Zwar handelt es sich in der Erziehung um den Prozeß des Wachstums und der kulturellen Assimilation, und in beiden wirken sich — anthropobiologische und soziologische — Gesetzlichkeiten aus, die nach Regeln der Wahrscheinlichkeit vorauszusehen und zu beschreiben sind. Die Jungen werden selbständig und lebenstüchtig, und das kulturelle Gepräge setzt sich in der nächsten Generation beinahe gleichförmig fort, wenn auch jedes neue Geschlecht eine etwas andere Prägung zeigt. Aber das eigentliche Geschehen, das sich in diesem Rahmen abspielt, geht um das Wirklichwerden des Menschlichen im Menschen, indem die Person sich zu ihrem Selbst entscheidet und indem das gesellige Leben »in jeder Beziehung, auf die wir Wert legen«, den Sachgehalt versteht und ihm sich billigend oder kritisch zuwendet. Dieses Entscheiden und Sich-Zuwenden ist eine Tathandlung der Person, deren vollständige Analyse der Reflexion nicht gelingen kann. Das Entschiedensein im personalen Kern — als Gewissen und als Offenstehen für das, was Wert und Sinn hat — ist ebenso ein Erleiden wie ein Tun; es muß »verantwortet« werden und *geschieht* zugleich, »unbewußt«; das Geheimnis von Freiheit und Gnade, von rationalem Schaffen und Wissen einerseits, genialischem Verstandenhaben und Begreifen anderseits ist der Reflexion und Objektivierung unzugänglich, es ist eine innere Bedingung der anthropologisch von außen her feststellbaren Freiheit und Weltoffenheit. Dem widerspricht es nicht, daß die freien Tathandlungen und geistigen Prägungen sich auch als Gebilde der historischen Welt betrachten und in geistesgeschichtlichen Zusammenhängen verstehen lassen; das Hervortreten des Produktiven im Gewissen und in den kulturellen Werken und Ordnungen bleibt immer unverstehbar und unableitbar. — Die Erziehung beruht also immer auf Auslegungen dessen, was im Gewissen und in den wert- und sinnvollen Sachbezügen erfaßt wird; von daher geht in jeden pädagogischen Akt eine Auslegung der menschlichen Bestimmung ein. So ist wache Lebendigkeit des Herzens und Geistes immer Voraussetzung für einen fruchtbaren erzieherischen Bezug zwischen Eltern und Kindern, Meister und Jünger, Lehrer und Schüler, zwischen den Reiferen jedes Verkehrskreises in ihrem Bezug zu den Neulingen usw. Aber die individuelle Herzens- und Geisteslebendigkeit muß wiederum kollektiv, d. h. historisch ermöglicht werden. Die entscheidende Kraft liegt in den religiösen Kult- und Denkformen, ferner in erziehenden Lebensformen. Diese bilden sich unter religiösem Einfluß, werden aber erzieherisch nur wirksam in der sittlichen Durchgestaltung gesellschaftlich bedingter Verhältnisse einerseits und anderseits in günstigen Kulturlagen unter dem Einfluß von Weisheitslehrern, Philosophen und Pädagogen.

Von dieser inneren Sicht der Aufgabe her ist Erziehung ein Geschehen, Verhalten und Tun, auch ein Tun durch bewußte Akte und in bewußt geschaffenen Organisationen im Kreis von Personen, die im Gewissen verbunden sind und in der Wertsicht und Liebe zum Wertvollen sowie in der sachlichen Verantwortung zusammenstimmen. Wirkung und Ziel dieser Verbundenheit und dieses Tuns ist einerseits ein geistiger Verkehr, in den sich die Nachwachsenden und Neulinge eingliedern, wobei sie an der Erweckung zum Sinn- und Werthaften allmählich selbständigen Anteil gewinnen. Anderseits handelt es sich um ein persönliches Willensverhältnis, in welchem die Wissenden und Wachen den noch Unerschlossenen — seien es Jugendliche oder Erwachsene — begegnen und sie zum gläubigen Vertrauen und zum Gewissen zu wecken verstehen — durch ihr Beispiel, ihre Ermahnung, ihre teilnehmende Liebe. Hier liegt das höchste Ziel der Erziehung, das paradoxerweise zugleich die größte Ohnmacht des Erziehenden bekundet, weil sich die Einwirkung nicht technisch beherrschen läßt. — Da der Mensch eine Ganzheit ist und gerade durch die Erziehung in sich zur Person zusammengeschlossen werden soll, so ist die Einheit der vier Aspekte des Erzieherischen wesentlich; sie sind nur in der Abstraktion voneinander zu lösen. Erziehen ist immer Pflegen des Wachstums und Hilfe zur Reifung, Eingliederung des Nachwuchses in die Sozialbezüge, die wesentlichen kulturellen Gehalte und endlich Weckung des Gewissens und gläubigen Vertrauens; sie ist Hilfe zum Verständnis der Sinn- und Wertbezüge kultureller Sachverhalte, ist »Selbstbildung am sichtbar gemachten Sinn« und Überlieferung durch geistige Erweckung; alles zugleich und in einem kontrastreichen Gegeneinander, das selbst wieder der fortgesetzten Auslegung und Entscheidung bedarf.

4. Die Erziehung hat es mit dem Einzelnen zu tun, aber Gemeinschaft und Individuum stehen auch im erzieherischen Bereich in unauflöslichem Bezug (Litt)[9]. Das Heil des Einzelnen ist in jeder Beziehung bedingt durch die Gesundheit des gemeinschaftlichen Lebens und seiner Inhalte, und es ist rückwirkend wieder eine Bedingung für diese Gesundheit. Als erziehend wichtigste *Gemeinschaften* müssen einerseits Familie und Haus gelten, anderseits die großen Sozialbezüge, von denen man (mit Schleiermacher)[10] die Kirche, den Staat, den geselligen Verkehrskreis sowie die Gemeinschaft der Sprache und des Wissens hervorheben kann. Von der staatlichen hebt sich als erzieherisch bedeutsam zusätzlich immer stärker die Arbeitswelt als eine eigentümliche und relativ eigenständige Sphäre ab. Alle diese Gemeinschaften mit ihrem sittlich-geistigen Inhalt sind in langer Geschichte so geworden, wie das Kind sie gegenwärtig antrifft. Sie haben eine erziehende Funktion, ob sie es wissen oder nicht, und ob sie es wollen oder nicht. Wer in ihnen lebt, findet erziehende Verantwortung vor, der er sich nicht entziehen kann, sobald er selbst in solchen Lebenskreisen mündig geworden ist. Umgekehrt gibt es keine erziehende Hilfe für die Jugend, wenn sie nicht aus solchen Gemeinschaften ihre Kraft nehmen kann und wenn sie nicht zugleich den Sinn hat, die Jugend zum Mitleben in den Gemeinschaften aufzuwecken und dafür tüchtig zu machen. Es entstehen somit Bedingungen und *Aufgaben* der Erziehung »durch die erziehenden Gemeinschaften und für sie«: die Aufgaben der häuslichen, politischen, beruflichen, gesellschaftlichen, nationalen Erziehung. Im Haus beginnt sie, aber in modernen Kulturverhältnissen erfolgt sie u. U. in besonderen Einrichtungen und im öffentlichen Auftrag, wobei der verantwortliche Träger dieser Öffentlichkeit je nach der Verfassung und Tradition des Gemeinwesens wechselt; Staat und Kirche, Wirtschaft und Gesellschaft können Ansprüche geltend machen, deren Ausgleich eine schwierige »kultur-

politische« Aufgabe ist. Da die großen Gemeinschaften in unserer Kultur ihre eigenen Traditionen und ihren eigenständigen Sachgehalt haben, können sie untereinander in Konflikt kommen, der erzieherisch bedeutsam wird. In den modernen freiheitlichen Gemeinwesen ist die Libertät dieser Gemeinschaften und ihres Erziehungseinflusses verfassungsmäßig garantiert. Da aber alle Gemeinschaften ihre eigenen Aufgaben haben und ineinander verfugt sind, da sie gemeinsam auf das gleiche Kind einwirken, so müssen die Konflikte unter ihnen befriedet werden, ohne daß den berechtigten Inhalten der Gemeinschaften dabei Gewalt angetan wird. Keine der Erziehungsgemeinschaften kann einen Totalitätsanspruch erheben; z. B. soll und muß die Familie ihr Elternrecht geltend machen, kann aber über die Erziehungsaufgaben der großen Gemeinschaften nicht allein entscheiden. In den steten Konfliktmöglichkeiten müssen die für die Erziehung Verantwortlichen einen Ausgleich suchen, der die Kooperation ermöglicht. Die moralische Basis dafür zu stiften, wäre eine Pflicht aller. Sobald der Kernpunkt angegriffen wird, auf dem der Erziehungsbeitrag der Gemeinschaften und der Familie beruht, werden offene Konflikte unvermeidbar; sie erschweren die Erziehung, erhalten aber zugleich ihre Möglichkeit. — Der Versuch einer radikalen Sonderung der einzelnen Erziehungsaufträge ist pädagogisch nicht zu billigen, weil er den von Erwachsenen unbewältigten Konflikt auf die Kinder in einem Stadium überträgt, in dem sie ihn nicht ohne Schädigung aushalten können. Ebenso ist der Versuch problematisch, die kirchliche Missionspredigt als Verkündigung von der weltlichen Erziehung radikal abzusondern und die Kirche auf diese Weise von ihrer pädagogischen Gesamtmitverantwortung für eine weltanschaulich gemischte Gesellschaft loszusprechen. Verkünden (χηρύσσειν) und Lehren (διδάσκειν) sind nicht streng zu trennen, und das Lehren ist immer mit der erzieherischen Gesamtaufgabe verbunden. — Ebensowenig ist es pädagogisch erwünscht, wenn die kirchliche Erziehung sich von dem politischen Ziel loslösen und ein integrales konfessionelles Schulwesen aufbauen will. Das kann in bestimmten geschichtlichen Momenten eine Notlösung sein, um das Kind vor Mißbrauch zu schützen, deutet aber auf eine moralische Schwäche des Gemeinlebens hin. Die hier allgemein skizzierten Schwierigkeiten erweisen sich in konkreten Notsituationen auch als eine erziehende Kraft, so daß allgemeine Aussagen die Grenze ihrer Gültigkeit immer in den individuellen Verhältnissen finden.

5. Die Gesamtaufgabe der Erziehung kann auch von verschiedenen *individuellen Teilaufgaben* her gesehen werden. Die Erziehung des Leiblichen, des Gemüts und seiner Äußerungen, des Geistes und des Charakters haben je ihren eigenen Rhythmus und Aufbau. Aber auch hier handelt es sich stets um die Erziehung des Menschen im ganzen, die nur von einer besonderen Seite her gesehen wird. Als Beispiel der Selbständigkeit und Verbundenheit diene die Charakter-Erziehung, auch *Charakterbildung* genannt. Sie beruht im besonderen auf dem persönlichen Willensverhältnis im erzieherischen Bezug; und doch setzt sie voraus, daß der Erziehende sich von charakterbildenden Lebensformen getragen weiß, die in bestimmten sozialen Kreisen Geltung haben, wenigstens in der

Schicht der Autoritätsträger. So bewirken in der abendländisch-europäischen Geschichte die Lebensformen der Familie, der mönchischen Asketik, der ritterlich-höfischen Bildung, der »humanistischen« Geistesbildung, der bäuerlichen, handwerklichen, bürgerlichen Berufs- und Werkbildung gesellschaftliche und geistige Prägungen, welche die Charakter-Erziehung erleichtert oder erst ermöglicht haben. Die Bedingungen der Charakter-Erziehung von der individuellen Seite her hat H. Nohl[11] im Schichtenaufbau der menschlichen Person, in der Beachtung des Reaktionsgesetzes der Seele, in dem Verhältnis des subjektiven Charakters zum objektiven und im Verhältnis des Zukunftsentwurfs zur erinnerten Vergangenheit ermittelt und beschrieben. Die reife und charakterlich gesunde Person ist gekennzeichnet durch Sicherheit der Entscheidung und Haltung in allen sittlich relevanten Situationen. Diese beruht zuletzt auf der unableitbaren Wachheit des personalen Kerns — dem »Charakter« im Wertsinn des Wortes; aber Bedingungen für das Zustandekommen dieser Sicherheit lassen sich eine ganze Reihe ermitteln. Sie liegen in den spontanen Lebenstendenzen, die erblich sind; sie stammen aus der Triebschicht, aus dem Willen zur Leistung, Geltung, Funktion und Erfüllung — von Nohl platonisch ϑυμός[12] genannt —, aus dem Drang zur Teilnahme, zum Verstehen und Mithervorbringen der geistigen Wirklichkeit und aus dem Aufruf zur Personwerdung im Gewissen. Der Charakter im Wertsinne gedeiht, wenn jede dieser Lebenstendenzen ihr Recht erhält und anderseits ihren Ort und ihre Grenzen in der Rangordnung der Intentionen einhält. Die Nichtbefriedigung grundlegender Tendenzen zu ertragen, erfordert eine gesteigerte Kraft der ranghöheren, die zu üben Aufgabe der Askese ist. Daß Nichtbefriedigung grundlegender Lebenstendenzen ohne die Ausbildung der höheren und ohne Asketik charakterzerstörend wirkt, hat die Tiefenpsychologie durch Analyse der Neurosen aufhellen können (Freud, Adler, Jung)[13]; die Therapie von Charakterstörungen knüpft an das Bewußtmachen falscher Lebenstendenzen an und sucht den asketischen Willen zu beleben (Binswanger, v. Gebsattel, Ernst Michel)[14]. Die Analyse der Charakterstörungen hat früher mit den biologischen Kategorien von Anlage und Milieu gearbeitet. Beide Faktoren zeigen für die Ermöglichung der Charaktererziehung Bedingungen und Grenzen auf; das entscheidende Moment liegt jedoch in dem gesamten Gehalt der Erziehung einerseits — das Kind wächst nicht »von selbst« nach den Voraussetzungen von Anlage und Milieu, sondern es bedarf der Erziehung (Langeveld)[15] — und anderseits in der persönlichen Leitlinie (Nohl), die der werdende Charakter »selbst«, durch prägende Erlebnisse gesteuert, hervorbringt und die sich nachträglich als das Wesentliche in seiner Biographie erzählen, aber nicht erklären läßt.

6. die Erziehung als ein allgemeines Lebensphänomen nimmt am *weltgeschichtlichen Prozeß* teil. Bei den »Naturvölkern« zeigt sie andere Formen als in den alten Hochkulturen und wieder andere in der neuzeitlich-europäischen Epoche. Von den vorsteinzeitlichen Perioden ist zu wenig bekannt; in den steinzeitlichen Kulturen und bei den späteren »Naturvölkern« ist die Jugendepoche in der Regel nach dem Pubertätsschub des Wachstums beendet. Die alten Stammeskulturen mit

nomadisch-patriarchalischen Verhältnissen zeigen strenge Zucht der Jugend unter väterlicher Leitung, die ackerbauenden, besonders des totemistischen Kulturkreises, kennen einen Initiationskursus mit abschließender Weihehandlung (Initiationsriten)[16]; Überlieferung von Mythen, Einübung in kultische Bräuche und Lehre samt asketischen Übungen bereiten diesen Eintritt ins Erwachsenenleben vor. Die Initiation erfaßt meist nur die Knaben; in den ältesten Formen scheint sie beiden Geschlechtern gegolten zu haben. In den Hochkulturen finden sich soziale Schichten und gegliederte Stände; Priestertum und Kriegertum der Adligen oder wehrhaften Freien und die »Schreiber« entfalten eine besondere Erziehung mit je eigener Asketik und Geistesbildung (Weisheit). In der Epoche missionierender Weltreligionen tritt neben dem Priestertum das Mönchtum als erziehende Macht auf. Die christliche Religion entfaltet eine den Einzelnen in der Gemeinde ansprechende erziehende Kraft, und seit der konstantinischen Epoche greift sie in die erziehenden Ordnungen und Gesinnungen der Öffentlichkeit bewußt und auch indirekt formend ein. Wo im alten Griechenland und im neueren Europa die philosophische Aufklärung zu einer erziehenden Macht wird, entsteht die Lebensform der philosophisch-literarisch Gebildeten und übt Einfluß auf alle erziehenden Gemeinschaften aus. In der abendländischen Welt entwickeln die städtischen Zünfte ein System der Erziehung, das in der merkantilistischen und liberalen Epoche und unter dem Einfluß sozialistischer Tendenzen in den modernen Völkern europäischer Prägung ein System öffentlicher Erziehung hervorbringt, in dem der Gedanke der Berufsgrundbildung eine große Bedeutung gewinnt. Durch die Reformation hat die häusliche Erziehung neben der öffentlichen einen besonderen Rang erhalten. Die moderne Industriegesellschaft mit ihrer Tendenz zur Großorganisation, zum Verwaltungsstaat bei einer oft rein säkularen Auffassung von der Bestimmung des Menschen hat die älteren Traditionen der Erziehung gestört und diese vor ganz neue Aufgaben gestellt. Das Ethos älterer Lebensformen erhält sich jedoch auch inmitten der gesellschaftlichen Wandlungen; es bekommt in der Industriewelt und in den freiheitlichen Verfassungen sowie in den Aufgaben des modernen Wohlfahrtsstaats neue Funktionen, muß aber in einer Sprache ausgesprochen werden, die den Erfahrungen der Gegenwart und den Aufgaben der voraussehbaren Zukunft entspricht. Frühere Grunderfahrungen behalten ihre Gültigkeit, müssen jedoch in die neu sich bildenden Lebensformen umgedacht werden, eine Leistung, die sowohl der Politik wie den Pädagogen auferlegt ist[17].

VIII. Wolfgang Klafki
Zur Theorie der kategorialen Bildung[1]

I. Kritik überkommener Bildungstheorien

Überschaut man die wesentlichen Auslegungen, die seit gut 150 Jahren das Wesen der Bildung — in der Form geschlossener Theorien oder als mehr oder minder unreflektierte, aber die praktische Bildungsarbeit leitende »Auffassungen« — erfahren hat, so gliedern sie sich in zwei große Gruppen, die einander polar gegenüberstehen: die »materialen« und die »formalen« Bildungstheorien. Nehmen die Vertreter der »materialen« Bildungstheorien ihren Blickpunkt auf der Objektseite des Bildungsgeschehens, in den Inhalten, die der jungen Generation zugänglich gemacht werden sollen, so haben die Anhänger der formalen Theorien ihren Standpunkt auf der Seite des Subjekts, des Kindes, das gebildet werden soll.

A. Materiale Bildungstheorien

Wir dürfen hier absehen von einer Form des »Bildungsmaterialismus«, die zwar in der Praxis weit verbreitet ist, theoretisch aber keine Bedeutung hat: Jene unreflektierte Einstellung nämlich, die die im Lehrplan einer Schule vorgefundenen Inhalte oder das, was man selbst einst gelernt hat, fälschlich so ansieht und behandelt, als wäre dieser Stoff ohne weiteres als *Bildungsinhalt* legitimiert. Auf diese Fehlform allein zielte ursprünglich der von Fr. W. Dörpfeld[2] geprägte Begriff des »didaktischen Materialismus«[a]. Sieht man also von einem solch naiven und seiner selbst nicht bewußten Traditionalismus ab, so hat der »materiale« Aspekt der Bildung in zwei bedeutsamen Grundformen Gestalt gewonnen, mit denen sich jede Bildungstheorie auseinandersetzen muß.

1. Der bildungstheoretische Objektivismus

1. Das allgemeine Prinzip der materialen Deutung, daß Bildung in der Aufnahme von Inhalten ihr Wesen habe, erfährt hier eine genauere Bestimmung dahin, daß diese Inhalte gleichbedeutend mit den objektiven Inhalten der Kultur seien. Bildung ist in dieser Sicht der Prozeß, in dem Kulturgüter — sittliche Werte, ästhetische Gehalte, wissenschaftliche Erkenntnisse usf. — in ihrem objektiven So-Sein in eine menschliche Seele Eingang finden. Die Inhalte erfahren nach dieser Auffassung mit dem Eintritt in die Sphäre der Bildung keine Modifikation ihrer Bedeutung, sie bleiben als Bildungsinhalte genau dasselbe, was sie als ethische, ästhetische, wissenschaftliche Kulturinhalte sind. Die Tätigkeit des sich Bildenden ist in dieser Sicht »Dienst«[b]. Sich den Gehalten zu öffnen und

---

[a] Fr. W. Dörpfeld: Der didaktische Materialismus, 4. Aufl., Gütersloh 1900.
[b] Guardini: Grundlegung der Bildungslehre, Schriftenreihe »Weltbild und Erziehung«, H. 1, Würzburg o. J., S. 39 ff.

hinzugeben, sie in ihrer vom Subjekt unabhängigen Werthaftigkeit in sich aufzunehmen, sich selbst in strenger Sachlichkeit zum Gefäß des Objektiven zu machen, das erscheint hier als das Ethos des Zöglings. Das Ergebnis des Bildungsprozesses ist hier das »auf der Höhe der Kultur Stehen«, sei es auch nur in Teilbereichen verwirklicht. Die Aufgabe und Leistung des Erziehers besteht darin, daß er die so verstandene Aneignung von Kulturgütern vermittelt. Auch ihm ist nach dieser Auffassung der Kreis und die Struktur der Bildungsinhalte vorgegeben durch die tragenden Kräfte der Kultur, in die Erzieher und Zöglinge hineingestellt sind.

In der Schulpädagogik — vor allem der höheren Schule — hat sich seit dem vorigen Jahrhundert eine Kultursphäre, die Wissenschaft, eine eindeutige Vorrangstellung erobert. Der bildungstheoretische Objektivismus hat daher hier die einseitige Form des »Scientismus«[c], der Verwissenschaftlichung der Schule angenommen. Wissen im Sinne der Wissenschaft erscheint nun als der eigentliche Sinn der Bildung, jedenfalls der Schulbildung. Der Bildungswert der Bildungsinhalte — sprich Wissensinhalte — liegt ausschließlich in der wissenschaftlichen Struktur der Inhalte; so sieht es noch Alfred Petzelt in seinen »Grundzügen systematischer Pädagogik«[d].

2. Die oft geübte pädagogische Kritik am bildungstheoretischen Objektivismus und besonders am Scientismus läßt sich in wenige Hauptargumente zusammenfassen.

Erstens: Bewußt oder unbewußt verabsolutiert der Objektivismus die Kulturinhalte, löst sie aus ihrer Geschichtlichkeit, gibt ihnen den Anschein fragloser Gültigkeit und Werthaftigkeit.

Zweitens: In seiner am weitesten verbreiteten Erscheinungsform, dem Scientismus, der Gleichsetzung von Bildungs- und Wissensinhalten, verleugnet der Objektivismus entweder die Tatsache, daß jeder Wissenschaftsinhalt in strenger Korrelation zu einer bestimmten wissenschaftlichen Fragestellung und damit zum jeweiligen Stande der Forschung steht, daß man also die wissenschaftlichen Inhalte nur recht versteht, wenn man zuvor die Fragen verstanden hat, auf die sie Antwort zu geben versuchen; oder er macht die unreflektierte Voraussetzung, daß die wissenschaftliche Fragestellung die einzig sinn- und wertvolle Fragestellung für den sich bildenden Menschen sei und daß die wissenschaftlichen Inhalte folglich die im Sinne der Bildung allein sinn- und werthaltigen Antworten enthalten. Liegt der Irrtum im ersten Falle darin, daß die wissenschaftlichen Inhalte ihres Charakters als Momente eines ständig fortschreitenden Forschungszusammenhanges entkleidet werden, so liegt er im zweiten Fall in der Verabsolutierung der wissenschaftlichen Frage- und Sinnhaltung. Die Fragehaltung des jungen Menschen *kann* ihren sachlichen Voraussetzungen nach aber noch gar nicht

---

[c] W. Flitner: Grundlegende Geistesbildung, in »Grund- und Zeitfragen der Erziehung und Bildung«, Stuttgart 1954, S. 77; Derbolav: Das ›Exemplarische‹ im Bildungsraum des Gymnasiums, Düsseldorf 1957, S. 50, 54.
[d] 2. Aufl., Stuttgart 1955, S. 105 f.

durchgehend die des forschenden Wissenschaftlers sein, und sie *braucht* es meistens nicht zu sein, weil die Dinge, Werte, Situationen, die das Leben auch des gebildeten Laien ausmachen, nur zu einem Teil ihre Sinnhaftigkeit der Wissenschaft verdanken.

Drittens: Der bildungstheoretische Objektivismus besitzt keine pädagogischen Auswahlkriterien. Im Grunde ist er hilflos der unerschöpflichen Fülle von Kulturinhalten ausgeliefert. Bildungsgeschichtlich gesehen, hat dieser Objektivismus — wie J. Derbolav[a] in seiner Schrift über »Das ›Exemplarische‹ im Bildungsraum des Gymnasiums« zeigt[e] — im Laufe des 19. Jahrhunderts dazu geführt, daß die deutsche höhere Schule und in ihrem Gefolge mehr oder minder auch die anderen Schularten sich immer stärker am Geist und am Inhalt der modernen Einzelwissenschaften orientierten; damit begann ein hoffnungsloser Wettlauf mit der immer schnelleren Entwicklung, vor allem aber wuchs die Tendenz, die zunehmende Masse der Inhalte dozierend und in der Form geraffter Überblicke den Schülern zu übermitteln. Dieser Versuch der Verwissenschaftlichung der Schule ist es vor allem, der bei vielen Didaktikern der Gegenwart mit Recht den Ruf nach radikaler Stoffbeschränkung im Dienste wahrer Vertiefung, also das Programm des »exemplarischen Lehrens und Lernens« — um die bekannteste Formel zu benutzen — herausgefordert hat. Andererseits sind doch im Kreise der reformfreudigen Didaktiker der Gegenwart auch Stimmen laut geworden, die das »exemplarische Prinzip« glauben befürworten zu sollen, weil es die Möglichkeit gebe, in der Schule an Beispielen und in begrenztem Rahmen den Geist der Wissenschaftlichkeit zu entfalten, ja echte Forschungsarbeit zu leisten[f].

2. Die Bildungstheorie des »Klassischen«

1. Noch innerhalb der materialen Bildungsauffassung tritt dem Objektivismus, dem es an jedem spezifisch pädagogischen Auswahlkriterium mangelt, eine Bildungstheorie entgegen, die sich um ein ausdrücklich pädagogisch gemeintes Wertkriterium konzentriert. Es ist die pädagogische Theorie des Klassischen. Ihre These lautet: Nicht jeder Kulturinhalt als solcher ist schon dank seiner objektiven Werthaftigkeit *Bildungs*inhalt, nicht in der wissenschaftlichen Struktur der Inhalte als solcher liegt schon das Bildende; wahrhaft bildend ist nur das *Klassische*. Dieser Wertbegriff des Klassischen zielt nicht eigentlich auf die als objektiv gedachte Inhaltlichkeit der Kulturgüter, sondern auf bestimmte menschliche Qualitäten, die in manchen, aber durchaus nicht in allen Kulturinhalten zum

---

[e] a. a. O., bes. Kap. II, Abschn. 4 und 5.

[f] Vgl. H. Beumann: Die Geschichte des Mittelalters auf der Oberstufe der höheren Schule, Geschichte in Wissensch. und Unterr. VI/1955, S. 682 ff. W. Lautemann: Möglichkeiten der Stoffbeschränkung im Geschichtsunterricht in der Oberstufe der höheren Schule, ebenda S. 627 ff. — Zur Kritik: E. Wilmanns: Fragen zum »Exemplarischen Geschichtsunterricht, ebenda VII/1956, S. 223 ff.; K. Barthel: Das Exemplarische im Geschichtsunterricht, ebenda VIII/1957, S. 223 ff.; W. Flitner: Der Kampf gegen die Stoffülle: Exemplarisches Lernen, Verdichtung und Auswahl. Die Sammlung, X/1955, S. 556 ff.; Derbolav, a. a. O., S. 78 f.

Ausdruck kommen. Als »klassisch« kann nur das gelten, was bestimmte menschliche Qualitäten überzeugend, aufrütteln und zur Nachfolge auffordernd transparent werden läßt. In seinen »klassischen« Werken spiegelt sich das ideale Selbstverständnis eines Volkes, einer Kultur, eines Menschenkreises, eines Bildungswesens; im Klassischen verehrt, bewahrt und tradiert eine Gemeinschaft die Fundamente und die Leitbilder ihres höheren geistigen Lebens.

Bildung erscheint von der pädagogischen Theorie des Klassischen aus als der Vorgang bzw. als Ergebnis des Vorganges, in dem sich der junge Mensch in der Begegnung mit dem Klassischen das höhere geistige Leben, die Sinngebungen, Werte und Leitbilder seines Volkes oder Kulturkreises zu eigen macht und in diesen idealen Gehalten seine eigene geistige Existenz recht eigentlich erst gewinnt. Dabei ist der Begriff des Klassischen im pädagogischen Sinne nicht an eine bestimmte geschichtliche Epoche gebunden, etwa an das Altertum oder an die Goethezeit, und er kann sich ebenso auf *große* Kulturschöpfungen und eine *anspruchsvolle* Geistigkeit beziehen wie auf die überzeugende und reine Verwirklichung schlichten Menschentums und die beispielhafte Bewältigung charakteristischer Lebenssituationen, in denen es um Treue oder Untreue, Wahrhaftigkeit oder Unwahrhaftigkeit, Mut oder Feigheit geht.

Wolfgang Döring hat vor mehr als zwanzig Jahren in einer hervorragenden Studie die pädagogische Theorie des Klassischen in ihren Grundformen eingehend untersucht[g]. Es ist nun von höchstem Interesse zu sehen, daß J. Derbolav in seinem bereits erwähnten neuen Buche die Ursprünge jenes pädagogischen Prinzips, das heute als »exemplarisches Lehren und Lernen« vertreten wird, eben in jener »Enkyklios Paideia« des Hellenismus — bzw. in ihrem altgriechischen Vorformen — aufzeigt, die bei Döring als Ursprungsstelle der Pädagogik des Klassischen erscheint. Derbolav sagt ausdrücklich: »›Klassisch‹ ist nichts anderes als ein Synonym für das Exemplarische überhaupt«[h]. Folgerichtig erscheint der Neuhumanismus, der bei Döring als das für die deutsche Bildungsgeschichte wesentlichste Beispiel einer am Klassischen orientierten Pädagogik behandelt wird[i], bei Derbolav als Repräsentant des exemplarischen Prinzips[j]. Bezeichnet Döring Hegel als den tiefsinnigsten Interpreten der Bildungsbedeutung des Klassischen[k], so schreibt Derbolav ihm das Verdienst zu, dem um das Exemplarische zentrierten Bildungsprogramm des humanistischen Gymnasiums die »vertiefte philosophische Begründung« gegeben zu haben[l].

2. So könnte es scheinen, als wäre die Bildungstheorie, die in der modernen Didaktik des Exemplarischen, Elementaren, Typischen, Repräsentativen usf. den tragenden Grund bildet, nichts anderes als die Neufassung jener materialen Bil-

---

[g] W. Döring: Zur pädagogischen Problematik des Begriffs des Klassischen. Göttinger Stud. z. Päd. H. 24, Berlin-Leipzig 1934.
[h] Derbolav, a. a. O., S. 22.
[i] Döring, a. a. O., S. 108 ff.
[j] Derbolav, a. a. O., S. 25 f.
[k] Döring, a. a. O., S. 118 ff.
[l] Derbolav, a. a. O., S. 26.

dungstheorie, die im Begriff des Klassischen ihre Mitte hat. Diese Annahme jedoch würde in die Irre führen. Wohl wird das Klassische als eine Grundform bildender Inhalte neben anderen in der neuen Didaktik eine ihm gebührende Rolle beanspruchen dürfen[m]. Aber damit ist das Klassische in den Bereich der Didaktik verwiesen. Wollte man ihm dagegen die Rolle des Zentralbegriffs der philosophischen Bildungstheorie zusprechen, d. h. also: von ihm aus das *Wesen* der Bildung bestimmen, so würde man damit die Eingrenzung außer acht lassen, die der Begriff des Klassischen als pädagogisches »Kriterium« vor allem durch die Kritik Erich Wenigers[5] erfahren hat; diese Kritik, der sich auch Döring angeschlossen hat, scheint uns noch heute voll gültig.

Erstens: Der Anschein, als wäre das Klassische der Inbegriff von Bildungsinhalten schlechthin oder als läge in ihm das Wesen der Bildung überhaupt begründet, kann nur in einem geistigen Raum entspringen, der eine ganz bestimmte, durchaus geschichtliche und der Bildung vorgegebene außerpädagogische Voraussetzung erfüllt: Die einmütige Anerkennung gewisser Werke, menschlicher Leistungen oder ganzer vergangener Kulturen als eben »klassisch«. Die spezifisch pädagogische Auswahlproblematik entspringt erst dort, aber dort auch in voller Schärfe, wo diese Einmütigkeit nicht mehr gegeben ist. In diesem Augenblick aber muß gefragt werden: »... welche Instanz stellt fest, was als klassisch zu gelten habe? Die Auffassung des Klassischen kann nicht selber — etwa vermittels einer allgemeingültigen Pädagogik — kanonische Geltung für sich beanspruchen, sondern entstammt entweder der historischen Überlieferung — und ist damit unter Umständen, beispielsweise heute, in deren Krisis einbezogen —, oder sie entspringt jeweils aus den lebendigen Bedürfnissen der Gegenwart. Jedes Bildungsideal entwickelt seine eigene Klassik...« »Es muß immer wieder um das Klassische und die Bezüge unter den klassischen Inhalten unserer Kultur gekämpft werden... Jeder Versuch der Festsetzung eines Gültigen und Klassischen außerhalb der konkreten Situation und außerhalb des Lebensraumes, in dem die Bildung jeweils stattfindet, ist hoffnungslos, weil er eine metaphysische Einung voraussetzt, deren Fehlen alle unsere Überlegungen über die Auswahl und Konzentration der Bildungsinhalte gerade erst hervorgerufen hat«[n].

Zweitens: Das Klassische hat in der Bildungsarbeit einmal einen legitimen Ort, wo es um die anschauliche Vergegenwärtigung der großen geistigen Grundrichtungen in ihren »klassischen« Vertretern geht, um die »ewigen Typen des Heiligen, des Helden, des Denkers« usw.[o]; zum anderen dort, wo eine Gegenwartsaufgabe, der sich die Bildung verpflichtet weiß, eine geschichtliche Parallele hat, deren Lösung gelungen ist, so daß die menschliche Haltung, aus der heraus da-

---

[m] Vgl. dazu das Kapitel »Grundformen des Elementaren« in W. Klafki: Das pädagogische Problem des Elementaren und die Theorie der kategorialen Bildung. Weinheim 2. erw. u. teilw. umgearb. Aufl. 1963.

[n] E. Weniger: Die Theorie der Bildungsinhalte und des Lehrplans, 6./8. Aufl. Weinheim 1965, S. 52 f.

[o] Weniger, a.a. O., S. 79.

mals die Lösung gelang, in der Gegenwart den Rang des »klassischen« Vorbildes erlangen kann. Aber damit ist dann auch die Grenze der pädagogischen Bedeutung des Klassischen gegeben, »denn für viele Aufgaben, die unserer Zeit gestellt sind, gibt es keine Klassik, weil die Aufgaben ganz neu sind, ohne Vorgang und ohne Grundlagen in irgendeiner Vergangenheit und ohne Anhalt irgendeiner der bisherigen menschlichen Verhaltungsweisen und Lebensformen.«[p]; man denke hier etwa an die Probleme der politischen Erziehung — Erziehung zur Demokratie, Weckung des Willens zur Völkerverständigung usf. — oder an die dringende Aufgabe der heutigen Erziehung, dem jungen Menschen bei der Bewältigung der von Naturwissenschaft, Technik und industrieller Arbeitsorganisation geprägten gegenwärtigen Lebenssituation zu helfen, aber auch an die neuartige Situation der ästhetischen Erziehung.

B. Formale Bildungstheorien

Den materialen Bildungstheorien, die — unbeschadet ihrer Unterschiedlichkeit — doch in dem Zentralpunkte übereinstimmen, daß sie das Wesen der Bildung von einer objektiven Inhaltlichkeit aus zu bestimmen versuchen, treten nun Theorien formaler Bildung gegenüber, deren gemeinsame Voraussetzung es ist, daß man seinen Blick auf das Kind, den Zögling, den Sich-Bildenden richten müsse, wenn man über das Wesen der Bildung zu gültigen Aussagen kommen wolle. Auch hier sind es zwei Grundformen, in denen der formale Ansatz theoretische Bedeutung gewonnen hat.

1. Die Theorie der funktionalen Bildung

1. Die erste Grundform, die uns hier beschäftigen soll, hat Erich Lehmensick, dem wir die gründlichste Untersuchung des Problems der formalen Bildung verdanken[q], die »Theorie der funktionalen Bildung« genannt. Wir wollen diesen Begriff beibehalten, obgleich das Wesen dieses Deutungsversuches dessen, was Bildung sei, vielleicht noch besser mit dem Begriff »dynamistische Bildungstheorie« getroffen würde.

Wir können hier nicht auf die geistes- und bildungsgeschichtlich interessante und seltsam verwickelte Entstehungs- und Wirkungsgeschichte dieser Theorie eingehen, wie sie uns Lehmensick dargestellt hat. Keine Bildungstheorie ist in ihren programmatischen Formeln durchschlagskräftiger gewesen als sie, keine hat das Vokabular der pädagogischen Fachsprache nachhaltiger beeinflußt; ihre Leitformel von der »Bildung der Kräfte des Kindes« wird auch heute an vielen Stellen noch als Ziel- und Rechtfertigungsthese verwendet, selbst dort, wo die pädagogische Praxis dem mit dieser Formel eigentlich Gemeinten Hohn spricht.

Man kann den Kern dieser Theorie, die im 19. Jahrhundert seit Humboldt[6] die beherrschende Bildungsauffassung der Gymnasialpädagogik war und die seit Beginn unseres Jahrhunderts in der Reformpädagogik der Volksschule eine große

---

[p] Weniger, a. a. O., S. 69; vgl. zum ganzen Döring, a. a. O., S. 129 ff.
[q] E. Lehmensick: Die Theorie der formalen Bildung, Gött. Stud. z. Päd., H. 6, Göttingen 1926.

Rolle spielte, in wenigen Sätzen formulieren:[r] Das Wesentliche der Bildung ist nicht Aufnahme und Aneignung von *Inhalten*, sondern Formung, Entwicklung, Reifung von körperlichen, seelischen und geistigen *Kräften*. Bildung als Werk ist der Inbegriff der in einer Person geeinten, bereitstehenden Kräfte des Beobachtens, Denkens und Urteilens, des ästhetischen Gefühls, des ethischen Wertens, Sich-Entschließens und Wollens usf., die dann an den Inhalten der Erwachsenenexistenz in »Funktion« treten können. Was der junge Mensch an einer Stelle als Kraft gewonnen habe, das werde er sinngemäß auf andere Inhalte und Situationen »übertragen«. Dieser Begriff der »Übertragung« entspricht genau jenem Stichwort, unter dem das Problem der funktionalen Bildung in der angloamerikanischen Psychologie und Pädagogik diskutiert wird: dem Worte »transfer«. Das pädagogische Auswahlproblem läßt sich dieser Auffassung zufolge so kennzeichnen: Welches sind die Inhalte, an denen jene Kräfte mit dem größten Erfolg entwickelt werden können?

Die Theorie des humanistischen Gymnasiums z. B. hatte bis zum Ende des 19. Jahrhunderts eine klare Antwort zur Hand: Die alten Sprachen und die Mathematik. Die Volksschulpädagogik des beginnenden 20. Jahrhunderts suchte die dem Volksschulkinde zugänglichen kraftbildenden Inhalte vor allem im Gebiete des musischen Ausdrucks: im Zeichnen und Malen, im Gesang und Spiel, im Erzählen und im freien Aufsatz. Aber auch ein ganz anders gearteter pädagogischer Ansatz der jüngsten Zeit, Karl Stiegers »Unterricht auf werktätiger Grundlage«[s], versteht sich ausdrücklich als »Kraftbildung« im dynamistischen Sinne.

2. Die verschiedenen Ansätze zur Kritik der Theorie der funktionalen Bildung, wie sie bei Herbart und seiner Schule, innerhalb der geisteswissenschaftlichen Pädagogik (Nohl, Lehmensick u. a.), in der philosophischen Erziehungstheorie des amerikanischen Pragmatisten John Dewey[7] oder in der neueren Lernpsychologie, etwa in H. Roths »Pädagogischer Psychologie des Lehrens und Lernens«, vorzufinden sind, können hier nicht im einzelnen dargestellt werden. Wir versuchen, die entscheidenden Einwände zusammenfassend und fortführend in rein systematischer Absicht zu skizzieren.

Erstens: Die funktionale Bildungstheorie steht und fällt mit einer philosophisch-anthropologischen Voraussetzung, die alle ihre spezifisch pädagogischen Formulierungen überhaupt erst »möglich« macht. Der zu bildende junge Mensch, ja der Mensch überhaupt erscheint in dieser Theorie als Einheit von Kräften, »Funktionen«. Diese Kräfte oder Funktionen — Vorstellen, Denken, Urteilen, Werten, Wollen, Phantasie usw. — werden, bewußt oder nicht bewußt, nach Analogie biologischer »Kräfte« gedacht, gleichsam als geistige Muskeln. Die Kräfte erscheinen als »Vermögen«, die eine bestimmte und begrenzte »Funktion«

---

[r] Daß die formale Bildungstheorie im Ganzen der Humboldtschen Bildungsfassung nur eine Komponente darstellt, muß hier nachdrücklich betont werden; indessen ist Humboldts Bildungsdeutung eben in jener verkürzenden Interpretation im Sinne formaler Bildung in der Gymnasialtheorie wirksam geworden.

[s] Olten u. Freiburg 1951, S. 20; vgl. S. 33.

als schlummernde Möglichkeit in sich vorgezeichnet enthalten. Bildung ist dann jener Prozeß bzw. das Ergebnis jenes Prozesses, in dem diese schlummernden Möglichkeiten durch Übung an geeigneten Stoffen zu wirklichen Kräften werden, zu ausgebildeten Instrumenten der Bewältigung mannigfacher Inhalte.

Man muß dieser Grundvorstellung der funktionalen Bildungstheorie entgegenhalten, daß jene vorausgesetzten dynamistisch gedachten »Vermögen« rein hypothetischer Natur sind. Was uns in der inneren Erfahrung oder im Verstehen anderer Menschen gegeben ist, das sind Gedanken, Gefühle, Wertungen, Entschließungen usw. Man verdoppelt diese Phänomene nun gewissermaßen hypothetisch, indem man ihnen Kräfte substituiert, als deren »Wirkungen« jene Phänomene dann interpretiert werden. Man tut hier im geistigen Raum prinzipiell dasselbe, was der naive Mensch oder das Kind im physikalischen Bereiche tun, wenn sie z. B. die Zentrifugalwirkung, die sie an diesem oder jenem Beispiel beobachten, einer in Tätigkeit tretenden, als δύναμις [8] gedachten Flieh*kraft* zuschreiben.

Aber jene Auffassung verzeichnet das Wesen des Geistes und der menschlichen Bildung völlig durch die Transposition in die Ebene biologistisch-dynamistischer Modellvorstellungen. Was der Geist sei, welches seine Erscheinungsformen sind, in wieviel »Kräfte«, sprich: Grundrichtungen er sich differenziert, das alles läßt sich schlechthin nur sagen im Blick auf die *geistige Wirklichkeit,* d. h. in der Analyse konkreter Begegnungen von Mensch und Welt, pädagogisch gesehen: in der Analyse wirklicher Auseinandersetzungen von Kind und konkreter Kultur. Es handelt sich nicht — wie noch Kerschensteiner meinte — darum, daß potentielle geistige Energien, die ihrer inneren Struktur nach bereits als vorgezeichnet gedacht werden müßten, nur mittels angemessener Inhalte in kinetische Energien umgewandelt und als »Kräfte« geübt würden. Vielmehr gliedert sich der ursprünglich an Möglichkeiten unbestimmbar reiche individuelle »Geist« erst in der Begegnung mit den Inhalten einer bestimmten geistigen Umwelt, einer »Kultur« im weitesten Sinne dieses Wortes, zu der mehr oder minder großen Fülle von Grundrichtungen, Betätigungs- und Erscheinungsweisen, die von der Theorie der funktionalen Bildung hypothetisch zu vorgegebenen »Vermögen« bzw. »Kräften« substantialisiert werden. Das heißt aber zugleich: Die Inhalte der Begegnung, also auch die Inhalte der Bildung sind nicht »Mittel« zur Auslösung und Übung von »Kräften«. Diese Bildungsinhalte selbst sind das, was man allenfalls, wenn sie in einer bestimmten Weise Eingang in den individuellen Geist gefunden haben, in einem übertragenen Sinne »Kräfte« nennen könnte. Dem noch undifferenzierten Geiste eine Struktur, eine Gliederung zu geben, dazu wären sie nicht in der Lage, käme ihnen nicht als solchen (und nicht nur als »Mitteln«) ein Wert zu. Ginge es dem Zögling nicht um die Inhalte, ihre Aneignung und Verlebendigung — womit wollte ihn der Pädagoge anspornen, sich jener Anstrengung zu unterziehen, die doch auch für jene vermeintliche Kräfteübung der funktionalen Bildung als unerläßliche Vorbedingung anerkannt wird? Man kann jener Interpretation geistiger Phänomene — wie Gedanken, Wünsche, Wertungen — als »Wirkungen« geistiger »Kräfte« entgegnen, daß die entgegengesetzte Behauptung mindestens ebensoviel Wahrheit für sich beanspruchen dürfte; die Behauptung nämlich, daß die sogenannten »Kräfte« auch als »Wirkungen« der dem Menschen begegnenden Inhalte angesehen werden können.

Zweitens: Es gibt im Raum der Erziehung eine schlichte Erfahrung, die die pädagogische Unzulänglichkeit der funktionalen Bildungstheorie und ihrer Voraussetzungen schlagend deutlich macht. Wir machen Tag für Tag die Beobachtung, daß z. B. ein Schüler, der in der Mathematik die Fähigkeit zu beziehendem Denken beweist, diese Fähigkeit im Raum etwa der Sprachen keineswegs besitzt, daß ein anderer, der sich im bildnerischen Gestalten durch große Phantasie auszeichnet, angesichts der Aufgabe, versuchsweise Hypothesen zur Deutung einfacher physikalischer Sachverhalte zu entwerfen, ausgesprochen phantasielos wirkt. Nehmen wir an, daß eine Theorie funktionaler Bildung unter die von ihr vorausgesetzten geistigen »Kräfte« auch »beziehendes Denken« und »Phantasie« zählte, so sähe sie sich angesichts der genannten Beispiele gezwungen, jede der beiden anfangs einheitlich gedachten Kräfte zu unterteilen: »Beziehendes Denken«; in »mathematisch-beziehendes« und »sprachlich-beziehendes Denken«; »Phantasie« in »bildnerische« und »exakt-naturwissenschaftliche Phantasie«. Nun könnte man vielfach belegbare weitere Beispiele aufzählen, die in analoger Weise zu immer weiterer Differenzierung solcher ursprünglich als einfach vorausgesetzten »Kräfte« zwingen würden (etwa technische, politische, mathematische Phantasie usf.). Wir ersparen uns diese Mühe und ziehen statt dessen die allgemeine Folgerung: Was »Phantasie«, »beziehendes Denken«, »Beobachtungsfähigkeit« usw. sind, das ist offenbar abhängig von der Struktur der Inhalte, die gedacht, als Phantasievorstellung entworfen, als »Gegenstände« beobachtet werden. Also nur in bezug auf bestimmte Inhalte erhält der Begriff »Geist« nur im Hinblick auf die Begegnung von Kind und Inhalt gewinnt der Begriff »Bildung« einen angebbaren Sinn. Wenn das richtig ist, dann bricht mit ihren unausgesprochenen Voraussetzungen auch die ganze Theorie der funktionalen Bildung als selbständiger Deutungsansatz zusammen. — Ob diese Theorie ihrer unerfüllten Intention, wenn auch nicht ihren expliziten Aussagen nach nicht doch einen Hinweis auf ein Wahrheitsmoment enthält, das in eine neue Bildungstheorie eingehen muß, wird später zu bedenken sein. Wo sich die Didaktik der Gegenwart aber als Verwirklichung der Theorie der Kräftebildung im wörtlichen Sinne versteht, da verfällt sie einer irrigen Selbstdeutung.

2. Die Theorie der methodischen Bildung

1. Die zweite Hauptform der Theorie der formalen Bildung nennen wir, wiederum im Anschluß an Lehmensick, die Theorie der methodischen Bildung. Diese Theorie, die in Deutschland vor allem in der Arbeitsschulpädagogik Kerschensteiners und Gaudigs, im Ausland etwa bei John Dewey entwickelt wurde, ist oft eng mit der funktionalen Bildungstheorie verquickt. Aber ihr liegt doch ein eigenes Prinzip zugrunde, das sich rein herausarbeiten läßt. In der modernen Didaktik finden sich bei Wagenschein[9] eine Reihe von Aussagen, die — obgleich anders gemeint — die Vermutung aufkommen lassen könnten, wir hätten in der

Theorie der methodischen Bildung die der Didaktik des Exemplarischen, Typischen, Elementaren zugrundeliegende Bildungstheorie[t].

Worin besteht der eigentliche Deutungsansatz dieser Theorie? Ihr scheint die unendliche Fülle der Inhalte, die im späteren Leben des jungen Menschen eine Rolle spielen können, eine Bestimmung des Wesens der Bildung von den Inhalten her unmöglich zu machen. Aber sie setzt auch nicht hypothetisch gewisse »Kräfte« im Menschen voraus, die sie an geeigneten Stoffen auszubilden versuchte. Vielmehr richtet sie den Blick auf den *Vorgang,* in dem sich der junge Mensch Bildung erwirbt. Bildung bedeutet hier: Gewinnung und Beherrschung der Denkweisen, Gefühlskategorien, Wertmaßstäbe, kurz: der »Methoden«, mit Hilfe derer sich der junge Mensch die Fülle der Inhalte zu eigen machen kann, wenn die späteren Lebenssituationen es erfordern. Solche »methodische Bildung« beginnt etwa mit der Fähigkeit, Werkzeuge zu gebrauchen und Werktechniken zu beherrschen, ein Lexikon und ein Wörterbuch benutzen zu können, die Zeichensprache des Atlasses zu verstehen, mathematische Lösungsmethoden zu kennen, und sie endet etwa mit der inneren Aneignung des kantischen kategorischen Imperativs als »methodisches« Kriterium sittlichen Handelns.

Es liegt nahe, daß die Theorie der methodischen Bildung ihr Anwendungsfeld vor allem im Bereich der Arbeitserziehung und der Erkenntnisbildung gefunden hat. Im ersten Falle liegt dann eine Orientierung am Handwerk oder an der Technik nahe, im zweiten an der Wissenschaft, die ja geradezu durch das Kriterium des Methodischen definiert werden kann. Damit tritt also dem inhaltlichen Scientismus, den wir als Grundform der materialen Bildungstheorie kennenlernten, hier der methodische Scientismus, die methodische Verwissenschaftlichung der Bildung an die Seite.

Ihre pädagogische Anziehungskraft verdankt die Theorie der methodischen Bildung ohne Zweifel der Tatsache, daß sie die nachdrücklichste Verwirklichung des Prinzips der Selbsttätigkeit des Zöglings zu ermöglichen scheint, jener großen Forderung aller Bildungs- und Schulreformpläne seit Pestalozzi und Fröbel, die dann in der Reformbewegung unseres Jahrhunderts die Zielformel vieler pädagogischer Bemühungen darstellte. »Der Schüler habe Methode« — dieser Satz Hugo Gaudigs bringt das Erstrebte und Erhoffte im Sinne der Theorie der methodischen Bildung am schlagkräftigsten zum Ausdruck.

2. Die kritischen Einwände gegen die Meinung, man habe in den Formeln der methodischen Bildungstheorie das Wesen der Bildung adäquat in den Begriff gefaßt, laufen parallel mit den Einwänden, die gegen die funktionale Bildungstheorie erhoben werden mußten. So wenig es nämlich geistige »Kräfte« des Individuums ohne Inhalte gibt, ebensowenig gibt es Methoden ohne oder vor den Inhalten, deren Bewältigung sie dienen sollen. Die Struktur der Inhalte bestimmt das Wesen der pädagogischen Methoden und auch *der* Methoden, die man

---

[t] Vgl. Wagenscheins Ausführungen zu den »Funktionszielen« in seiner Schrift »Das ›exemplarische Lehren‹ als ein Weg zur Erneuerung der Höheren Schule« (Hamburg 1954, S. 19 ff.) und in seinem Aufsatz »Zum Begriff des exemplarischen Lehrens« (Zeitschr. f. Päd., 2. Jg. 1956, H. 3, S. 143 ff.).

zum Besitz des Zöglings zu machen gedenkt. Der Versuch, den Schüler mit einer oder einigen Universalmethoden auszurüsten, um ihn so allen ihm künftig begegnenden Inhalten gewachsen zu machen, vergewaltigt die Fülle der Inhaltlichkeit. Gewöhnlich verabsolutiert man dabei die Methode eines Bereiches und unterwirft ihr dann alle Inhalte anderer Bereiche, wie das in der pragmatistischen Pädagogik Deweys weitgehend durch die Verabsolutierung der experimentellen Erkenntnismethode oder in der sowjetischen und ostzonalen Pädagogik durch die Verabsolutierung der dialektisch-materialistischen Deutungsmethode geschieht. Eine andere Version der Theorie der methodischen Bildung entgeht einer solchen Übertragung einer in einem Bereiche gültigen Methode auf alle anderen Gebiete nur dadurch, daß die von ihr entwickelte »Methode«, die der Schüler sich aneignen soll, so abstrakt und formal bestimmt wird, daß sie zwar tatsächlich für alle Bereiche gültig, dafür aber praktisch unbrauchbar ist, weil sie völlig offen läßt, wie im jeweiligen Falle die formalmethodischen Bestimmungen zu handhaben sind. Die Regel etwa, daß man in einem Erkenntnisvorgang eine vermutete Problemlösung auf ihre Gültigkeit überprüfen müsse, ist solange praktisch ohne großen Wert, als man nicht weiß, wie z. B. im physikalischen, sprachlichen, ästhetischen Bereich eine solche Prüfung konkret durchzuführen sei. — Ein paradigmatisches Beispiel für eine solche abstrakt-formalistische Methodentheorie bietet Kerschensteiners berühmte vergleichende Analyse des Bildungswertes der alten Sprachen und der exakten Naturwissenschaften in seinem Buche »Wesen und Wert des naturwissenschaftlichen Unterrichts«.

Es ergibt sich also, daß jede Methode und jedes Kriteriensystem nur in Korrelation zu den Inhalten, auf die sie zielen, verständlich sind. Man kann also Methoden nur in der Begegnung mit den Inhalten selbst entwerfen, erarbeiten, prüfen und sich zum festen Besitz machen. Pädagogische Richtungen, die diesen Tatbestand ignorieren, verwickeln sich — wie zu erheblichem Teile die Gaudig-Schule und Peter Petersen — in die paradoxe Situation, daß sie um der Verwirklichung des Prinzips der Selbsttätigkeit willen und in Ablehnung bloßer Vermittlung von Inhalten methodische Bildung fordern, daß sie die Methoden selbst aber — nicht vom Schüler erarbeiten lassen, sondern dogmatisch übermitteln: angesichts der Methoden verfährt man also in eben der Weise, die man angesichts der Inhalte bekämpfen wollte.

II. Kategoriale Bildung

1. Unsere Untersuchung versuchte bisher zu zeigen, daß und inwiefern keiner der vier großen bildungstheoretischen Ansätze — Objektivismus bzw. Scientismus, Theorie des Klassischen, funktionale und methodische Bildungstheorie — dem Anspruch genügte, den Wesenskern des Bildungsphänomens und des Bildungsvorgangs theoretisch in den Griff zu bekommen. Dennoch konnten auch die kritischen Bemerkungen und Eingrenzungen die Tatsache nicht verleugnen, daß in jedem dieser vier Ansätze ein Wahrheitsmoment sichtbar wird, d. h. ein Moment, das überall dort, wo wir von wahrer Bildung sprechen, mitgegeben ist und das also auch in einer neuen Theorie der Bildung nicht fehlen darf. Die Unzu-

länglichkeit jedes einzelnen Ansatzes angesichts des Gesamtproblems aber zeigte sich immer wieder an den praktisch-pädagogischen Konsequenzen.

Nun könnte man versucht sein, die Einseitigkeit jedes einzelnen Ansatzes durch die »Synthese« aller vier Aspekte im Sinne einer Zusammenfügung bzw. einer gegenseitigen Ergänzung überwinden zu wollen. In der Tat ließe sich aus der Bildungstheorie der letzten 150 Jahre, vor allem aus den letzten Jahrzehnten, eine geradezu ermüdende Fülle von Formulierungen anführen, die in diesem Sinne über gefährliche Vereinseitigungen hinauskommen wollen. Immer wieder stößt man hier, wo überdies meist nur zwischen den beiden großen Gruppen »materiale« und »formale« Bildungstheorien unterschieden wird, auf die typischen Formeln: »Sowohl formale als auch materiale Bildung« oder »Nicht nur formale, sondern auch materiale Bildung«. Diesen theoretischen Versuchen einer »Synthese« entsprechen dann zahlreiche praktische.

2. Uns scheint in allen diesen Versuchen sowohl das Wesen eines geistigen Phänomens, wie es die Bildung ist, als auch die Struktur der Theorie der Bildung allzu äußerlich gesehen. »Bildung« ist immer ein Ganzes, nicht die Zusammenfügung von »Teilbildungen«, besser Bildungsteilen, Faktoren, Bausteinen einerseits materialer, andererseits formaler Art; Theorie der Bildung ist nicht die theoretische Interpretation solcher Bildungsteile, die dann gegeneinander abgewogen und zu einem Ganzen zusammengefügt würden. In den erwähnten Synthese-Versuchen wird — bewußt oder nicht bewußt — doch im Grunde immer noch an der Vorstellung festgehalten, es gäbe so etwas wie z. B. eine »formale Bildung«, funktional oder methodisch verstanden, die zwar *an* gewissen Inhalten gewonnen wird, die aber dann als solche doch etwas von aller Inhaltlichkeit gelöstes sei, »geistige Kraft« oder »methodisches Mittel«; und eben deshalb müsse diese formale Bildung durch eine materiale ergänzt werden. Die Unhaltbarkeit solcher Vorstellungen zu erweisen, war das Anliegen unserer Kritik.

Nur eine Bildungsauffassung, die von Anfang an jene in den besprochenen Theorien isolierten und verabsolutierten Ansätze als »Momente« im Sinne dialektischen Denkens begreift, d. h. als Bestimmungen, die nur im Ganzen und vom Ganzen aller auftretenden Bestimmungen her ihre Wahrheit offenbaren und die zugleich selbst dieses Ganze mitbedingen und erhellen — nur eine solche Bildungsauffassung, so scheint es uns, hat beim gegenwärtigen Stande der wissenschaftlichen pädagogischen Forschung Aussicht, das »Wesen der Bildung« zureichend zu deuten und damit zugleich der Bildungspraxis, vor allem hinsichtlich der Auswahl und Bewertung der Bildungsinhalte und der ihnen adäquaten pädagogischen Methoden, zum rechten Selbstverständnis zu verhelfen. Eine solche Bildungsauffassung aber — und damit konkretisieren wir die am Beginn unserer Ausführungen aufgestellte These — klingt, wenn wir recht sehen, in den fruchtbaren Ansätzen und Vorschlägen der neuen Didaktik des Exemplarischen, Typischen, Repräsentativen, Elementaren an.

3. Wir machen uns das an zwei Beispielen deutlich. Martin Wagenschein schlägt als einen fruchtbaren Stoff für exemplarisches Lernen in einem wahrhaft bildenden Physikunterricht auf der Oberstufe der höheren Schule u. a. das Thema »Der

Mond und seine Bewegung« vor. Im Zentrum dieser vielleicht zehn Unterrichtsstunden in Anspruch nehmenden Behandlung steht der geistige Nachvollzug des Newtonschen Erklärungsprinzips der Mondbewegung; am Anfang erfolgt die lebendige Erarbeitung der Problemstellung. Wagenschein erläutert uns die Newtonsche Theorie wie folgt: »Vom Gipfel eines hohen, weit über die Lufthülle ragenden Berges denkt er (Newton) sich Steine geworfen, immer stärker«. Immer weiter entfernt liegen die Aufschlagsorte, »immer mehr aber auch krümmt sich die Erde hinweg unter ihrer Wurfbahn. Bis einmal, bei einer ganz bestimmten Anfangsgeschwindigkeit, der besondere ›Fall‹ (und Wurf) erreicht ist, daß der Stein die Erde nicht mehr erreichen kann. Die Bahnkrümmung ist gleich der Erdkrümmung geworden. Der Stein fällt um die Erde herum, und zwar in Ewigkeit... Auf diese Weise zeigt Newton, wie aus dem uns allen vertrauten Werfen das unbegreiflich scheinende Kreisen werden kann. Vorsichtig, und wie auf Stufen — werfen, stärker werfen — aus dem Alltäglichen ins Befremdende, aus dem Irdischen ins Kosmische, aus dem Erlebnis heraus zur Bildung einer Idee«[11]. Einfache, wiederum von den Schülern unter der Leitung des Lehrers in Problemstellung und Durchführung selbst erarbeitete Messungen und Berechnungen verifizieren beispielhaft diese Erklärung.

Wir fragen: Was ist dort geistig geschehen, wo der skizzierte Zusammenhang von Einsichten vom jungen Menschen in geistiger Selbsttätigkeit erworben in ihm als wahres Bildungswissen lebendig geworden ist? — Zunächst: ein Grundsachverhalt der ihn umgebenden Wirklichkeit ist ihm in angestrengtem Bemühen einsichtig geworden. Dieser Inhalt wird hier nicht als bloßes, unter Umständen vertauschbares »Bildungsmittel« kindlicher bzw. jugendlicher »Kräfte« betrachtet, sondern er fordert die Anstrengung des jungen Menschen gerade in seiner strengen Objektivität, wenn diese auch auf der Ebene der Verständnismöglichkeiten junger Menschen ermittelt wird. Wenn der bildungstheoretische Objektivismus der strengen *Sachlichkeit*, die die Inhalte dem Zögling abfordern, die entscheidende Bildungswirkung zuschrieb, so soll diese Sachlichkeit in dem skizzierten Unterricht voll gewährleistet sein. — Das aber ist nur möglich, weil die objektive Struktur hier in einer reinen, einfachen Gestalt gegeben und daher dem Schüler zugänglich ist. Die Reinheit und Prägnanz einer Sache, eines Grundgedankens oder einer menschlichen Haltung aber ist genau jenes Moment, auf das die Bildungstheorie des Klassischen ihre Hoffnungen setzte. Das Grundmotiv dieser Bildungstheorie, die Suche nach den »reinen« Formen und Gestalten, kehrt im Suchen der neuen Didaktik nach dem Elementaren, dem Exemplarischen, dem Überzeugend-Einfachen, dem Vorbildlich-Charakteristischen usf. wieder.

Finden wir also Grundforderungen der beiden materialen Bildungstheorien — des Objektivismus und der Theorie des Klassischen — als Momente der neuen Bildungspraxis und der in ihr sich ausprägenden Bildungsauffassung wieder, so zeigen sich diese Momente doch nur im rechten Licht, wenn man sie von Anfang an mit *dem* Aspekt des Bildungsphänomens zusammenschaut, der von den Theo-

---

[11] Wagenschein: Natur physikalisch gesehen, Frankfurt/M. 1953, S. 51.

rien der formalen Bildung — einseitig und isolierend — für das Ganze der Bildung genommen wurde. Als wertvoller Inhalt der Bildung nämlich gilt die Einsicht in jenen physikalischen Grundgedanken nicht einfach deshalb, weil er in der wissenschaftlichen Physik eine große Rolle spielt. Und die Prägnanz des reinen, »klassischen« Falles, an dem die Einsicht gewonnen wurde, garantiert nicht schon als solche die bildende Wirkung. Vielmehr kann jener Inhalt nur deshalb den Anspruch erheben, als Bestandteil einer gehobenen Allgemeinbildung Anerkennung zu finden und die Anstrengung des Zöglings auf sich zu konzentrieren, weil er eine lebendige Funktion im geistigen Leben des jungen Menschen gewinnen, weil er in seinen Fragehorizont transponiert werden kann, weil er für den jungen Menschen heute — in einem mehr als pragmatischen Sinne — Lebensbedeutung besitzt und in Zukunft besitzen wird. Insofern die Erkenntnis selbsttätig erarbeitet worden ist, ist sie mit einem freudigen Gefühl des geistigen Wachstums, neu gewonnener Erkenntnismöglichkeiten verbunden. Die im geistigen Nachvollzug wirklich angeeignete Grundeinsicht wird selbst — in einem übertragenen Sinne — zu einer Kraft. Das ist der bleibende Sinn jener Forderung nach Kraftbildung, die die Kernformel der Theorie der funktionalen Bildungstheorie darstellt.

Aber die Redewendung, der Inhalt würde selbst zur geistigen Kraft, ist doch nur ein Bild. Man kann den wahren Sachverhalt eindeutiger fassen. Der Zusammenhang zwischen der Trägheit einer bewegten Masse und der Schwerkraft, der das Newtonsche Erklärungsprinzip ausmacht und der hier, am exemplarischen, für die Geschichte der Naturwissenschaft geradezu »klassischen« Fall gewonnen wurde, ist ja ein theoretisches Deutungsprinzip, das uns nicht nur die Mondbewegung, sondern planetarische Bewegungen überhaupt verständlich macht, darüber hinaus aber in allen ballistischen Erscheinungen eine Rolle spielt. Die erschließende Funktion dieses am anschaulichen, prägnanten Fall gewonnenen Allgemeinen, m. a. W.: dieses Elementaren ist es also, auf der Eindruck beruht, es wachse mit solchem Bildungswissen die geistige »Kraft« des jungen Menschen.

Auch der Kerngedanke der Theorie der methodischen Bildung, die Forderung: der Schüler habe Methode, findet sich bei Wagenschein wie bei allen Befürwortern des exemplarischen Lernens als Moment wieder. Die Forderung nach höchstmöglicher geistiger Selbsttätigkeit nämlich hat eben diesen Sinn, daß sich der Schüler nur auf diese Weise Fragerichtungen und Wege zur selbständigen Bewältigung konkreter Probleme aneignen kann. Nur bedingt steht hinter dieser Forderung die noch für Gaudig kennzeichnende Hoffnung, den Schüler selbst zur Grundhaltung des wissenschaftlichen Forschens erziehen zu können. Wesentlicher ist die Einsicht, daß die Inhalte der Bildung gar nicht richtig verstanden werden können, ohne daß der Schüler den »Weg«, der zu ihnen führt, mindestens in vereinfachter Form selbst geht. Inhalt und Methode sind unlöslich korrelativ aneinander gebunden. Der Inhalt birgt in sich den Weg, auf dem er zum Inhalt wurde — er hebt diesen Weg in sich auf; der Weg aber, d. h. die Fragerichtung und die methodischen Schritte legen notwendigerweise immer schon eine bestimmte

Perspektive fest, die die Weise, in der der Inhalt am Ende des Weges aufleuchten wird, im voraus bestimmen. Die »methodische Bildung« also ist ein notwendiges Moment jeder wahrhaft bildenden Aneignung geistiger Inhalte.

Vielleicht gelingt es an dem erwähnten Beispiel sogar, noch in eine tiefere Schicht des Bildungsgehaltes vorzustoßen, die W. Flitner die Schicht des »Fundamentalen«[v] genannt hat und deren emotionales Moment von H. Möller unter dem Begriff des »Elementarischen«[w] in den Blick gerückt worden ist. Das würde hier bedeuten, daß dem Schüler an diesem Beispiel aufginge, was die exakt-naturwissenschaftliche Methode *überhaupt* bedeutet; daß sie ihm als eine großartige Möglichkeit und »Erfindung« des menschlichen Geistes »widerführe« und vielleicht ein bleibendes Interesse in ihm weckte. Und auch diese tiefste fundamentale Bildungswirkung würde wieder die genannten Momente des Exemplarisch-Inhaltlichen, des den jungen Menschen Erschließenden und des Methodisch-Fortwirkenden in sich vereinigen.

Wir wenden uns noch einem weiteren Beispiel zu, dieses Mal aus dem Geschichtsunterricht. Hermann Heimpel hat für den Geschichtsunterricht der höheren Schule vorgeschlagen, das Mittelalter in scharfer Konzentration etwa in zwölf Schritten zu behandeln. Unter Verzicht auf eine Fülle von Namen und Daten, die für die Wissenschaft natürlich unverzichtbar sind, wäre dabei »die Problematik der Epoche... in anschauliche Personenschilderung umzusetzen, wobei die jeweils gewählte Person einen vorangegangenen und einen fortgehenden Geschichtszusammenhang symbolisch verdichtet.«[x] Sinn dieser Konzentration sei die bildende Vertiefung; es gehe nicht um verkürzte Geschichtswissenschaft, sondern darum, daß der Unterricht »an einer fernen und vergangenen Zeit das uns Zugehörige erkennen lasse«[y]. In die gleiche Richtung weisen die Vorschläge von Barthel u. a.[z], in einer vertiefenden und verweilenden Behandlung der französischen Revolution wesentliche Probleme des 19. und 20. Jahrhunderts sichtbar zu machen, deren faktische Entwicklung dann nur noch beispielhaft angedeutet zu werden brauchte. — Das gleiche Prinzip ist wirksam in Barthels Aussage, er halte es für möglich, »daß an zehn bis zwölf allerdings äußerst sorgsam ausgewählten Quellenstellen die Grundlinien des 19. Jahrhunderts durchaus sichtbar gemacht werden können«[aa]. Schließlich sei hier des gleichen Autors Unterrichtsbeispiel zur jüngsten Geschichte genannt, in dem an der eingehenden Interpretation (etwa zehn bis zwölf Unterrichtsstunden) einer Rede des Generalobersten Jodl am 7. Nov. 1943 in München vor Reichs- und Gauleitern »die ganze Außenpolitik Hitlers, sein Weg in den Krieg, der Kriegsverlauf und die Machtverhältnisse

---

[v] W. Flitner: Allgemeine Pädagogik, Stuttgart o. J., S. 144; ders.: Theorie des pädagogischen Weges und der Methode, Weinheim o. J., S. 40 ff.

[w] H. Möller: Elementarischer Unterricht, Westermanns Päd. Beiträge, IX/1957, H. 2.

[x] Heimpel in E. Weniger: Neue Wege im Geschichtsunterr., Frankfurt/M. 1949, S. 88.

[y] Heimpel a. a. O., S. 81.

[z] Vgl. K. Barthel: Über exemplarisches Lernen im Geschichtsunterricht, in »Die Sammlung«, 11. Jahrg. 1955, S. 43.

[aa] Barthel a. a. O., S. 46.

im Kriege, dazu das umfassende innerpolitische Problem des Verhältnisses von Wehrmacht und Staat« in repräsentativer Verdichtung aufleuchtet[ab].

Auch angesichts dieser Beispiele fragen wir nach dem pädagogischen Wert jenes vertieften Wissens, auf das diese Vorschläge hinzielen. Es geht nicht um bloße Kenntnissnahme dessen, was gewesen ist. Jene repräsentativen Höhepunkte, die der Schüler wirklich durchdringen soll, sind zunächst repräsentativ »für die geschichtliche Natur der Wirklichkeit, in der der junge Mensch von heute lebt; dieser wirkenden Wirklichkeit, die auch in ihm lebt, ihn gestaltet, ihn zu ihrem lebendigen, tätigen, fühlenden und wollenden, mittragenden und mitverantwortlichen Glied macht.«[ac] Geschichtliche Wirklichkeit als Quelle der Gegenwart also wird dem jungen Menschen in solchem Bildungswissen erschlossen — und wiederum heißt das zugleich, daß solches Wissen gleichsam ein neues Organ geschichtlichen Sehens im jungen Menschen wachruft, daß es ihn für Einsichten und Verantwortungen aufschließt, die er bisher nicht zu erfahren und zu erfassen vermochte. Am prägnanten Beispiel werden entscheidende Ereignisse der Geschichte einsichtig, die nicht nur das Ausgangsbeispiel verständlich machen, sondern die dem Schüler helfen, alle jene geschichtlichen Vorgänge zu verstehen, die in dem gleichen geschichtlichen Zusammenhange stehen, den das im Unterricht behandelte Ereignis »symbolisch verdichtete«. Das methodische Moment schließlich zeigt sich darin, daß am gründlich erarbeiteten Beispiel Einsichten in die Art, wie man überhaupt geschichtliches Wissen gewinnt, erworben werden können[ad]. — Auch hier ist es überdies grundsätzlich möglich, in die Schicht des Fundamentalen durchzustoßen und den »geschichtlichen Sinn« als eine fortwirkende Interessenrichtung des jungen Menschen zu wecken.

4. Wir müssen und dürfen die Beispiele abbrechen. Sie sollten im Bilde jene neue Auffassung vom Wesen der Bildung, jenen Keim einer neuen Bildungstheorie sichtbar machen, die unserer These nach das wahre Fundament, die Bedingung der Möglichkeit der fruchtbaren Ansätze der modernen Didaktik

---

[ab] Barthel a. a. O., S. 41; vgl. v. gleichen Verf.: Das Exemplarische im Geschichtsunterr., Gesch. i. Wiss. u. Unterr. 8. Jg. 1957, H. 4; Zur Frage der Anwendbarkeit des exemplarischen Prinzips auf den Geschichtsunterricht, Die Deutsche Schule, 51. Jg. 1959, H. 1. Für die Volksschule seien hier die beiden »Präparationen« zum Thema »Die Französische Revolution« und jene zum Thema »Kolumbus entdeckt die neue Welt« von C. Hagener genannt, die in Westermanns Päd. Beiträgen, 10. Jg. 1958, Heft 8 u. 9 bzw. H. 2 erschienen sind. Vgl. zum ganzen Problem W. Klafki: Das päd. Problem des Elementaren...a. a. O., S. 363 ff.

[ac] E. Wilmanns: Fragen zum »Exemplarischen Geschichtsunterr.«, Gesch. i. Wissenschaft u. Unterr., 7. Jg. 1956, S. 230.

[ad] Vgl. die vier Funktionen der auszuwählenden geschichtlichen Paradigmata in der Darstellung bei Barthel: Das Exemplarische im Geschichtsunterr. a. a. O., S. 223 ff.; desgl. die Formulierung von Kroh: »Im Exemplarischen repräsentieren sich ... Bildungsgehalte von besonderer Wertigkeit, Bildungsformen von prototypischer Eigenart und Bildungswirkungen von fundierender und weiterführender Bedeutung.« (Bildung und Erziehung, 8. Jg. 1955, S. 537).

bildet. Wir versuchen abschließend, den Grundansatz dieser Bildungstheorie allgemein zu formulieren.

Bildung nennen wir jenes Phänomen, an dem wir — im eigenen Erleben oder im Verstehen anderer Menschen — unmittelbar der Einheit eines objektiven (materialen) und eines subjektiven (formalen) Momentes innewerden. Der Versuch, die *erlebte* Einheit der Bildung sprachlich auszudrücken, kann nur mit Hilfe dialektisch verschränkter Formulierungen gelingen: Bildung ist Erschlossensein einer dinglichen und geistigen Wirklichkeit für einen Menschen — das ist der objektive oder materiale Aspekt; aber das heißt zugleich: Erschlossensein dieses Menschen für diese seine Wirklichkeit — das ist der subjektive oder formale Aspekt zugleich im »funktionalen« wie im »methodischen« Sinne.

Entsprechendes gilt für Bildung als Vorgang: Bildung ist der Inbegriff von Vorgängen, in denen sich die Inhalte einer dinglichen und geistigen Wirklichkeit »erschließen«, und dieser Vorgang ist — von der anderen Seite her gesehen — nichts anderes als das Sich-Erschließen bzw. Erschlossenwerden eines Menschen für jene Inhalte und ihren Zusammenhang als Wirklichkeit.

Diese doppelseitige Erschließung geschieht als Sichtbarwerden von allgemeinen, kategorial erhellenden Inhalten auf der objektiven Seite und als Aufgehen allgemeiner Einsichten, Erlebnisse, Erfahrungen auf der Seite des Subjekts. Anders formuliert: Das Sichtbarwerden von »allgemeinen Inhalten«, von kategorialen Prinzipien im paradigmatischen »Stoff«, also auf der Seite der »Wirklichkeit«, ist nichts anderes als das Gewinnen von »Kategorien« auf der Seite des Subjekts. Jeder erkannte oder erlebte Sachverhalt auf der objektiven Seite löst im Zögling nicht eine subjektive, »formale« Kraft aus oder ist Übungsmaterial solcher subjektiven Kräfte oder formal verstandener Methoden, sondern er *ist* — in einem übertragenen Sinne — selbst Kraft, insofern — und *nur* insofern — er ein Stück Wirklichkeit erschließt und zugänglich macht.

Im soeben Gesagten klang bereits eine Bestimmung an, die uns geeignet erscheint, diese neue Bildungsauffassung formelhaft zu bezeichnen: der Begriff des Kategorialen. Löst man sich einerseits von den überkommenen, sehr unterschiedlichen philosophischen Sinngebungen dieses Begriffes — Sinngebungen, die hier nicht zur Debatte stehen — und versteht man andererseits das Adjektiv »kategorial« im folgenden nicht als Angabe einer differentia specifica, sondern als Hindeutung auf den Wesenskern der Bildung, so darf man in einem eigenständig pädagogischen Sinne sagen: Bildung ist *kategoriale Bildung* in dem Doppelsinn, daß sich dem Menschen eine Wirklichkeit »kategorial« erschlossen hat und daß eben damit er selbst — dank der selbstvollzogenen »kategorialen« Einsichten, Erfahrungen, Erlebnisse — für diese Wirklichkeit erschlossen worden ist.

...

III. *Bildungstheoretische Voraussetzungen didaktischer Entscheidungen*

...Ich versuche nun zusammenfassend und zum Teil ergänzend, und zwar in rein systematischer Absicht, diejenigen Erkenntnisse der neueren Bildungstheorie, die

m. E. heute bereits als verbindliche Voraussetzungen der Didaktik gelten dürfen, thesenartig zu formulieren:

Erstens: *Bildung* kann heute nicht mehr individualistisch oder subjektivistisch verstanden, sondern muß von Anfang an als *auf die Mitmenschlichkeit, die Sozialität (Gesellschaftlichkeit)* und *auf die politische Existenz des Menschen bezogen* gedacht werden. Das Wahrheitsmoment aller individualistischen Bildungstheorien ist die *Betonung des Eigenrechtes und des Eigenwertes jedes Individuums*. Aber dieses Eigenrecht und dieser Eigenwert sind untrennbar von der *Bezogenheit auf Mitmenschlichkeit, Sozialität, politische Existenz,* bestehe diese Beziehung nun im Dienst und Hingabe oder aber in Kritik, Widerstand und Reformwillen. Beide Grundformen der Bezogenheit sind als verantwortliche Akte jedoch nur aus zeitweiliger Distanzierung heraus möglich, aus der Sammlung, aus der Konzentration auf »die eigene Mitte«. *Personalität und Freiheit* verwirklicht sich nur in dieser *dialektischen Spannung von individueller »Einsamkeit« und mitmenschlich-sozialpolitischer Verbundenheit,* deren elementare Vorgestalten dem jungen Menschen in der Schule erfahrbar werden sollten.

Zweitens: Bildung meint im Kern immer eine »innere« Haltung und Geformtheit des Menschen bzw. des jungen Menschen. Aber diese Aussage darf nicht im Sinne einer radikalen Scheidung der »Innerlichkeit« des Menschen von den vermeintlich nur »äußerlichen« Weltbezügen des Arbeitens, Produzierens, Organisierens, Verwaltens, Planens in der gesellschaftlich-politischen Existenz ausgelegt werden. *Bildung* muß vielmehr als *eine positive Weise, dieses In-der-Welt-Sein des Menschen zu erfüllen und zu vollziehen,* verstanden werden. Mit dieser Einsicht *entfällt* einerseits die bereits an früherer Stelle kritisierte *Scheidung von »formaler« und »materialer« Bildung,* es entfällt andererseits die *schematische Trennung von allgemeiner Menschenbildung und Spezial- oder Berufsbildung.* Bildung ist immer und von vornherein auch auf »Beruf« bezogen. Diese Bezogenheit auf die Besonderheit spezieller Berufswege und Lebenspläne verwirklicht sich als Stufengang von *»grundlegender Bildung«* zu schrittweiser Spezialisierung. Volksschule, Mittelschule und Höhere Schule wollen insofern »grundlegende Bildung« ermöglichen; sie müssen aber in ihren Oberstufen bereits eine Ausrichtung auf bestimmte, wenngleich immer noch sehr umfassende Berufs- und Lebensfelder vornehmen.

Die didaktischen Konsequenzen aus der Einsicht, daß Bildung eine bestimmte Weise des In-derWelt-Seins, des Sich-Bewährens, der verantwortlichen Mitmenschlichkeit, des Mit-sich-selbst-und-mit-der-Welt-in-Ordnung-Kommens ist, sind noch umfassender, als es zuletzt angedeutet wurde. Die Schule muß sich in ihrem Bemühen, Kindern und Jugendlichen Bildung — als Kinder- und Jugendbildung — zu ermöglichen, konsequent als auf das außerschulische Leben bezogen verstehen: als Ort der Vertiefung und Aufschlüsselung, der Sammlung und Konzentration, der Besinnung und Klärung des außerschulischen Lebens zunächst des Kindes und Jugendlichen, zugleich aber auch des die jungen Menschen interessierenden, ihnen bevorstehenden Erwachsenenlebens. Daraus ergibt sich für die Didaktiken die Folgerung: sie müssen den »aufschließenden«, *»lebensherme-*

neutischen« Sinn ihrer inhaltlichen Entscheidungen ständig sichtbar machen, indem sie die aus dem Schulzusammenhang hinausweisende Bedeutung der ausgewählten Inhalte konkret aufschlüsseln. Im Beispiel: Die Werkdidaktik muß zeigen, was man mit Hilfe des in der Schule exemplarisch Gelernten außerhalb der Schule gestalten oder verstehen kann, die Didaktik des Literaturunterrichts, welche Werke der »großen Dichtung« oder der Jugendliteratur, aber auch des Theater-, Funk- und Fernsehprogramms zugänglich werden, wenn man in der Schule eine Kurzgeschichte, eine Novelle oder ein Drama intensiv gelesen hat; die Naturlehre sollte, wenn das Thema der Elektrizität durchgearbeitet worden ist, z. B. auf die entsprechenden Experimentier- und Bastelkästen der Spielzeugindustrie verweisen (und diese daher didaktisch erforschen und gegebenenfalls kritisieren oder zu verbessern versuchen). Hier eröffnet sich nicht nur eine Fülle von fachdidaktischen Forschungsaufgaben, sondern auch von Möglichkeiten zu eigenen didaktischen und methodischen Erfindungen.

Zusammenfassend darf man sagen: Der *Zusammenhang von Schulbildung und »freiem Bildungserwerb«*, welche beiden Bildungsvollzüge schon *Otto Willmann* in seinem Begriff der Didaktik gemeinsam einbezog, muß als Kernproblem der Didaktik angesehen und theoretisch und praktisch erschlossen werden. *Das alte Thema »Schule und Leben« ist uns heute in neuer Weise zu produktiver Bewältigung aufgegeben!*

Drittens: *Bildung* kann heute nicht mehr an harmonistischen Zielvorstellungen orientiert werden. Sie muß als eine *Haltung* verstanden und ermöglicht werden, *die uns hilft, Lebensspannungen*, nicht auf einen eindeutigen Nenner zu bringende Verhaltensweisen, die die verschiedenen Wirklichkeitsbezüge von uns fordern, *zu bewältigen*. Jeder von uns muß heute befähigt werden, ebensowohl alles nur Subjektive — Stimmungen, Gefühle, Emotionen — bei der erkennenden und der technischen Auseinandersetzung mit der Natur auszuschalten wie andererseits sich im »Umgang« mit der erlebten Natur ganzheitlich ansprechen zu lassen; ebensowohl sich auf die persönlich-individuellen Beziehungen im Leben der Familie einzustellen wie die rationalisierten Funktionen im Bereich der wirtschaftlichen und sozialen Institutionen auszuüben; ebensowohl Härte und Taktik in der politischen Auseinandersetzung zu verstehen und gegebenenfalls zu praktizieren wie Rücksichtnahme, Takt und Verzicht im mitmenschlichen Umgang zu bewähren. Diese Anerkennung unaufhebbarer Lebensspannungen schließt auch die Absage an die Vorstellung einer Perfektionierbarkeit des Menschen und der Bildung ein. Die Einsicht in die Unvollendbarkeit des Menschen und der menschlichen Dinge, die Bejahung des Fragmentarischen unserer Existenz gehört, wollte man sich auch nur auf die geschichtliche Erfahrung berufen, heute selbst zur Bildung. Damit stößt Bildung an ihre eigene Grenze, verweist sie dialektisch auf die Transzendenz, auf die Dimension des Glaubens und auf die Gnadenbedürftigkeit des Menschen.

Viertens: Mit der Ablehnung harmonistischer und perfektionistischer Leitbilder stellt sich nun aber sofort die Frage, wie denn die Einheit der Person gedacht und gewahrt werden könne, *die Einheit der Person in der qualitativen Mannig-*

faltigkeit und teilweisen Widersprüchlichkeit ihrer Lebensbezüge? — *J. Derbolav* hat in seinem Tübinger Vortrag[10] den in seiner Konsequenz imponierenden Versuch gemacht, diese personale Konzentration dahin auszulegen, daß alle Bereiche und Inhalte der Bildung auf die in ihnen vorausgesetzten spezifischen Gewissensansprüche und Motivationen hin analysiert und im Unterricht darauf zurückreflektiert, also in ihrem jeweiligen Normgehalt erschlossen werden müßten. — Wenn der von *Derbolav* verwendete Begriff des Gewissens im Sinne des herkömmlichen Sprachgebrauches, also in Bezug auf die Erfahrung ethischer Ansprüche, sittlicher Verantwortungen verstanden werden darf, so wird man der Forderung voll zustimmen, *der sittlichen Dimension der menschlichen Existenz auch im Raume der Bildung die zentrale Stellung* zuzusprechen. Es fragt sich aber: Erschließt sich z. B. die ästhetische Wirklichkeit oder die Möglichkeit des reinen Betrachtens, der theoria, vom Gewissen her, sind »Sollensgehalte« hier das kategoriale Fundament? Setzt die Erfahrung ästhetischer Gehalte nicht gerade das Freisein von »Gewissensansprüchen« voraus? Mein Gewissen kann und muß mir sagen, wann ich »ästhetisch« leben darf — die Zentralstellung des Gewissens bleibt also voll in Geltung; aber das Ästhetische als solches ist nicht in Gewissenskategorien fundiert. — Wird der Begriff »Gewissen« aber soweit gefaßt, daß er den »geistigen Ort« bezeichnet, an dem die menschliche Bedeutsamkeit, der existenzielle Sinn *jeder* Wirklichkeitssphäre erfahren werden kann — also das Eigengesetz und der spezifische Gehalt sowohl des Ästhetischen als auch des Theoretischen, des Ethischen usf. —, so stellt sich sogleich wieder die Frage nach dem Verhältnis dieser verschiedenen Sinnrichtungen zueinander, nach einer möglichen oder notwendigen Hierarchie.

Der gegenwärtige Stand unserer bildungstheoretischen Einsicht erlaubt, wenn ich recht sehe, nur eine Exposition des Problems, nicht aber schon weitergehende Antworten. Die didaktische Frage nach dem allgemeinen Sinn der Schulfächer, die uns später noch einmal beschäftigen wird, sollte im Bewußtsein dieser Sachlage gestellt und diskutiert werden.

Fünftens: *Bildung* kann heute, soll sie weiterhin als ein Grundbegriff der Pädagogik sinnvoll sein, *nicht mehr als sozialständische Kategorie* verstanden werden, und die Differenzierungen der Bildungswege und Schularten dürfen weder bewußt noch unbewußt an dem Denkmodell einer ständisch gegliederten Gesellschaft orientiert werden. *Der inhaltliche und organisatorische Aufbau der Bildungsarbeit* sollte geradezu das *Paradigma einer demokratischen, mobilen Gesellschaft der Gleichberechtigten und sozial Gleichwertigen* sein, weil nur in einer solchen Gesellschaft die personale Freiheit des einzelnen, zu der der Erzieher dem jungen Menschen verhelfen will, gewährleistet ist. Das bedeutet nicht, daß Bildung den jungen Menschen unter einem abstrakten Freiheitsidol orientierungslos machen, ihn seiner z. B. bäuerlichen Herkunft entfremden dürfe. Aber sie darf ihn auch nicht vorzeitig fixieren, sondern muß ihn durch eine schrittweise Distanzierung hindurch zur Bereitschaft führen (oder doch eine solche mit vorbereiten), in seiner je individuellen Situation verantwortlich soziale Rollen zu übernehmen.

Sechstens: *Bildung* kann ihren Wertungen und Inhalten nach nicht mehr allein in den Grenzen des Heimatlichen und der nationalen Kultur und Geschichte gewonnen werden, sie *muß grundsätzlich auf einen »weltweiten Horizont« hin orientiert sein*. Es gilt, den Sinn, den Wert und das Recht des Heimatlichen und des Nationalen nicht statisch, sondern in Richtung auf die darin liegenden Möglichkeiten zu erschließen, Gegenwart und Zukunft produktiv zu meistern. Solche produktiven Möglichkeiten — und damit zugleich die Grenzen der Heimatbezogenheit und der Bindung an die Kultur und Geschichte des eigenen Volkes — können nicht anders als durch die *Auseinandersetzung mit weltumspannenden Fragen und mit exemplarischen Beispielen der geistigen Welt anderer Völker* gewonnen werden. Im Beispiel: In die Lesebücher schon der Grundschule gehören heute nicht nur Geschichten, die den Menschen unserer Zeit in seiner Welt zum Thema haben, sondern auch Geschichten von Menschen anderer Völker; im Geschichtsunterricht der Volksschuloberstufe dürften heute die Beschäftigung mit den geistigen Fundamenten und mit der Gründungsgeschichte der USA oder mit dem Marxismus und der Geschichte der sowjetischen Revolution für die Bewältigung unserer eigenen Geschichte erheblich wichtiger sein als diejenige mit dem mittelalterlichen Rittertum, mit dem Dreißigjährigen Krieg, mit Friedrich dem Großen und Maria Theresia oder mit den Kriegen von 1864 und 1866.

Siebtens: »*Bildung*« verdient heute nur noch eine Haltung genannt zu werden, die sich selbst als *dynamisch, wandlungsfähig, offen* versteht. (Im Grunde wird damit eine Forderung wiederholt, die in der Bildungstheorie seit dem Neuhumanismus immer wieder erhoben worden ist; das damit Gemeinte zeigt sich aber erst heute in seiner vollen Bedeutung.) Diese Forderung ergibt sich aus der Tatsache, daß Bildung in einer bestimmten Weise des Selbst- und Weltverständnisses besteht. Dabei sind das Verstehen meiner selbst — zu wissen, was ich kann, was ich soll, was ich darf und was ich will — und das Verstehen meiner Welt korrelativ aufeinander bezogen; wenn aber die Wirklichkeit, in der man lebt, eine dynamische, sich wandelnde ist — und daran kann heute kein Zweifel sein —, dann verstehe ich diese Wirklichkeit und mich in ihr nur recht, wenn ich offen und fähig bin, ihren Wandlungen zu folgen. *Wandlungsfähigkeit als Moment der Bildung bedeutet* nicht blinde Anpassungsbereitschaft, sondern *Bereitschaft, auf neue Situationen produktiv zu antworten*. Solche Bereitschaft setzt aber die *Einsicht in die Begrenztheit des jeweils erreichten individuellen Status an Wissen, Können, Einsatzbereitschaft, Urteilsfähigkeit, Wertempfänglichkeit* voraus. Dem Einwand gegenüber, als liefe diese Charakteristik der Bildung nun doch, gewollt oder ungewollt, auf die Ausbildung zum Opportunismus hinaus, als würden hier alle Normen und Wertprinzipien dem Relativismus überantwortet, und zwar bereits im Kindes- und Jugendalter, ist zu betonen: Gerade eine solche offene, dynamische Bildung basiert, soll sie nicht halt- und verantwortungslos werden, auf der *Erfahrung und der bewußten Aneignung übergreifender Wertprinzipien*. Treue und Wahrhaftigkeit, Gerechtigkeit und Hilfsbereitschaft Tapferkeit und Standhaftigkeit sind auch und gerade heute unabdingbare Werte und Tugenden. Aber solche Prinzipien sind keine Maßstäbe oder Regeln, die ihre Konkretion gleichsam schon in sich trügen; sie fordern sie nur. Wir erfahren solche Prinzipien, *wenn* wir sie erfahren, als unbedingt gültig. Aber wir können aus ihnen nicht logisch-deduktiv oder im Sinne der Anwendung ableiten, was hier und jetzt, in dieser geschichtlichen Lage, in dieser besonderen Situation, heute und morgen zu tun ist. *Im Lichte solcher Wertprinzipien haben wir je und je verantwortlich zu entscheiden*, und es gibt keine absolute Gewähr dafür, ob wir richtig entschieden haben. Was Treue und Liebe zur Heimat oder zum eigenen Volke, was Gerechtigkeit in der politisch-sozialen Ordnung bedeutet, was konkret Wahrheit ist — Wahrheit im geschichtlichen Urteil, in der Auslegung des eigenen Glaubensbekenntnisses usf. —, darum zu ringen, sind wir immer wieder unbedingt verpflichtet; aber keine konkrete Auslegung ist unüberholbar, zeitlos gültig, keine darf sich der Offenheit, der Kritik, der Möglichkeit des Wandels entziehen wollen. Das gilt nicht nur in den ethisch relevanten Bereichen, es gilt für *alle* Dimensionen des geistigen Lebens, z. B. auch für die des Musisch-Ästhetischen: »Das Schöne« ist als Grundkategorie der Wertung ein den geschichtlichen Wandel übergreifendes Prinzip; was aber je und je als schön empfunden wird, das ist vielfältigem Wandel unterworfen...

IX. Alfred Petzelt
Bildung als Einheit von Erziehung und Unterricht[1]

1. Die Einheit von Unterricht und Erziehung[2]

...

Wenn man von Pädagogik spricht, meint man zweierlei: Unterricht und Erziehung. Im Unterricht einerseits, in der Erziehung andererseits erschöpft sich das »Geschäft« der Pädagogik, um einen Kantischen Ausdruck zu gebrauchen. Beide Motive gehören zur Pädagogik notwendig, in ihr sind sie unzertrennlich, in ihr bleiben sie auch unterschieden. Das ist kein Widerspruch. So sehr ihre Zusammengehörigkeit zu betonen ist, so wenig bedeuten sie eines und dasselbe, so wenig dürfen sie miteinander verwechselt werden. So sehr sie, tatsächlich gesehen, vereint statthaben und auftreten, so sehr müssen sie in der Betrachtung, also in der Theorie, auseinandergehalten werden. Herbarts[a] Wort: ich kenne keinen Unterricht, der nicht erzieht, ist daher ebenso auch umgekehrt gültig: ich kenne keine Erziehung, in der nicht auch unterrichtet werden müßte. Es gibt daher keinen »bloßen« Unterricht, also einen Unterricht, der keinen erziehlichen Anteil forderte, ebensowenig wie es eine Erziehung gibt, die ohne Unterricht, also mit dem Nullpunkt des Unterrichtes auftreten könnte.

Pädagogik muß daher von der Einheit zwischen Unterricht und Erziehung handeln.

Die *theoretische Pädagogik* betrachtet und zergliedert diese Einheit, indem

---
[a] Herbart, Allgemeine Pädagogik, Einleitung 16.

sie das, was in beiden Terminis liegt, eindeutig abgrenzt, so daß beide aufeinander verweisen. *Akte der Pädagogik*, z. B. in der Schule, tragen dieser Gliederung Rechnung, aber sie sind als Akte der Pädagogik sowohl unterrichtlich wie zugleich erziehlich zu bestimmen. In ihnen tritt die theoretisch behauptete Einheit zwischen Unterricht und Erziehung tatsächlich, also von Fall zu Fall in der Fülle aller Mannigfaltigkeit zutage.
...

2. Die Natur des Ich und die Bildung[3]

Jede Bildung trägt — tatsächlich gesehen — die kulturellen Züge ihrer Epoche nach ihrer jeweiligen Höhe ebenso wie nach ihren Schlacken und Abwertigkeiten. In ruhigen Tagen wird dieses Verhältnis von Kultur zur Bildung in der Regel mehr hingenommen als kritisch untersucht. Man bemüht sich dann um Randfragen, z. B. um Organisationsformen und Zweckmäßigkeitsangelegenheiten, man ist nicht selten geneigt, den Kern des pädagogischen Geschäfts unberührt zu lassen.

In katastrophalen Zeiten, wie in unseren Jahren, da sich der Kulturzerfall als àpaideusía, als Unbildung in seiner erschütternden Nacktheit so deutlich zeigt, daß man ihn nicht mehr übersehen kann, reicht die Frage nach der Bildung im Hinblick auf die Kultur nicht mehr aus! Sie kann nicht ausreichen, wir blieben sonst im bloß Tatsächlichen, im Diagnostischen der Zeiten, also im Wandelbaren stecken; wir bemühten uns um den Gedanken der Kultur und fragten nicht nach ihrem Sinn angesichts der Wissenschaften; wir setzten Kultur — vielleicht gar objektiven Geist — als letzte Instanz für jede pädagogische Besinnung und hätten jede voraussetzende Bindung des Menschen, unter welcher erst von Kultur und ihrer Wertigkeit die Rede sein kann, aufgegeben. ...

Wir haben allen Grund heute, mehr zu tun, als etwa bloß auf sogenannte »bewährte« Resultate zurückzugehen, neue Erfahrungen zu sammeln, der »veränderten Lage Rechnung zu tragen« oder gar pädagogische Experimente, die ich für eine Sünde wider den Geist, also wider den Hl. Geist halte, zu gestatten: *Der Sinn des Pädagogischen, also die Grundlagen der Einheit zwischen Erziehung und Unterricht sind fraglich geworden, jene hinter allem Zeitlichen, Kulturellen liegenden Invarianten, die Ordnung stiftend die Generallinie der pädagogischen Gesamtaufgabe bei aller Organisationsmannigfaltigkeit bestimmen.* Man sieht sofort, daß sie eine Bindung bedeuten, jene eben, unter der die Bildung einer jeden Epoche stehen muß, wenn anders der Gedanke der Bildung überhaupt einen Sinn haben soll und sich aus dem bloßen Zeitgeiste, um ein Wort J. Pauls zu zitieren, zu erheben hat, grob gesagt, sich von kurzsichtiger Zweckmäßigkeit freimachen soll.

In solcher Aufgabe reichen heute auch Ideale der Vergangenheit, seien es solche der Erziehungswege oder konstruierte Menschlichkeitstypen, deshalb nicht aus, weil sie selbst von dem getragen sind, was wir Grundlagen nennen müssen, also um ihrer Rechtfertigung und Legitimierung willen selbst der Abhängigkeit von Grundlagen nicht entraten können.

Wir wenden uns heute nicht an Bildungsformen in ihrer Mannigfaltigkeit, um sie bloß zu werten, sie gegeneinander abzuwägen, wir nehmen diese vielgestaltige Buntheit des Geschichtlichen zum Anlaß, nach der vorauszusetzenden Norm zu fragen, wir wenden uns dem *Begriff der Bildung* zu. Ihm haben alle wie immer historisch auftretenden Bildungsbestrebungen in vielen Wertigkeiten gehorcht, ihm werden sie gehorchen müssen, er beherrscht sie, hält sie zusammen, macht sie spezifisch pädagogisch und läßt zugleich ihre Zeithaftigkeit in Ansehung des Verlaufslosen sichtbar werden, d. h. für das Verlaufslose definiert sein.

Bei solcher Aufgabenstellung wird sofort die Natur des Ich entscheidend relevant. Keine Bildungstheorie ist denkbar, die sie gleichgültig lassen könnte; so hat z. B. die »empirische« Auffassung des Psychologischen im vergangenen Jahrhundert auch die pädagogische Pseudoempirie recht deutlich im Gefolge gehabt. Die damalige Psychologie ohne Seele, also auch ohne Charakter, ohne Persönlichkeit, mußte den Unterricht als Haltungsgleichgültigkeit, also ohne Erziehung bevorrechten, wenn man will die Lernschule oder die Schule als bloße Unterrichtsanstalt bejahen, mußte echte Willensbildung als Wille zum Unbedingten, echte Charakterbildung als Stetigkeit eines Grundsatzsubjektes zurücktreten lassen. Darf ich fragen, ob wir schon aus dieser Situation heraus sind?

Das heute akut gewordene Thema der Anthropologie zeigt die Rückwendung des Ichproblems ins Philosophische so deutlich, daß wir die Analysis unserer pädagogischen Tatsachen im Lehrer-Schüler-Verhältnis im Hinblick auf ihre Ordnungsprinzipien heute dringlicher denn je in Angriff nehmen müssen.

Uns ist das Ich kein beobachtbares Objekt, kein Fall der Natur, auch nicht eine bloße Tatsache. Es ist uns Möglichkeit, alles zu denken, alles zu lernen, Möglichkeit von Tatsachen, capacitas infinita[4] nicht als Behälter, sondern als capax infiniti[5], also ausgezeichnet; es ist uns eine beobachtende, d. h. in Akten sich selbst gestaltende Einheit — unitas uniens[6] sagt der Cusaner[7]. Es ist uns grundsätzlich nicht nach Maßgabe eines Objektes objektivierbar, weil es als die Möglichkeit des Vollzugs von Objektivationen angesehen werden muß. Es ist uns nicht ein Behälter von Bewußtseinsabläufen mit physiologischen »Parallelen«, sondern eine Einheit sui generis[8], die immer urteilt, begreift und schließt, also sich durch Sinngebung definiert. Ihr dient das Physiologische als Bedingung, nicht als Ursache. Dieses Ich »hat« kein Gedächtnis, sondern »ist« selbst seine Vergangenheit als zukunftsgerichtete Gegenwart. Es »verwahrt« keine »Wissensbestände«, sondern es macht sich selbst aus ihnen, macht sich an ihnen wachsen; es ist uns nicht formales Kraftzentrum, wie Gaudig es ausgesprochen hat, auch nicht Interessenträger für eine bloße Harmonie seiner sogenannten Vermögen oder Kräfte, also etwa Einheit mit unbestimmter Gerichtetheit.

Es muß uns mehr sein: denn es argumentiert und motiviert, es muß dies tun, d. h. es ist seiner Natur nach auf ein Maß gerichtet und urteilt nach richtig und falsch und entscheidet sich nach gut und schlecht, es mißt nach diesem Maße. Es bleibt der Voraussetzung nach an die Wahrheit, das absolut Gute gebunden, es kann sich davon nicht lösen, auch die Lüge bleibt Zeuge dieser unaufhebbaren Bindung an die veritas maxima[9], die zugleich das höchste Gute ist, man könnte von ihr als dem Gegensatz zur Wahrhaftigkeit gar nicht sprechen; und der Atheist bejaht im Prinzip ebenso die veritas maxima, sonst könnte er nicht beanspruchen, daß sein Atheismus wahr sei.

Also hat die Pädagogik das Geschäft, dafür zu sorgen, daß, wenn diese Bindung voraussetzungsgemäß vorliegt, der verantwortlich messende Mensch, der er von Natur aus ist, verantwortungsvoll messen lernt, argumentieren und motivieren lernt, es lernt, sich in der Mannigfaltigkeit möglicher Fälle in seiner Verbindlichkeit gegenüber der veritas maxima zu sehen — dafür bleibt der Lehrende an jeder Stelle seines Tuns, bei jedem Lehrgut, das er zu verwalten hat, verantwortlich! Damit wird dem Wissen, genauer dem Wissenserwerb jede Ichgleichgültigkeit, d. h. Schüler- und Lehrergleichgültigkeit grundsätzlich verwehrt. ...

... *Also lernen wir um der Wahrheit willen* — hó theós keleúei[10], heißt es bei Platon, — *und tun dieses, um unserer Existenz die Essenz zu geben, d. h. selbst als Repräsentant und Bild dieser ganzen Wahrheit auftreten zu können und uns ihr gegenüber zu bewähren.*

Diese Aufgabe aber trifft das Ich als Persönlichkeit in seinen Akten. Wir lernen »richtig« zu leben (Comenius), uns nach dem höchsten Maßstab selbst auszurichten, und das so, daß es im einzelnen nicht gleichgültig sein kann, was wir, an Inhalten gesehen, lernen, so daß jede Einzelfrage eines jeden Faches diese Ausrichtung erfordert, ob man sie gleich im Augenblick sucht und vollzieht oder nicht.

...

Sehen wir das Ich in seinem grundsätzlichen Gebundensein, dann ist es gebunden an ein Bleibendes, an das es sich selbst binden lernen soll. Es gestaltet in Akten die verlaufende Zeit — im Ich »geschieht« nichts, es muß vielmehr ordnen, hat das zu lernen, für die Konstanz der veritas maxima. Es muß selbst verlaufsfrei sein, damit es diese Konstanz als Persönlichkeit repräsentieren kann.

Das Ich kann nur als *Präsenz in Aktivität* angesehen werden, wenn es erkennt und lernt. Es überschaut alle Prozesse, also soll es sie in eigenen Akten überschauen lernen. Es bleibt auf eine letzte Einheit gerichtet, der es sich in allen Akten, in allen Fällen zu widmen hat.

Es soll um des Gesollten willen! Es ist seiner Natur nach aufgabenhaft und hat sich im Ordnen seiner Aufgaben zu bewähren, das will sagen, sich um die Rechtfertigung seines Standortes zu bemühen.

Hier liegt der Sinn aller pädagogischen Arbeit. Dazu haben wir Handbietung und Beistand zu leisten: von jedem Fachgebiet aus. Darum ist keines Lehrenden Standort jemals gleichgültig, welche Wissenschaftsregionen er auch studiert habe. *Auf die Einheit möglicher Fragestellungen kommt es an. Nur aus ihr kann der Lehrende seine Einzelwissenschaft praktizieren.* Dem Ich des Erziehers und Lehrers wird dadurch jene Freiheit zuteil, aus der heraus er seine eigene gesamte Eindeutigkeit dem Schüler und Zögling gegenüberstellt. Das ergibt erst die reine Stellung des Lehrers und Erziehers. Sie macht ihn frei von jedem »Wirkenwollen«, ebenso frei vom bloßen sogenannten »Wissensvermitteln«, seines Fachlichen. Sie tastet diese seine fachliche Region nicht nur nicht an, sondern definiert sie, indem sie deren Isolierung aufhebt und damit einer großen Ordnung zuweist...

3. Erziehung, Selbsterziehung und psychische Entwicklung[11]

...
Wie merkwürdig die Erziehungsauffassungen heute aussehen, zeigt ein Blick auf den Sprachgebrauch, der heute üblich geworden ist. Er spaltet die große eine Erziehungsaufgabe nach Richtungen. Man denke an Kunsterziehung, und man weiß, daß überhaupt keine echte Erziehung gemeint ist, es geht um das pädagogische Problem des Verstehens bzw. Genießens von Kunstwerken. Musikerziehung meint einen Sonderfall dieses Verstehens. Leibeserziehung meint Aufgaben körperlicher Beherrschung und Leistung im Dienst möglicher Ichaufgaben. Sprecherziehung meint Ausbildung der Sprache, bzw. der Sprechakte. Verkehrserziehung müßte schon eher geordnete Haltung meinen, hat aber den sittlichen Gehalt der Aufgabe so gut wie ganz aufgegeben. Auf diese Weise könnte der Erziehungsgedanke durch alle Bereiche menschlicher Aufgaben nach ihren sachlichen Inhalten hindurchgejagt werden, als ob er an ihnen orientiert werden müßte, und als ob dabei jene sachlichen Verhältnisse für die Natur der Erziehung ausschlaggebend sein könnten.

Der sprachliche Mißbrauch des Wortes Erziehung bringt inhaltliche Verwirrung mit sich. Die Erziehungsaufgabe verliert ihre sittlichen Fundamente, die gewissensmäßige Verbindlichkeit wird gleichgültig. Schärfer geredet: Erziehung wird nicht mehr in Ansehung des absolut Guten gefragt, wird infolgedessen auch nicht für die Einheit des einzelnen Ich gesehen, wie sie das Ordnen seiner Akte fordert. Die Zersplitterung nach Aufgabengruppen vernachlässigt das Ich in Analogie zu Aufgabengruppen des Fachunterrichts. Man übersieht, daß die Inhalte der Akte hier Anlässe für eine Haltung sind. Man übersieht, daß es um jene Stetigkeit des Ich geht, die zwar durchgängig auf die Inhalte bezogen, aber unabhängig von ihnen ist, daß es um eine Aktordnung spezifischer Art geht. Sie wird nicht von den Inhalten, den Gegenständen, den Sachen bestimmt, sondern sie hat ihren eigenen Ordnungsmodus, den des Sittlichen. Das erzogene Ich ist nicht nach sachlichen Gesichtspunkten meßbar, wohl kommt seine Erzogenheit an sachlich erfüllten Akten, Handlungen, in Werten zum Ausdruck. Sie zeigt sich in der Art, wie das Ich mit dem Sachlichen umgeht, wie es dieses aktiviert, wie es sich ihm gegenüberstellt. Wenn wir das Ich in seinen Akten nach gut und schlecht bewerten, dann bedeutet dieser Umstand, daß es über die moralische Graduierung seiner Akte unbeschadet ihrer sachlichen Inhalte verfügt. Es selbst entscheidet, welcher Art die sittliche Qualität ist, die es den Inhalten jeweils zuordnet, und die es damit sich selbst gibt.

Anders ausgedrückt: Wissen und Haltung gehören zusammen, sind aber nicht identisch, sondern stehen in einem unaufhebbaren Bande. Genau so gehören Unterricht und Erziehung zusammen. ...

Wir konnten festlegen, welche Eigenheiten das Bildungsproblem in seiner Fragestellung zeigt, wir erkannten in der Aktivität des Ich die Natur der Bindung, in der das Ich steht. In ihr stellt es sich, das will sagen, es hat das Hintereinander seiner Aufgaben zu beherrschen, dann *vermag es seine Bindung verbindlich zu machen:* es bildet sich.

In solchem Gesichtspunkt zeigt sich nunmehr der logische Ort dessen, was man Erziehung zu nennen hat. Erziehung also innerhalb der Bildung. Es mag hervorgehoben sein, daß eine Untersuchung über das Problem der Erziehung unmöglich wird, wenn man sie gegenüber dem universalen Bildungsproblem isoliert.

Nunmehr drängen sich die alltäglichen Formulierungen auf: »*Ich erziehe jemanden*« — »*Ich werde erzogen*« — »*Ich erziehe mich selbst*«. Sie wollen in ihrer Bedeutung, ihrer Berechtigung erkannt sein, damit das Eigenwertige herausspringt.

Man braucht nur gegenüberzustellen, daß jemand einen anderen erzieht und der andere meint, er werde erzogen, um zu erkennen, daß hier sehr leicht Fehlauffassungen auftauchen können. Aktivität des Erziehenden und Passivität des zu Erziehenden stehen sich scheinbar als Gegensätze gegenüber. Das sieht plausibel aus, und doch verstecken sich dahinter erstaunliche Mißverständnisse: Es gehört dazu unsere dritte Formulierung »Ich erziehe mich selbst«. Nimmt man sie in die Gesamtfrage hinein, dann sieht man sofort die Unmöglichkeit, von einseitigen Akten zu sprechen. Die Gegenseitigkeit will beachtet werden. Die Radikalfrage wird offenbar: *Kann man überhaupt jemanden erziehen?* Ist das ein Tun, das erwünschte Effekte zutage treten läßt, so wie sie bei einem Arbeitenden als »Soll« meßbar zur Verfügung stehen?

Gleich tritt das dialogische Moment in den Vordergrund: Das Tun des Erziehers darf keinen Erfolg haben, von Fall zu Fall gehend. Jeder Erfolg ist echt, wenn er als eigenes Tun des zu Erziehenden zugleich auftritt. — Es geht um *den Erfolg überhaupt, niemals um Erfolge* in der Mehrzahl. Die Einheit des Ich ist gefragt, nicht Teile, nicht Einzelheiten. Jede Vereinzelung in der Erziehung ist Fall der Persönlichkeit, nicht Fall allein, sondern Fall für die Ganzheit und Stetigkeit des Ich. Erziehung verträgt kein Mitlaufen von Erziehungsstückchen, sofern sie aufgereiht erscheinen können, etwa wie beim Lehrplan im Unterricht. Erziehung verlangt das Gegenteil aller Reihenhaftigkeit, nämlich die ausdrückliche Aufhebung aller Einzelheiten zugunsten der Eindeutigkeit des Ich. Sie will, daß jeder Akt des Erziehenden auf die Einheit des Zöglings ausgerichtet vollzogen wird, und daß der zu Erziehende diesen als Verbindlichmachung seines Ich nimmt, nehmen lernt. Der Erzieher hilft dazu, daß kein Akt personalitätsgleichgültig, unverbindlich hingenommen wird. Mehr darf er nicht.

Der Erzieher erzieht, indem er Selbsterziehung anruft. Er verzichtet auf eine Wirkung. Dafür erntet er eine erziehliche Haltung nicht »aus Erfahrung«, sondern um Gottes Willen. In ihm sich zu verfestigen ist das, was wir Verbindlichmachung nannten. Das ist nur durchführbar, wenn der Erzieher dafür sorgt, daß der Zögling nach sich selbst richtig zu fragen und zu antworten versteht.

Der Zögling wird erzogen, wenn er sich selbst zu helfen bemüht ist. Er erduldet die Erziehung nicht, er soll nach sich ausdrücklich fragen. Erziehung erfordert Akte in Gegenseitigkeit zwischen dem Erziehenden und dem Zögling. Wo sie gehemmt, behindert oder eingeschränkt werden, wird der Platz für bloße Disziplin, für Drill, für eine Haltung geschaffen, die auf Menschenfurcht aufgebaut ist, die nicht standortsbestimmend im rechten Sinne genannt werden darf.

Die Grundfragen der Erziehungsaufgabe, wie wir sie nach Wille und Wollen, Charakter und Eigenschaften, nach Wert und Wertungen entwickelten, lassen nun angesichts unserer organisierten Schulen und der elterlichen Verhältnisse das Problem der psychischen Entwicklung sichtbar werden. Wir haben es absichtlich nicht in Vermengung mit unseren Fragen auftreten lassen. Alle Fragen der Erziehung, in ihren Prinzipien gesehen, umfassen alle Formen, alle Verhältnisse und Situationen des Erziehens. Sie gehören zum Erwachsenen in jedem Beruf und in jedem Lebensalter. Sie gehören zum Manne wie zur Frau. Sie bekommen aber angesichts der heranwachsenden Generation für alle an der Erziehung Beteiligten ihre besondere Note und Abwandlung. Nicht ein Wechsel der Fundamente könnte hier gemeint sein, als gäbe es zwei »Arten« der Erziehung, die eine sei entwicklungsgebunden, die andere könnte entwicklungsfrei sein, und beide hießen dann nur zufällig Erziehung. Anders ist das Problem zu sehen. Erziehung ist *eine* ihrem Begriffe nach, sie ist dies in Hinsicht auf Willens-, Charakter- und Wertbildung. Sie ist eine, das heißt, sie gehört zum Menschentum wesentlich. Sie will immer wieder die Menschen führen, wo sie sich befänden, welcher Art ihr Gedankenkreis sei, gleichgültig gegenüber ihrem Alter. Sie gilt also auch für den Heranwachsenden, d. h. für die Entwicklungsstrecke vom Säugling bis zur Pubertät. Der Begriff der Erziehung ist für dieses Problem Voraussetzung. An ihm hat man sich zu orientieren. Von ihm her erhalten alle erziehlichen Haltungen ihre Richtungsbestimmtheit und Eindeutigkeit, sind sie in Einstimmigkeit und Gleichsinnigkeit gegenüber der Erziehungsaufgabe des Erwachsenen zu sehen. Was hier von allergrößtem Übel sein müßte, das wäre die Trennung der Erziehungsaufgaben für heranreifende Kinder und Jugendliche von solchen der Erwachsenen. Man denke etwa an sklavischen Gehorsam der Kinder, der nicht einmal nach Gründen fragen darf, während man doch lernen soll, nach Gründen zu fragen. Man denke an Forderungen, die an die Kinder selbstverständlich gestellt werden, die zu erfüllen man als Erwachsener nicht geneigt ist.

Eine einzige Bindung umfaßt den Erwachsenen und den Heranwachsenden. Beide sind ihr verpflichtet, deshalb gehören beide in dieser Bindung zusammen. Also müssen ihre Akte diese grundsätzliche Zusammengehörigkeit realisieren. Einer mit dem anderen, und wenn es notwendig wird, einer für den anderen, einer durch Lenkung des anderen. Die Einheit der Erziehungsprobleme umfaßt das Verhältnis von Generationen, sie bleibt verbindlich für alle, oder sie ist unsinnig.

Wenden wir die Betrachtung so, daß wir vom Kinde her das Problem der Erziehung suchen, dann stellt sich uns notwendig das Band vom Säugling bis zum Erwachsenen als kontinuierlich und notwendig heraus. In ihm lebt und agiert der Neugeborene, das Kind der Frühphasen, der Vorpubertierende wie der Pubertierende. Unter diesem Prinzip steht die gesamte psychische Entwicklung, also auch die gesamte Erziehungsaufgabe der Heranwachsenden. Der Säugling ist kein Instinktbündel, sondern als künftiger Erwachsener zu sehen. Dahin ist er seiner Natur nach gerichtet, und dahin muß er wollen vom ersten Schrei seines Lebens an. Dahin haben wir ihn über alle seine Etappen der Entwicklung zu führen, vom ersten Atemzug an. Hier »geschieht« nichts, sondern hier werden in eigenen Akten Phasen gestaltet. Es zeigen sich zu bestimmende Fragehaltungen deutlich, sie folgen zeitlich aufeinander und zugleich mit Notwendigkeit auseinander. Wir nennen sie Phasen der Entwicklung[12].

...
...

Das Kind, der Jugendliche haben ein Recht, in jeder ihrer Phasen nach dem erreichten Stande, nach ihrer vorliegenden Fragehaltung verstanden zu werden. Sie haben ein Recht, in den Grenzen ihrer jeweils vorliegenden Phasenhaltung geführt zu werden. Ihnen steht das Recht zu, mit jener Verantwortung belegt zu werden, die sie tragen können. Es ist berechtigt, zu verlangen, daß Jugendliche nicht in Situationen gebracht werden, denen sie nach ihrer erreichten Entwicklungsstufe nicht gewachsen sein können. Jugendliche haben ein Recht zu rebellieren, wenn sie als Zehn- und Elfjährige noch wie ein Kleinkind bevormundet werden. Kein Erwachsener kommt um die Aufgabenbegrenzung gegenüber Jugendlichen herum. Das gesamte Erziehungsgeschäft der Erwachsenen, der Eltern, der Lehrer und Lehrherren, der Seelsorger, des Arztes hängt in seinem Erfolge an dieser Forderung nach Verständigung gemäß der Phaseneigentümlichkeit.

...

X. Theodor Ballauff
Grundgedanken einer neuen Pädagogik[1]

In einer durchdachten Pädagogik kann nicht von Mensch und Welt, Person und Sache, Ich und Welt ausgegangen werden. In-der-Welt-Sein besagt umgekehrt, daß der Mensch erst von dieser Erschlossenheit her in die Sicht kommt und sich als dieser oder jener versteht, sich distanziert und identifiziert. Die Welt bricht nicht in den Menschen wie in ein isoliertes Subjekt ein; er bringt sich nicht erst mit Welt in Verbindung oder wird mit ihr in Verbindung gebracht — das alles kann sich erst abspielen und einspielen, wenn vorgängig die Erschlossenheit des Ganzen und die in ihr mögliche Freigabe des Seienden selbst waltet. Ein Gegenüber von »Welt und Person« ist Phase des In-der-Welt-Seins, nicht Ursprung und Ausgang.

Auch jede »Bewußtseinsimmanenz der Welt« bedeutet schon eine metaphysische Subreption[2], sofern aus dem vorgängigen In-der-Welt-Sein nachträglich das erschlossene Seiende im Ganzen *einem* Seienden, genannt »Bewußtsein« oder res cogitans, einverleibt wird. Das »Bewußtsein von« schlägt um zu einem »im Bewußtsein«. Die unendliche Aufgliederung des Seienden, darunter der Mensch — als animal rationale, als animal sociale, als Person — im Ereignis des Denkens wird von diesem selbst als sein immanenter Besitz vereinnahmt, wenn es zum »Selbstbewußtsein« gelangt. Die Helle des Denkens, die immer die des Seienden im Ganzen ausmacht, wird usurpiert von dem dadurch seiner selbst bewußt werdenden Denkenden als das seinem Denken Immanente. Demgegenüber muß betont werden: Nur deshalb kann ein Mensch sachlich und mitmenschlich werden, weil das Denken ihn als Denkenden schon in den offenen Horizont der Sachlichkeit und Mitmenschlichkeit gezogen hat, weil schon nichtmenschliches und mitmenschliches Seiendes auf Wahrheit hin freigestellt ist. Nur deshalb kommen wir Menschen darauf, nach Wahrheit zu suchen. Von den Tieren hat man das noch nicht vernommen. Nur deshalb kann ich dazu gelangen, als Sachwalter und Mitmensch selbst zu sein, also in einem Horizont, in dem du und wir gleichermaßen erschlossen sind, auf dich und mich und damit auf unsere sachlichen Aufgaben zurückzukommen. Andernfalls blieben wir Lebewesen, die sich ausschließlich um ihren Stand und Bestand unter anderen Seienden und wie diese sorgten und ängstigten.

Eine solche Pädagogik wird nicht umhin können, inmitten einer nur sich selbst intendierenden Gesellschaft des Wohlstands, der Sicherheit und Versicherung, der Verfügbarkeit und Planung, der Machbarkeit von allem, was als »real«, als »seiend« anerkannt werden soll, auf die Unverfügbarkeit und Unversicherbarkeit, auf die Unplanbarkeit hinzuweisen, und zwar nicht so sehr die der Dinge und Menschen als vielmehr die ihres Seins und unseres Denkens. Sie muß an dem Unbedachten und Bedenklichen unseres alltäglichen Inseins in Welt ansetzen. Sie hat die überlieferten Bildungslehren und ihre geschichtlichen Begründungen auf die in ihnen immer wieder durchschlagenden, wenn auch verhüllten Selbstermächtigungsintentionen des Menschen zu destruieren. Sie bringen den Menschen um sein Bestes nämlich in selbstloser Verantwortung der Wahrheit Sprecher und Mittler aller Dinge und Wesen zu werden, um sie in die Fülle dessen, was ihnen zu sein möglich ist, durch sein Wort, sein Werk und seine Tat freizugeben.

Mit anderen Worten, sie wird alles tun, um die Kinder und Jugendlichen zum Denken anzuhalten, und damit dem ursprünglichsten und tiefsten Gedanken der Tradition des Abendlandes allein gehorchen.

Eine Folgerung aus jener Tradition wird für sie grundlegend: Der Mensch ist durch seine Armut ausgezeichnet. Ihm gehört gar nichts; er ist Mensch vielmehr nur in der »Nichtigkeit«, durch die er das Ereignis des Denkens in Worten und Werken werden kann. Seine Armut besteht nicht darin, daß ihm dies oder jenes fehlte, was ihm dann beigebracht werden müßte, sondern in einer solchen »Nichtigkeit«, in der der Mensch sich selbst entzogen bleibt, solange er sich zu haben und zu erstellen glaubt. Er geht jedoch in sie hervor, wenn er sich dem Denken überläßt ohne reflexive Usurpation zur Erlangung eines »Selbstseins« und seines »Heils«. Das vom Ganzen her in der ontologischen Differenz[8] von Sein und Seiendem aufgehende Denken läßt es zu der allein wünschenswerten Einsichtigkeit und Tüchtigkeit — zu Logos und Areté — kommen und läßt der eigenen Verkehrung zu Wille und Selbst entkommen.

Der Gedanke, den wir in unserem kritischen Bedenken bisher verfolgt haben, weist uns über die »Selbstsuche« hinaus. Der Mensch hat nicht ein »Selbst« zu suchen wie ein Seiendes, sondern ist »er selbst«, wenn er sich dem Denken und der Wahrheit zugehören läßt. Diese Zugehörigkeit verschafft ihm nicht Bestimmungen oder Ausstattungen, die nun sein verfügbares Eigentum wären. Sie erhebt ihn in die Selbstlosigkeit und läßt ihn zum Anwalt des Seins von Sachen, Wesen und Mitmenschen werden. Dieses »Sein« hat er sich nicht anzueignen — als »Stoff« zur eigenen »Bildung« —, sondern es Dingen, Wesen und Mitmenschen zukommen zu lassen.

Erziehung besagt die Freigabe des Menschen auf seine Menschlichkeit. Sie befreit zum Denken, sie ermöglicht Einsicht und ihre Erfüllung in Rede, Werk und Tat. Die Einsicht selbst und ihren Gedankengang kann Erziehung nicht »beibringen«.

Wir müssen uns streng an das früher Gesagte halten. Wenn jetzt von Denken die Rede ist, so steht diesem nicht etwa das Handeln oder das Fühlen gegenüber. Unter Denken ist hier nicht »Intelligenz« oder »Theorie« zu verstehen. Einsicht muß sich aussprechen, d. h. in Sprache vollziehen; wer in einer Einsicht steht, der entspricht ihr auch in Werken und Taten. Andernfalls hat man nur Kenntnisse und Fähigkeiten. Diese »besitzt« man; die Einsicht aber ergreift mich und leitet mich — wenn ich auch nicht von ihr »besessen« bin; eine solche Formulierung würde das hier Bedachte wieder verkehren.

Deshalb wendet sich Erziehung gegen das Geschwätz und die gedankenlose Betriebsamkeit.

Erfahrung machen wir nur denkend; und nur im Denken erfahren wir, was es heißt, zu sein, vor allem ein Mensch zu sein.

Die Befreiung zum »Denken des Seins« befreit zum wahren Wort und wahren Werk. Gemäß der Einsicht zu sagen, was ist und wie es sich verhält, und es ins Werk zu setzen, darin liegt das Freiwerden von allem selbstischen Wollen, von jedem Bemächtigen und Verfügbarmachen. Ganz dem Wort und Werk überlassen, *will* der Mensch nicht mehr, sondern spricht allein das Seiende auf das Sein hin aus und vollbringt es. Er hat sich als Selbst und Wille vergessen; nie aber vergißt er, des »Seins« zu gedenken, indem er einfach tut, was nötig und an der Zeit ist für die Sachen und für die Mitmenschen.

Mit anderen Worten, der Inanspruchnahme durch die Wahrheit in ihrer Geschichtlichkeit, nämlich ein jedes nach dem Maß des Ganzen, dem es angehört, unverstellt in Erscheinung treten und anwesen zu lassen, muß der wollende junge Mensch ausgesetzt werden, nicht der Beanspruchung seines Willens durch Normen oder durch die »Freiheit« als Gesetz des Willens. Er braucht nicht wollen zu lernen, darin bewegt er sich schon »von selbst«. Er braucht auch nicht seine Freiheit anwenden zu lernen, das hieße, ihn immer noch dem Wollen ausgeliefert sein zu lassen und ihn darin zu bestärken. Seine »Freiheit« gebrauchen zu lernen, kann nur heißen: sich ihr als Wille und Selbst, als Wahl und Entscheidung zu entziehen und schlechthin der Aufgabe nachzukommen, alles es selbst sein zu lassen in einem schlichten Wirken und Sprechen unter Dingen und Menschen.

Jeder tüchtige Lehrer erwartet nichts anderes von seinen Schülern als eben dieses. Ist der Schüler ganz bei der Sache und spricht er alles, mit dem er es zu tun bekommt, im wesentlichen aus, vollbringt er es, so hat er gelernt, was hier erziehend zu erreichen ist. Sein Lehrer wird zufrieden sein. Er wird nicht mehr nötig haben, zu mahnen und aufzurufen. Das Sein der Sache hat den jungen Menschen gepackt und läßt ihn als Denkenden nicht mehr los. Nicht um die Sache als Bestand geht es, sondern um das, was ihr wesentlich ist, nicht darum, diese Sache herzustellen und zur Verfügung zu haben, sondern um ihren Hervorgang im Ganzen.

Von da her fällt wiederum Licht auf die Grundlage der hier vorgetragenen Pädagogik. Alles als es selbst zu betrachten, ins Werk zu setzen und mitmenschlich zu handeln, besagt, ein jedes unabhängig von »Weltanschauung«, vorgängiger Moral und normensetzenden Institutionen zu sehen und freizustellen, im Wissen um das jedes Ermessen umgreifende und überholende Ganze in seiner Unermeßlichkeit. Nur so besteht überhaupt die Gewähr, geschichtliche Maße für ein jedes hier und jetzt zu treffen und nicht alles in Überzeitlichkeit erstarren zu lassen. Das Maß des Seienden ist nicht im voraus und über alles hinweg festlegbar. Diese Unvordenklichkeit führt ja gerade Geschichte herauf; aus diesem Verhältnis kommen Größe und Wagnis des Menschlichen zustande.

Strenggenommen haben wir den traditionellen Zusammenhang der Bildung durch unseren Gedankengang verlassen. Bildung besagt nicht mehr die reflexive Einheit von Gesinnung, Wissen und Können in Gestalt einer individuellen Persönlichkeit, sondern besonnene Sachlichkeit und Mitmenschlichkeit machen sie aus. Dies schließt aus, daß ein Mensch sich ein Selbst erwirbt. Bildung nennt also sehr wohl Hervorruf und Hervorgang eines Menschen, aber nicht mehr im Sinne der reflexiven Selbstgestaltung eines Seienden, sondern im Sinne des Hervorrufs als Denker und Sprecher des Seins von Seiendem, als Sachwalter und Mitmensch.

Auch in diesem Zusammenhang bleiben viele Momente der klassischen Bildung erhalten. Sprachlichkeit, ein verbindliches Wissensganzes, Geschichtlichkeit und individueller Vollzug wären vor allem zu nennen. Allerdings wird man das, was damit gesagt ist, erneut zu durchdenken haben.

Besonders *ein* Moment verbindet den neuen Gedanken der Bildung mit der alten Konzeption. Das, was hier als Sinn von Sachlichkeit und Mitmenschlichkeit einsichtig wird, läuft unserem primären Selbstverständnis strikt zuwider. So gerade verhalten wir uns nicht, gegen solches Verhalten sträuben wir uns, bewußt oder unbewußt. Schon die Bildung im humanistischen Sinn erschwerte die Erziehung und Lebensführung des einzelnen durch die Forderung des geduldigen Hörens, Lesens und stets wachen Mitgehens, weiter durch die Forderung der Universalität so sehr, daß der einzelne sich überfordert fühlte und drei Jahrhunderte nicht ruhten, um dies Maß der Bildung außer Kraft zu setzen. Immerhin lag diese Bildung noch im Zuge der primären Reflexivität des Menschen, sofern sie ihn als das höchste Telos anerkannte.

Aber auch mit den Leitgedanken der »Ethik« und des Christentums verbindet uns das genannte Moment. Die Kantische Lehre von der Sittlichkeit unterstellt den menschlichen Willen einem Gebot, dem er zunächst und zumeist nicht entspricht. Diese Lehre kennt daher ein eigenes Kapitel vom »radikal Bösen« im Menschen. — Das Christentum ist immer wieder an der Radikalität und Totalität seiner neuen Haltung der absoluten Liebe gescheitert. Allerdings ist hier die Sünde von Anfang an vorausgesetzt als das primäre Verhalten der Menschen, das in seiner Lieblosigkeit den einzelnen auf sich als Seiendes zurückbezieht, ihn daher von Gott abwendet.

Die in unserem Gedankengang auftauchende Sachlichkeit und Mitmenschlichkeit ist ebenfalls durch ihren eindeutigen Widerspruch und Gegensatz zum primären Verhalten der Menschen ausgezeichnet. Man kann geradezu sagen: Wir haben an diesem Widerspruch ein Indizium[4], daß wir es in unserem Gedankengang mit Aufweis und Einsicht von Ursprünglichem und Wesentlichem zu tun haben, denn die primäre Menschlichkeit läuft immer der genuinen[5] zuwider.

Zur Verdeutlichung des Gesagten ziehen wir noch einige Folgerungen.

1. Es ist ein großer Unterschied, ob man sich übt, bestimmte Leistungen zu erreichen und sie mit Ausdauer in täglichen Übungen steigert, oder ob man sich ans Denken hält und sich dort aufhält, ja dort aushält, wo es einen erreichen kann. Der Leistung muß aus Besinnung und Einsicht das Maß und die Richtung vorgezeichnet werden. Dort, wo Leistung besinnungslos erfolgt und übersteigert wird, so wissen wir heute alle, wächst sie nicht nur zu vernichtendem Ausmaß heran, sondern schließt auch jede Möglichkeit der »Bildung« aus.

Es ist ein Unterschied, ob mir eines Tages die Einsicht in ein philosophisches Werk oder ein Gedicht aufgeht, nachdem ich es mir immer wieder vorgenommen habe, *oder* ob ich es einmal schaffe, alle in diesen Werken vorkommenden Wörter statistisch zu erfassen. — Es ist ein Unterschied, ob ich den »Prediger Salomonis« auswendig kann *oder* ob ich die in diesem Buch enthaltene Lebensweisheit mit Sinn und Verstand am rechten Ort nachzuvollziehen und auszusprechen weiß. — Im Lesen muß sich ein Kind üben, und zunächst bleibt diese Übung Arbeit und Plage. Gelingt sie mehr und mehr, so bedeutet dies dem Kind, aber auch den Erwachsenen eine Leistung. Erst langsam wandelt sich das Lesen von einer Leistung der Artikulation zu dem, was es in Wahrheit ist: die Aussprache einer immer wieder in Texten antreffbaren Erschließung von Zusammenhängen in der Welt. Ihr jetzt teilhaftig zu werden, das macht Freude. Das »Können« selbst bleibt nicht Leistung, sondern wird zur beglückenden Gabe. — Für manchen ist allerdings das Lesen sein Leben lang ein mühsames Geschäft, zu dessen Leistung er sich nur hin und wieder aufrafft. Wir sagen dann wohl, er sei nicht begabt genug dafür, wir müßten wohl treffender formulieren: Er wird nicht damit begabt.

Es braucht kaum noch einmal betont zu werden, daß Bildung und Wille sich gegenseitig ausschließen. Bildung ist nicht zu wollen. Denken kann man nicht wollen. Einsicht kann nicht willentlich erzwungen werden. Begabung ist nicht dem Willen unterstellt. Wille ist ja gekennzeichnet durch ein selbständiges Bestimmen und Verfügen. Er geht von einem Individuum aus und bleibt immer reflexiv. Letztlich geht es ihm um sich selbst, darum, sich durchzusetzen und zu bestätigen. Der Wille dringt auf Leistung und Erfolg.

An die Stelle des Willens, an die Stelle der Leistung und des Könnens tritt das In-der-Lage-Sein. Ich komme in die Lage, ich bin in der Lage, ich bin imstande — das sind alles Formulierungen, die besagen: Mir ist es gegeben, ich bin in die Lage versetzt, ich bin dort hingestellt, wo ich dies oder jenes übernehmen und verantworten kann. Nicht ich will, sondern ich möchte einsehen, wissen, entsprechen, sachlich und mitmenschlich ans Werk gehen. Ob ich in die Lage komme, einzusehen und der Einsicht nachzukommen, dazu hilft mir kein guter Wille, sondern nur die selbstlose Bereitschaft, zu hören und zu folgen.

Ein Moment gehört dann unaufhebbar zur Bildung: Der Gebildete weiß nicht nur um Sinn und Ausmaß der Bildung — er weiß auch um den Abstand seiner Lage und des ihm Gewährten zu jenem Maß. Dieses Ermessen von Abstand, Nähe und Ferne seines Denkens, seines Erfüllens und Unterlassens zu dem ihm bewußten Maß der heute notwendigen Bildung schenkt ihm eine Gemessenheit, ohne welche seine Besonnenheit sich selbst verfehlte. Der Ungebildete ist ja dadurch so auffällig, daß er weder jenes Maß kennt noch seinen Abstand einzuschätzen weiß. Er redet über alles und jedes, er weiß alles besser, er reißt alles an sich und sieht in allen seinen Taten vollendete Werke. — Es gibt nicht die halb oder teilweise Gebildeten, sondern nur die Gebildeten, die um das Maß der Bildung wissen und um die Differenz ihres Bildungsstandes zu diesem Maß, und ihnen gegenüber die — Maßlosen.

Ein jeder kann in diese Gemessenheit und Besonnenheit hineinfinden, wenn ihm Einsicht in Sinn und Maß der Bildung eröffnet wird. Alle Erziehung muß sich bemühen, in die Lage zu versetzen, dieser Einsicht gewürdigt zu werden. So lösen sich Rangunterschiede der Bildung auf. Der jeweilige Bildungsweg der einzelnen, das Ausmaß der ihnen zumutbaren Verantwortung und die Schwierigkeit ihrer Aufgabenbereiche werden unterschiedlich bleiben; aber das begründet keine Rangstufen sozialer Ästimation[6], sondern nur unterschiedliche Maßgeblichkeit der einzelnen.

2. Im Mittelalter gab es keine Bildung im neuzeitlichen Sinn, weil der immanente reflexive Zirkel der Bildung fehlte. Der Mensch möchte zu Gott gelangen durch das Verlassen der Welt. Je mehr er sich der Welt entzog, sich aus ihren immer wieder eintretenden Verstrickungen befreite, sich ihrem Ziehen und Drängen entgegenstellte, desto mehr näherte er sich Gott, desto eher war er bei ihm, ja in ihm. Darin ging es allerdings um das Seelenheil des einzelnen. Der reflexive Zirkel liegt aber hier zwischen Gott und Seele. Das Verhältnis zur Welt bleibt negativ. Sie dient nicht der Bildung des Selbst oder der Individualität eines Menschen. Das Wirken in der Welt ist nur insofern positiv, als es zu Gott führt.

In der Neuzeit wird dagegen die Welt positiv in den Lebensgang des Menschen eingebaut. Die Welt wird der Raum der Bildung des Menschen zu seiner Individualität. Die Bildungslehre der Neuzeit bedeutet die schärfste Absage an das mönchische Ideal des Christentums. Jetzt führt der Weg immer wieder zur Welt zurück, nicht von ihr fort zu Gott. Daher kommt in diesem humanistischen Zirkel, wenn er sich streng einhält, Gott nicht vor.

In unserem Gedankengang dagegen wird der Zirkel als solcher ausgesetzt. Hier gewinnt sich der Mensch nicht als ein individuelles Selbst, sondern er wird ein Mensch, indem er schlechthin selbstlos bleibt. Hier würde jede Reflexion auf Selbstsein und willentliche Selbständigkeit die Zerstörung von Sachlichkeit und Mitmenschlichkeit zur Folge haben. Ich bin nur Mensch, wenn ich Sache und Mitmensch sie selbst sein lasse. Einen Mitmenschen ihn selbst werden und sein lassen, kann dann nicht besagen, ihm ein Selbst zu verschaffen oder ihn zur Persönlichkeit zu prägen — also seinen Willen dem Sittengesetz zu unterstellen. Es kann allein besagen, ihn den Aufgabenkreis finden zu lassen, in dessen Mitte er allererst als Sprecher und Vollbringer der ihm zugewiesenen Aufgaben hervorgerufen wird. Mit ihnen und mit ihrer Lösung ist er begabt. Ihn diesen individuellen Hervorruf erfahren zu lassen, das heißt nun »Bildung«. Das Individuelle liegt in der Art der Aufgaben, die sich ihm stellen, und in der Weise der Lösungen, die ihm möglich werden.

3. Es ist klar, daß jene oben durchlaufene Kritik der Menschlichkeit weder eine große verwerfende Anklage bedeuten kann, ein Anathema[7] über den alltäglichen und durchschnittlichen Menschen, noch eine simple Schwarzweißmalerei des Guten und Bösen. Der alltägliche Mensch, sowohl in seinen großen Individuen wie in seinen vielen Mitmenschen, untersteht allerdings zumeist der aufgewiesenen Willentlichkeit in ihrer Selbstsucht und ihrem Wohlwollen. Der alltägliche Mensch hat sich aber auch ebensosehr, sowohl in einzelnen als auch in vielen, ja unzähligen Ungenannten seiner langen Geschichte, immer wieder hervorrufen lassen in jene Ursprünglichkeit sachlicher und mitmenschlicher Entsprechung und Verantwortung, in der Wille und Selbst wesenlos werden. Man muß dabei folgendes bedenken:

a) Der Mensch, ursprünglich vom Denken her ereignet, kommt zu sich selbst durch die Bewegung des Denkens, die nicht er veranlassen kann, weil er in ihr gerade erst als Mensch hervorgeht. Er geht hervor als dieses Denken und erscheint sich als Seiendes, wie er von diesem Denken ans Seiende verwiesen wird und von ihm her zu leben beginnt. Und ebenso veranlaßt nicht er die Reflexivität des Denkens, sondern diese veranlaßt sein Zustandekommen als Ich, als Wille, als Selbst. Von hier aus bedacht, verführt also ursprünglich das Denken durch sich selbst, indem es den Menschen »sich selbst«, d. h. aber nun dem Denken, entführt. Erst die Insistenz von Ich und Wille, in der sie nicht von sich als Selbst lassen wollen, bringt zum eigentlichen Abfall vom Denken, gerade weil in solcher Insistenz[8] zwar der genuine Anspruch wieder vernehmlich, aber abgelehnt wird. — Jetzt erst kann der Mensch etwas dafür, nicht vordem.

b) Der Mensch erfährt Inanspruchnahme und erneuten Hervorruf aus Wille und Selbst jeweils im Horizont der geschichtlich eingetretenen Offenbarkeit des Seienden im Ganzen — im Horizont seines »Weltverständnisses«, wie er zunächst von sich als Ich her sagen muß. Denn ihm erscheint ja jene Offenbarkeit, die er selbst als Denker und Sprecher ist, als ein Akt und Konzept des Ich, in denen es sich Welt vorgängig aufgehellt hat. So geschehen jene Inanspruchnahme und ihre Entsprechung aus der jeweils eingetretenen gedanklichen Helle und ihrer Maßgabe heraus, sofern darin immer schon das Sein gewährt und an Seiendem gedacht wird. — Wenn demnach etwa im Mittelalter jener Inanspruchnahme, Sprecher und Denker des Sein zu werden, als Mönch und Ritter entsprochen wurde, so waren das legitime Weisen der verantwortlichen Entsprechung, in deren Rahmen nun allerdings die Verkehrung ihr Unwesen treiben konnte. Jene Entsprechungen bleiben der geschichtlichen Offenbarkeit des Seienden in seinem Sein als »Substanz« und »Potenz«, als Selbstand und Vermögen angehörig, sie denken sich aus dem Gegenüber von befehlender Instanz und gehorchendem Willen.

Der junge Mensch, um ein anderes Beispiel zu wählen, durchläuft die Phasen der willentlichen Substantialität und Potentialität in Gehorsam und Trotz unausweichlich. Es kommt nur darauf an, ob er in der Vernehmlichkeit der Inanspruchnahme bleibt und eines Tages in die selbstlose, nur dem Denken und d. h. der Wahrheit verantwortliche Entsprechung gelangt. Deshalb wird ihn das Unwesen nicht verlassen, sondern geradezu die Herkunft seines Wesens bleiben, sofern er aus ihm sich immer erneut hervorrufen lassen muß — wie die Wahrheit in der Unwahrheit ihre Herkunft hat, d. h. als Unverborgenheit und Unvergessenheit aus der Verborgenheit hervorgeht. Auch dafür kann wieder der Mensch nichts, nur dann wird er schuldig, wenn er dieser Schuldigkeit zu antworten und in zeitgemäßen Worten, Taten und Werken zu entsprechen, nicht nachkommt, sondern an sich selbst festhält.

c) Viele Momente des aufgewiesenen Unwesens, so muß man sich klar werden lassen, sind gar nicht zu umgehen, da das Denken in Begabung und Berufung immer wieder so beschränkt geschenkt wird, daß die heute vom Denken her geforderte Erfüllung mancher Aufgaben für viele ausgeschlossen bleibt. Der Mensch ist durchschnittlich überfordert. Auch die humanistische Theorie der Neuzeit eröffnet die Menschlichkeit in Dimensionen, die zu erfüllen ihre Begabung vielen verweigert. Von den großen humanistischen Zielsetzungen eines Valla[9] und Erasmus[10] oder auch Melanchthons[11] bis hin zu Humboldts und Herbarts Bildungslehren reicht diese Überforderung, die als solche um so deutlicher wird, je mehr die Moderne sich bemüht, diesen Anspruch zurückzuweisen oder ihn doch einzuschränken. — Gehen wir ins Zentrum unserer Gegenwart, so ist schon oft die Demokratie als eine solche Überforderung des alltäglichen Menschen aufgewiesen worden, setzt sie doch eine Einsicht und Tüchtigkeit aller einzelnen voraus, die gerade nur von wenigen erwartet werden kann. Und doch muß die faktische Demokratie so tun, als ob jeder ein solcher einsichtiger Mitmensch geworden sei. Daher wird der einzelne nicht nur versagen und jener Inanspruchnahme nicht nachkommen können, sondern er wird immer wieder Maßnahmen wünschen und Traditionen vorziehen, die ihm jene Überforderung in ihrem Übermaß abnehmen.

Das Geheimnis der Menschlichkeit liegt darin, daß der Mensch zunächst gedacht und gezogen, aber auch getrieben wird. Zum Denker und Vollbringer berufen zu werden, macht nicht seinen angeborenen und verfügbaren Besitz aus. Diese Einsicht ist es ja gerade, die wir in der Verkehrung des Denkens von Anfang an ideologisch zu eliminieren suchen. — Und hier wird wiederum der Erziehung die richtungweisende Aufgabe gestellt, in diese Wahrheit zu ziehen.

Der Mensch als Usurpator des Denkens muß daher die Beschränktheit des Denkens, das ihm an seinem Ort und zu seiner Zeit zugemessen ist, sich selbst als Begabung zusprechen, die um so größer erscheint, je geringer ihr gewährter Umfang ist. Die Tragik der Begabung als Beschränktheit liegt gerade darin, daß sie sich desto mehr in ihren Ausmaßen verborgen bleibt, je mehr sie ursprüngliche Beschränktheit ausmacht. Die Menschen werden also primär aus der Vermessenheit ihrer Begabung heraus zu leben suchen. Mit anderen Worten, solche Dummheit wird in der Alltäglichkeit weithin maßgeblich. Denn die Dummheit besteht in dieser Vermessenheit der Begabung. Die Menschen beanspruchen daher zunächst und zumeist weit mehr, als ihnen in der Begabung gewährt ist. Je mehr das Denken sich einstellt, desto offensichtlicher wird die Beschränktheit der Begabung. Die Diskrepanz zwischen gewagter Entsprechung und erreichter Erfüllung wird in solchem Denken klar und drängt in die ständige Überholung zu neuer Erfüllung. Je mehr der Mensch über die Ausmaße seiner Begabung ins klare kommt, desto bedachter wird er antworten und verantworten, desto behutsamer wird er ans Werk gehen. Der Dummheit gilt es zu wehren, nicht der Unbegabtheit und Beschränktheit. Und es wird ein langer Weg für jeden bis dahin sein, die eigene Dummheit ermessen zu lernen und sie als unaufhebbare Beschränktheit auf sich zu nehmen.

Man könnte also sagen, alle menschliche Verkehrtheit enthüllt sich letzlich als Insistenz des Wollens in der unablässigen Suche eines Selbstes und als Konsistenz der Dummheit in der unbeirrbaren Anmaßung eines eigenen, schlechthin zureichenden Denkens. Solche Reduktion der menschlichen Verkehrtheit auf Selbstsucht und Dummheit hat aber immer das Mißliche an sich, die phänomenale Fülle des Menschlichen wieder zu verstellen und zu simplifizieren. Man muß die geschilderte Mannigfaltigkeit im Auge behalten, wenn solche Formel nicht leeres Schlagwort werden soll.

Überschauen wir noch einmal im Rückblick die vorliegende Darstellung, so werden wir zu dem Ergebnis kommen, daß auch heute noch die Pädagogik aus den erörterten Sachverhalten Erziehung zu begründen hat. Sie muß allerdings die besprochene »Wendung« mitvollziehen.

I. Die Menschlichkeit des Menschen liegt in der Logoszugehörigkeit, das besagt: Ein Wesen wird mit Denken und Aussagen der Wahrheit begabt und dazu berufen. Diese Zugehörigkeit zeichnet es vor allen anderen Wesen aus.

Die Demonstration dieser These geschieht

1. durch den Nachweis der Differenz zwischen Mensch und Tier: der Mensch der »erste Freigelassene der Schöpfung«. Hierbei wird die moderne Naturwissenschaft Hilfestellung leisten;

2. durch den historischen Aufweis der menschlichen Selbstbeurteilung und -verurteilung;
3. durch den Hinweis auf die »Kultur« als das aus einsichtigem Ermessen hervorgebrachte Ganze an Werken und Taten, in denen die Menschen ihrer Meschlichkeit als Aufgabe nachkommen.

Erziehung erfolgt als die Vermittlung der Menschlichkeit an sich selbst.

II. Die weitere Begründung liegt in der Überwindung der schon immer eingetretenen Verkehrung der Menschlichkeit: Die Erziehung wird verstanden als eine Vermittlung des Menschen an sich selbst als Seiendes unter Seiendem; Menschlichkeit verwandelt sich in die Selbstermächtigung eines Wesens durch aneignende und verfügende Bemächtigung des Seienden im Ganzen, der Welt.

Die Demonstration geschieht durch den Aufweis des ständigen Umschlags der Vermittlung alles Seienden an das ihm mögliche Sein zu einer Benutzung alles Seienden als Mittel der Selbstsetzung und Weltbeherrschung. Wir Menschen verkehren unsere Menschlichkeit, die jeden von uns zum Kosmotheoros[12] und Kosmopoliten[13] beruft, zur Selbstherrlichkeit eines Wesens inmitten des Ganzen und über das Ganze. Wir werden zu Usurpatoren der Menschlichkeit.

Die einfache Umkehr des Egoismus zu Altruismus ist in diesem Zusammenhang ebensowenig zulässig wie die Forderung, der Mensch habe, anstatt alles zu beherrschen, allem zu dienen. Wo von Dienst die Rede ist, gibt es immer noch einen Herrn. Die Dinge, Wesen und Mitmenschen sind aber nicht »meine« Herren. Man bewegt sich auf diese Weise immer nur in der simplen Umkehr eines Verhältnisses von Mensch zu Mensch oder von Ding und Mensch. Die Menschlichkeit wird in einem solchen Gedankengang weder erreicht noch maßgeblich; sie bleibt vergessen und unbedacht.

III. Die Argumentation muß daher drittens beweisen, daß es sich in alledem überhaupt nicht um »ontische«, sondern um »onto-logische«[14] Verhältnisse handelt, um den Logos des Seins, insbesondere des menschlichen. Wir, die wir zu Denkern der Wahrheit berufen sind, interpretieren uns mittels des Denkens zunächst und zumeist als Seiende unter Seiendem, denen es um das eigene Sein geht. Denken wird in den Dienst unserer Selbstbehauptung gestellt.

Vermittelt Erziehung an die Menschlichkeit, so hat sie den in solcher Auslegung sich immer schon mißverstehenden Menschen ins Denken hervorzurufen als die Voraussetzung, durch die er ist, was und wie er ist. Unter der Maßgabe der Wahrheit ist das Denken gerade nicht ein uns verfügbares Instrument, sondern die Gewährung der Wahrheit.

Seit alters spricht Erziehung den einzelnen Heranwachsenden auf Einsicht hin an und sucht ihn der Hörigkeit gegenüber seiner primären Selbstinterpretation zu entziehen. Besteht Menschlichkeit in der Logoszugehörigkeit, so steht ihr kein anderer Weg offen. Darin liegt die »Ohnmacht« der Erziehung beschlossen.

IV. Erziehung selbst erwächst demnach aus einem sie begründenden Gedankengang — oder sie ist bloße Aufzucht und Dressur. Sie geht nicht nur aus einer Kritik der reinen Menschlichkeit hervor, sondern bleibt auch Selbstkritik. Ihre Begründung liegt also in dieser »Reflexion« auf ihren Sinn und ihr Maß. Sie führt heute in der Demonstration der Grundlagen der humanistischen Bildungstheorie zu deren Infragestellung, durch den Aufweis der selbstlosen Verantwortung der Wahrheit als Maß der Erziehung zur Aufhebung der Persönlichkeitsbildung in deren reflexiven Zirkel.

Bei der Exposition der Grundstruktur der neuzeitlichen Bildung konnte der innere Umschlag im Zirkel der Reflexivität aufgewiesen werden. Entweder hält der Mensch die Nichtigkeit seiner selbst aus und bleibt Mittler und Vollbringer des möglichen Seins von Seiendem; oder er sucht jene Nichtigkeit zu überwinden durch die Aneignung von Seiendem als Mittel zur Selbstbestimmung seiner selbst als eines Seienden, sei dies nun als Seele oder Person oder Individuum verstanden. Er gewährt nicht durch Gedanke und Tat allem Seiendem zu sein, sondern versichert sich von immer anderem Seienden her des Seins seiner selbst.

Daraus resultiert Erziehung als Unterweisung in der Selbstkritik des Menschen, Hüter der Menschlichkeit zu bleiben und sie davon zu bewahren, in den Dienst des Menschen gestellt zu werden. Das ist keine Erziehung zu irgendeiner Moral, sondern der Versuch, den Jugendlichen ständig von neuem an den Punkt zu ziehen, wo ihm Verantwortung in strengem Sinn, nämlich für die Wahrheit der Dinge und Wesen, aufgeht.

Viele Mittel kennen wir alle für diesen Versuch, von der Anleitung zu selbständigem Tun über Mahnung und Strafe bis zur Übertragung immer verantwortungsreicherer Aufgaben, von der Lebensführung der Eltern bis hin zur politischen Bildung[a]. Das alles hat die Pädagogik zu bedenken; sie wird aus jenem umgreifenden Maß der Erziehung pädagogische Maßgaben und Maßnahmen herleiten. Nur so bleibt sie Wissenschaft, d. h. ein Gedankengang, der sich zu begründen weiß.

Vor allen Dingen geht es darum, sich auf der gedanklichen Höhe unserer Geschichte, unserer Tradition zu halten. Zu diesem Wissen möchte auch die vorliegende Darstellung gelangen. Der wachsende Geschichtsverlust des heutigen Selbstbewußtseins trägt die Gefahr in sich, uns Erziehungstheorien nahezulegen und zur Annahme zu empfehlen, die die zwar schwierigen, aber unaufhebbaren Gedankengänge der Jahrtausende bedeutungslos werden lassen. Dem muß eine moderne Pädagogik entgegentreten. Wir können heute weder aus der Metaphysik eines Christian Wolff[15] her denken — mit ihrer Lehre von Vermögen und Kräften, von Dingen und Eigenschaften, von Potenzen und Substanzen — noch so tun, als sei mit einer humanistischen oder pragmatistischen Bildungskonzeption jene gedankliche Höhe eingehalten. Wir müssen sie vielmehr immer wieder durch die Besinnung auf ihre geschichtliche Herkunft zu erreichen und zu ermessen suchen.

Das ganze Beweisverfahren beruht auf der fundamentalen Unterscheidung zwischen Mensch und Menschlichkeit. Diese Voraussetzung leitet sich aus der ontologischen Differenz von Sein und Seiendem her, die undurchdacht die abendländische Metaphysik durchwaltet. Unser Einblick in die Geschichte konn-

---

[a] Vgl. Paul Röhrig: Politische Bildung — Herkunft und Aufgabe. Stuttgart 1964.

te jene Differenz an vielen Stellen aufzeigen, zugleich aber ihre immer wieder eingetretene Umwandlung in ein Verhältnis von Seienden. Sie wird besonders in »Anthropologie« und Pädagogik auffällig; z. B. wenn man Mensch und Welt, Person und Sache, Ich und Nicht-ich, Individuum und Gemeinschaft gegenüberstellt.

Eine Pädagogik, die ihrer Geschichte eingedenk bleibt, wird also von der Menschlichkeit ausgehen, damit vom Denken und der Zugehörigkeit zur Wahrheit. Von der Kindererziehung bis zur Erwachsenenbildung tritt in den Mittelpunkt aller Erziehung die Überwindung eines sich selbst entfremdeten Denkens, das als Nachkomme der alten Substantialitätsmetaphysik immer nur seiende, als »real« behauptete Größen zueinander ins Verhältnis setzt. Dann erscheint Erziehung entweder als Kompensation der natürlichen Mangelhaftigkeit des Menschen: Erziehung ermöglicht es ihm, auf »kultureller Ebene« die gleiche Lebenssicherheit zu gewinnen, wie sie das Tier auf »natürlicher Ebene« besitzt; oder sie erscheint als Anpassung an bestehende und zu tradierende Situationen und Institutionen oder als Selbstbildung des Menschen zur Persönlichkeit im Umweg über die Welt oder als die Wahrung und Entfaltung des Selbstseins in der Sicherung seines Heils inmitten einer bedrohlichen Welt.

Nach der von uns erreichten pädagogischen Einsicht geht es nicht mehr darum, die genannten Größen ins Verhältnis zu setzen, sondern im Ausgang von ursprünglichen Verhältnissen deren Komponenten freizusetzen.

Sein und Seiendes, Menschlichkeit und Mensch, Sein und Selbstsein gehören dem Verhältnis des »und« als solchem an und werden erst aus diesem als relativ selbständige »Größen« entlassen. Nicht der Mensch bringt seine Menschlichkeit von sich aus auf; nicht nennt Sein eine Macht, die Seiendes aus sich hervorbrächte. Erziehung selbst beruht auf diesem Verhältnis von Mensch und Menschlichkeit und macht eine seiner Gestaltungen aus. Sie lehrt den Jugendlichen, der Wahrheit auf allen Lebensgebieten nachzugehen; sie möchte ihn erfahren lassen, daß nur solche Sachlichkeit und Mitmenschlichkeit ihn als diesen Menschen — in Unvertretbarkeit und Unwiederholbarkeit — freigibt. Um es noch einmal mit Schleiermachers Worten zu sagen: In diesen Verhältnissen ist er zugleich gesetzt und aufgehoben: als der unersetzliche Sprecher und Vollbringer der Wahrheit, der doch zugleich in diesem Logos einem angemaßten Selbstsein enthoben ist[b].

---

[b] Die systematische Ausführung dieser Ergebnisse unseres Gedankengangs findet der Leser in Th. Ballauff: Systematische Pädagogik. Heidelberg 1962, 2. Aufl. 1966; ders.: Schule der Zukunft. 2. Aufl. Essen 1965. (Kamps pädagog. Taschenbücher. Nr. 19).

XI. Heinrich Roth
Erziehung aus der Sicht der Pädagogischen Anthropologie[1]

I. Das Phänomen Erziehung

... Die erzieherischen Hilfen bei der Menschwerdung des Menschen können bewahrenden, unterstützenden, vorbeugenden und voraufbauenden Charakter haben, oder abbauenden, gegenwirkenden und reinigenden. Es kann sich um kontinuierliche Einwirkungen handeln im Sinne geringer, aber stetiger Wirksamkeit, und es kann sich um Einwirkungen handeln, die wie erzieherische Einbrüche, Krisen, Bekehrungen plötzlich und radikal über den Menschen kommen. Beide haben ihre je eigentümliche Wirksamkeit; die letzteren sind nicht planbar, sondern haben Ereignischarakter und ergeben, wie jeder Erzieher weiß, höchstens außerordentliche erzieherische Gelegenheiten für die Zeit, die auf das Ereignis folgt.

Erziehung geschieht in dem jeweils aufzuhellenden Zusammenwirken von Entwicklung und Erziehung, Reifen und Lernen, Natur und Kultur, »needs and press« (Murray). Erziehen ist, so hat es sich inzwischen abgeklärt und so haben wir es auch schon dargestellt, nicht nur Wachsenlassen, Reifenlassen, Bewahren — vielleicht meint dies das mütterliche Prinzip in der Erziehung —, sondern auch Einwirken, Eingreifen, Beeinflussen, Ändern, Hemmen — das wäre das väterliche Prinzip in der Erziehung. Aber weder genügt für das eine Prinzip das Bild des Gärtners, noch für das andere das des Technikers oder Bildhauers. Die Bilder sind unzulänglich, das Phänomen Erziehung muß mit seinen eigenen »einheimischen Begriffen« erfaßt werden.

Erziehung vollzieht sich überall dort, wo ein »erzieherisches Gefälle« besteht. Das ist am natürlichsten zwischen Eltern und Kindern und zwischen den Generationen der Fall. Erziehung setzt ein Verhältnis sui generis zwischen Mensch und Mensch voraus, es ist ein Verhältnis erzieherischer Liebe. In der Erziehung steht von Anfang an ein Subjekt einem Subjekt gegenüber, die beide an der gleichen Bestimmung teilhaben. Erziehen heißt, einen Menschen seiner *Bestimmung als Mensch* zuzuführen. »Erziehen ist das Verhalten, durch welches einer, der zu leben versteht, einem anderen dazu verhelfen will, daß er auch verstehen lerne zu leben« (P. Häberlin)[2]. Dabei hat der zu Erziehende von Anfang an sein Wort mitzusprechen. Er ist nie Mittel zum Zweck, und ich darf nie Mittel benutzen, die nicht auch Zweck und Ziel sein könnten. Es geht von Anfang an um ein Individuum, der Erzieher muß von Anfang an reifeadäquat an die Selbsteinsicht und Selbstbestimmung seines Zöglings appellieren und seinen Eigenwert respektieren. Ein Individuum ist (nach Goethe) »ineffabile«[3].

Es geht in der Erziehung immer zugleich um beides, um den Menschen und um die Kultur. Erziehung will Sitte, Moral, Kultur und Religion in der nachwachsenden Generation wieder neu entstehen lassen. Sie will die Erfahrungen, Einsichten und Erleuchtungen, die die Menschheit erfahren hat, nicht verlorengehen lassen. Die junge Generation soll befähigt werden, in die Aufgaben ihrer Gesellschaft und ihres Zeitalters tätig mitarbeitend einzutreten und sie schöpferisch fortzusetzen in noch unbekannte Zeiten und Aufgaben hinein. Beide Aufgaben sind im Grunde ein und dieselbe, nur jeweils anders betrachtet: Die Frage, wie der Erzieher aus dem Menschen das angelegte vorhandene Kulturfähige, Geistfähige hervorholt, es erhält und auf die bestehende Kultur bezieht, ist für ihn ebenso wichtig wie die andere Frage, wie er die Kultur, das Ideelle, zu dem wir uns bekennen, die Normen, denen wir uns verpflichtet fühlen, in den jungen Menschen einpflanzt und in ihm Wurzeln schlagen läßt. Der Erzieher hilft bei der Erneuerung, Tradierung und Verlebendigung der Kultur der Gegenwart, indem er das ans Licht drängende Geistige im Kind, seine geistigen Bedürfnisse, aufnimmt und im Leben des Kindes leitend und führend tätig werden läßt. Er nimmt darin Rücksicht auf die Individualität des Kindes, auf das, was es in die Welt bringt, in die Welt hineinleben will, was sein So-sein ausmacht, weiß aber genauso um das Verlangen jeder jungen Menschenseele nach einem höheren objektiven Sinn des Lebens, der für alle gilt und als Verpflichtung und Aufgabe ergriffen werden muß.

Solche erzieherische Tradierung ist auch notwendig, weil die Kultur nicht von selbst wirksam wird, wenigstens nicht im erforderlichen Ausmaße und nicht zur erforderlichen Stunde. Litt formuliert das so: »Jene reinen Sachgehalte nämlich, an und in denen der Formungsprozeß der Seele sich vollzieht, sie treten ja nicht wie selbsttätig aus ihrer ideellen Sphäre heraus und an das sich entwickelnde Subjekt heran, sondern sie müssen durch einen Prozeß persönlicher Übertragung von Mensch zu Mensch immer von neuem aktualisiert werden, und dieser Prozeß der Übertragung heißt, sobald er mit einem Mindestmaß von Bewußtsein vollzogen wird — Erziehung«[a].

Es geht in dieser Übertragung nicht nur darum, das Kulturgut zu tradieren, sondern es gilt, mit diesem Tradierungsprozeß wieder das *geistige Feuer* zu entzünden, aus dem die Kulturgüter selbst einst entstanden sind, sie aus der Verlorenheit in die Objektivität zu einer neuen »Lebendigkeit der Seelen« zurückzuführen, wie es Nohl im Anschluß an Dilthey fordert[b], um so die sozialen und sittlichen Normen, wie N. Hartmann sagt, »flüssig« zu machen[c], und damit die Kultur wieder in ihren *Werdens-* oder *Verstehensprozeß* zu verwandeln, aus

---

[a] Th. Litt, Das Wesen des pädagogischen Denkens (1921). Im Anhang von: Th. Litt, Führen oder Wachsenlassen, 4. Aufl., Stuttgart 1949, S. 100.

[b] Herman Nohl, Das Wesen der Erziehung. In: Die Sammlung, 3. Jg., 1948, S. 332.

[c] N. Hartmann, Das Problem des geistigen Seins. 3. Aufl., Berlin 1962, S. 538 und S. 540. »Es gibt kein Wiederaufleben des objektivierten geistigen Gutes, ohne daß dieses vom empfangenden lebenden Geiste die Rückwirkung erführe. Man darf diesen Prozeß als die Wiederverflüssigung des Verfestigten und Erstarrten bezeichnen.«
»Der Unterschied der Objektivationen ist eben der, daß die eine genügend inneres Gewicht oder Gehalt hat, um im lebenden Geiste führend zu werden, die andere nicht. Jene belebt und bewegt ihn vorwärts, ihr Gehalt läßt sich verflüssigen; diese dagegen hält ihn zurück, sie ist in ihrer Form erstarrt.«

dem sie entstanden ist und lebt, so daß sie dem Kind in ihrer ursprünglichen Lebens- und Schaffensnähe gegenübertritt, aus der heraus sie einst lebendig geworden ist.

Der *Lehrer* ist in diesem Prozeß nur eine unter vielen erzieherischen Mächten. Er darf sich weder über- noch unterschätzen. Er kann die bestehende Kultur von sich aus nicht ändern, auch die gesamte Lehrerschaft kann das nicht, aber er kann »aus eigener Einsicht und Verantwortung an dem Walten dieser Mächte teilnehmen«[d]. Er ist auch politisch (und schulpolitisch) mitverantwortlicher Mensch und Bürger und darin Mittler und Beispiel kulturell tätigen Menschseins.

Dieser bildende Übertragungsprozeß, so muß man noch hinzufügen, wird immer schwieriger, wenn ein Kulturumbruch stattfindet, die Generationen sich nicht mehr zu verstehen drohen, eine neue Zeit heraufzieht. Eine solche Distanz zwischen der geltenden Kultur und der Jugend scheint heute gegeben.

So ergibt sich: Reine *Kulturpädagogik* führt im Extrem zur Entsubjektivierung und zur Überforderung, zur Erstarrung und Entfremdung zwischen Lehrer und Schüler, weil sie die Impulse der neuen Generation (die sich zu dem Kommenden hingezogen fühlt, während die Lehrergeneration an den starken eigenen Jugendeindrücken und Zukunftshoffnungen haftet) nicht aufnimmt; eine *»Pädagogik vom Kinde aus«* führt im Extrem zur Weichheit, Widerstandslosigkeit und Gestaltlosigkeit, weil geistiges Leben sich nur an bündigen Formen wiederentzündet, nur am Widerstand wächst und an Verbindlichem sich entscheiden lernt.

Wir haben uns zur Schilderung des Bildungs- und Erziehungsgeschehens angewöhnt, *Pflege, Unterricht* und *Erziehung* zu unterscheiden. Was wir dem Kleinkind angedeihen lassen, ist *Pflege*. Pflege — als einen Gesamtbegriff für körperliche, seelische und geistige Entwicklungshilfe genommen — ist das, was Unterricht und Erziehung vorausgeht, sie möglich macht. Bei *Unterricht* und Lehre denken wir mehr an den Aufbau und Ausbau des Weltbildes, bei *Erziehung* mehr an den Aufbau des Charakters, einer verpflichtenden Wertwelt und einer Weltanschauung, eines Glaubens an Mächte also, denen wir unser Wissen im Gewissen verpflichtet fühlen. Unterricht und Ausbildung zielen auf Wissen und Können. Erziehung meint Veredelung der Triebe und Antriebe, Läuterung der Gefühle und Affekte, Wertorientierung der Fähigkeiten und Fertigkeiten, Festigung des Willens, Erweckung des Gewissens und der Verantwortlichkeit, Bindung des Denkens an Ideen und Ideale: also Aufbau eines Charakters, Entwicklung von Eigenschaften, einfachen und höheren Tugenden, Vergeistigung der Persönlichkeit, Dienstbarkeit in der Gemeinschaft.

Bildung (ein dritter in diesem Zusammenhang unentbehrlicher Begriff) deuten wir am besten als schöpferische Synthese von Erziehung und Unterricht. Bildung meint, daß beides, das, was wir unterrichtlich aufgenommen, und das, was wir erzieherisch an uns erfahren haben, in uns organisch wird, daß wir es uns

---

[d] Th. Litt, Die Bedeutung der pädagogischen Theorie für die Ausbildung des Lehrers (1947). Im Anhang von: Th. Litt, Führen oder Wachsenlassen, 4. Aufl., Stuttgart 1949, S. 122 f.

einverleibt und einverseelt haben, daß es lebendige Kraft, geistiges Organ in uns wird und bleibt. Bildung folgt eigentümlichen geistigen Wachstumsgesetzen, die nicht organisiert, nur angebahnt und freigesetzt werden können. Deshalb sind das, was man schulisch wollen kann, Unterricht und Erziehung — Bildung ist die unplanbare Frucht beider oder das Geschenk seltener Augenblicke. Es kommt aber heute — das können wir nach dem Rückfall in die Barbarei zweier Weltkriege, dem auch so viele Gebildete unterlagen, ohne Verlegenheit bekennen — nicht in erster Linie auf Bildung an, sondern auf »Erzogenheit«.
Wir halten das Gesagte in nachfolgendem Schema fest.

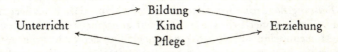

Die sich im Leben von selbst vollziehende indirekte oder funktionale Erziehung ist ebenso wichtig wie die intentionale oder absichtliche. Beide Formen lassen sich nicht trennen, sondern gehen ständig ineinander über, die intentionale vermag auch die indirekte in ihren Dienst zu stellen. Von einem *Erziehungsfeld* im pädagogischen Sinne kann nur gesprochen werden, wo beide Formen sich ergänzen und korrigieren.

Absichtliche Erziehung ist eine direkte oder indirekte Einwirkung auf den anderen Menschen, die zuletzt darauf zielt, die Gesinnung (Einstellung), das Innere (das Ich) eines Menschen zu ändern. Da aber Gesinnung nur im *Verhalten* (im weitesten Sinne) greifbar und faßbar wird, vollzieht sich diese Einwirkung praktisch meist als ein Eingriff in das Verhalten des jungen Menschen, um es in Richtung auf ein *wertvolleres Verhalten* zu ändern. Was ein wertvolleres Verhalten ist, wird von Sitte, Kultur und Religion eines Volkes bestimmt, aber auch vom Gewissen des schöpferischen einzelnen, der die kritische Auseinandersetzung mit den allgemeinen Sitten, Normen und Idealen seiner Zeit wagt. Wichtiger als nachträgliches Korrigieren ist vorbeugendes und voraufbauendes Erziehen. Trotzdem sind die häufigsten erzieherischen Eingriffe die nachträglich korrigierenden. Immer muß der Erziehende an die wachsende Selbsteinsicht und den zunehmenden Erziehungswillen appellieren. Erziehung unterscheidet sich deshalb streng von *Propaganda* und *Dressur*. Sie will weder suggerieren, noch überreden, sondern sie will überzeugen, zur Einsicht führen und zur Entscheidung aufrufen, nicht wie Werbung und Propaganda die Schwierigkeiten der Entscheidung vertuschen, sondern aus eigener Kraft eine Lösung finden lassen. Sie leugnet nicht die Standpunkte, die es außer dem eigenen noch gibt, sondern setzt den Zögling in die Freiheit der Auseinandersetzung. Erziehen ist mehr als nur Wachsenlassen und weniger als Prägen und Formen. Das Bild des Gärtners sagt zu wenig aus, kann aber auch zu viel aussagen (der Erzieher pfropft nicht auf!), und das Bild des bildenden Künstlers greift auf alle Fälle zu hoch. Der Erzieher ist kein Bildhauer und Plastiker. Es geht um die geistige und sittliche *Selbständigkeit* des Zöglings, die ihm sein Eigenleben in der Gruppe sichert, ihn aber auch zum verantwortlichen Mitglied der Gemeinschaft macht. Jede Erziehung bedarf eines Minimums an Unterweisung, wenn sie nicht zur bloßen Gewöhnung oder Dressur absinken soll. So gehören Unterricht und Erziehung notwendig zusammen. Es gibt Erziehung durch Unterricht, wie es schon Herbart aufgezeigt und gefordert hat.

...

II. Die Erziehungsbedürftigkeit des Menschen

... was den Menschen vor dem Tier auszeichnet, vornehmlich auf zwei durchgängigen Momenten beruht, einmal darauf, daß seine Lebenserfahrung auf eine *geistige Führungshierarchie* hin angelegt ist, und dann darauf, daß er im Vergleich zum Tier in seiner Lebensgestaltung auf *zunehmende Freiheit* gestellt ist.

Beide Momente sind unabdingbar gekoppelt mit der Bedeutung der Erziehung, die notwendig wird, wenn geistige Lebenserfahrung gelernt und Freiheit verantwortet sein will, wenn menschliches Leben in geordneter Freiheit entwickelt und erhalten bleiben soll. Fassen wir diese *Bedeutung der Erziehung* noch einmal nach den wichtigsten Einsichten, die wir gewonnen haben, zusammen.

1. Wir müssen dem Kind von Anfang an als einem werdenden Menschen begegnen. Wir müssen es auf seine *menschliche Endbestimmung* hin interpretieren und auf diese hin sich entfalten lassen. Der Mensch ist nie Tier, und es ist kein Zeitpunkt aufzuweisen, in dem ein solcher Übergang nachweisbar wäre. Der Mensch ist schon von seinen Fundamenten aus auf seine höchste Bestimmung hin entworfen, d. h. auf Kultur, Sprache, Denken, Gewissen, Freiheit und Entscheidung angelegt. Wenn wir mit dieser Einsicht ernst machen, ändert sich unsere erzieherische Haltung selbst dem Kleinkind gegenüber.

2. Seine lange Entwicklungszeit kann keinen anderen Sinn haben, als daß seine Entwicklung, d. h. der Aufbau seiner Person sich im *Kontakt mit den Umwelteinflüssen der Welt* vollziehen soll. »Unsere psychischen Anlagen reifen nicht durch Selbstdifferenzierung zu den fertigen, nur geringer Nuancierung fähigen Verhaltensweisen heran, wie wir sie von Tieren kennen, sondern erst im Kontakt mit dm reichen Inhalt der Umgebung entfalten sie sich zu der für jeden einzelnen charakteristischen und zeitbedingten Form.«[e] Diese biologische Einsicht ist anthropologisch fundamental.

3. Der Mensch ist von Natur das *lernende* Wesen. Form und Inhalt menschlichen Lernens beziehen sich nicht nur auf Wissen und Können, sondern auch auf Gesinnung und Verhalten. Und das gilt wieder schon in biologischer Sicht: »Umweltgebunden und instinktgesichert — so können wir in vereinfachender Kürze das Verhalten des Tieres bezeichnen. Das des Menschen mag demgegenüber weltoffen und entscheidungsfrei genannt werden.«[f] Damit ist schon biologisch vorgegeben, daß der Mensch nicht nur das *lernbedürftigste* und *lernfähigste*, sondern auch das *erziehungsbedürftigste* und *erziehungsfähigste* Wesen ist.

---

[e] A. Portmann, Zoologie und das neue Bild des Menschen. Biologische Fragmente zu einer Lehre vom Menschen, (rde N. 20), 2. Aufl., Hamburg 1956, S. 77.
[f] A. Portmann, Zoologie..., S. 67.

Er muß seine Verhaltens- und Leistungs*formen* und seine Verhaltens- und Leistungs*normen* lernen.

4. In dieser langen Schutz- und Pflegezeit ist der Mensch von Anfang an als intelligentes und geistiges Wesen anzusprechen, das nicht über angeborene Verhaltensmuster verfügt, sondern auf *Erfahrungen* und die *Verarbeitung dieser Erfahrungen* angewiesen ist. Er muß lernen, auf seine Erfahrungen zu achten und aus ihnen zu lernen. Um aber jene Erfahrungen zu machen, die die Menschheit zu der historischen Epoche geführt haben, in der der Mensch heute lebt, muß er gelenkte, ausgewählte, seiner geistigen Bestimmung entsprechende Erfahrungen machen, die eine Rekapitulation des geistigen Werdens der Menschheit zulassen, und die Erfahrungen müssen den *Wegemarken entlang gewonnen werden, die in die geistige Freiheit und Mündigkeit der einzelnen und der Gruppen geführt haben* und führen.

5. Auch zur Erfüllung seiner gesellschaftlichen und sozialen Aufgaben ist der Mensch auf Erfahrung verwiesen. Die ihm gestellte Entwicklungsaufgabe, in seinem gesellschaftlichen und sozialen Verhalten Partner seiner erwachsenen Zeitgenossen zu werden, setzt voraus, die den eigenen Erfahrungen vorausgegangenen Erfahrungen derer zu übernehmen, die vor ihm gelernt haben, das Leben zu meistern. Der junge Mensch wird erst gemeinschaftsfähig, wenn er die summierten Erfahrungen der ihm vorausgegangenen Generationen in einem abgekürzten Verfahren übernommen hat: In diesem Sinne ist der Mensch das auf *Tradierung angewiesene Wesen*. Er muß fremde Erfahrungen über den Zeichengebrauch, den gemeinsamen Werkzeuggebrauch und die gemeinsame Normenbeachtung zu seinem Besitz machen. Er kann ohne Lehren und Lernen nicht Glied seiner Kulturgesellschaft werden. Er ist das auf den Mitmenschen, die mitmenschliche Gesellschaft angewiesene Wesen. Auf sich selbst gestellt kann er nicht Mensch werden im Sinne seiner geistigen Bestimmung.

6. Zur Erfüllung seiner kulturellen Aufgabe genügt aber die Übernahme fremder Erfahrungen nicht. Er muß *produktiv schaffend* mit seiner jeweils verschiedenen Individuallage fertig werden. Das gilt für den einfachen Menschen wie für das Genie. Konvention und Tradition reichen zur menschlichen Lebensmeisterung nicht aus. Er muß selbst zu geistigem Leben erwachen, denn »Mensch im vollen Sinne seiner geschichtlichen Epoche ist der einzelne erst, wenn er bewußt in der gemeinsamen geistigen Atmosphäre mitleben kann, wenn er begreifend teil hat an dem, was die Führenden auf den verschiedenen Gebieten des Erkennens laufend erarbeiten«[g], wie es N. Hartmann formuliert. Wir wissen noch wenig über diesen Vorgang der »Erweckung zum Geistigen«, aber in dieser Erweckung soll sich das vollziehen, was wir als die Wirkung der »bildenden Gehalte« erhoffen: das *Entzünden des personalen Geistes*, der (zunächst mit, später ohne Vermittlung durch einen Lehrer) die kulturempfänglichen und kulturschaffenden Kräfte des Menschen wecken soll. Das wird sich aber nicht vollziehen, wenn sich in diesem Bereich nicht Anstöße ereignen, die man heute mit Begriffen wie »existentielle Begegnung«[4] und dergleichen zu erkennen versucht.

[g] N. Hartmann, Das Problem des geistigen Seins, 3. Aufl., Berlin 1962, S. 224.

7. Schließlich steht der Mensch den »Ohnmachtsbereichen des Lebens« — Kampf und Tod, Schuld und Versagen — hilflos gegenüber, wenn er auf jene Erfahrung verzichtet, die sich in Philosophie und Religion zu Jahrtausende überdauernden Einsichten in das Wesen des Menschen verdichtet haben. Er vermag nur in der Auseinandersetzung mit der tradierten und kumulierten Erfahrung der Leidannahme und Leidüberwindung, wie sie die Geistesgeschichte der Menschheit verzeichnet, jenen geistigen Durchbruch zu erringen, der die Kraft und die Gabe verleiht, noch im eigenen Scheitern Sinn zu erfassen.

Der Mensch ist nur als homo educandus zu verstehen; mit Langevelds Worten: »Daß der Mensch ein Wesen ist, das erzieht, erzogen wird und auf Erziehung angewiesen ist, ist selbst eines der fundamentalsten Kennzeichen des Menschenbildes.«[h] Wir kommen zu dieser Einsicht in die Notwendigkeit der Erziehung, ob wir dabei von einer Gesamtkonzeption des Menschen ausgehen, wie sie Gehlen[s] oder wie sie — Gehlen widersprechend — Litt vertritt; denn im Hinblick auf die Bedeutung der Erziehung für die Menschwerdung des Menschen sind sich beide Anthropologien einig. Litt faßt den Gegensatz der beiden Positionen so zusammen: »Dort (bei Gehlen) heißt es: Weil der Mensch keinen Instinkt hat, darum hat er das Denken nötig. Hier (bei Litt) heißt es: Weil der Mensch das Denken hat, darum hat er keinen Instinkt nötig. Dort ist es der ursprüngliche Mangel, der aus seiner Bedürftigkeit erzeugen soll, was über die Not hinaushilft — hier ist es der ursprüngliche Reichtum, der aus seinem Überfluß spenden soll, was auch der Not zu Hilfe kommt.«[i]

Für die Rolle der Erziehung im Menschenleben haben beide Positionen die gleichen Konsequenzen: ob der Mangel oder Reichtum des Menschen zum anthropologischen Ausgangspunkt genommen wird, *was seine Mängel ausmacht, ist gleichzeitig sein Reichtum:* die Kehrseite seiner Lern- und Erziehungsbedürftigkeit ist seine unendliche Lern- und Erziehungsfähigkeit.

...

III. Die Bildsamkeit des Menschen

...1. Am Aufbau der menschlichen Person, an jeder vollentwickelten Eigenschaft und bei jeder Handlung des reifen Menschen sind *Erbe, Umwelt und das Ich* (persönliche Entscheidungen) beteiligt. Es kommt nicht nur auf das Erbe und die Umwelt, sondern auch auf das Zusammenstimmen (die Korrelation) beider Größen an, auf die Einsicht einer ihrer selbst mächtigen Person in diese Zusammenhänge (z. B. bei drohenden Krankheiten) und auf die *Produktivität,* mit der ein Mensch oder eine Gruppe fähig ist, bisher unüberwindlich scheinende körperliche oder seelisch-geistige Schwierigkeiten zu überwinden.

2. Auch das im strengen Sinne Vererbte ist nicht unveränderlich angeboren, sondern zeigt in jedem Falle eine mehr oder weniger große *Variationsbreite* in

---

[h] M. J. Langeveld, Einführung in die Pädagogik, 3. Aufl., Stuttgart 1962, S. 168.

[i] Th. Litt, Die Sonderstellung des Menschen im Bereich des Lebendigen, Wiesbaden 1948, S. 49.

seinen Entwicklungsmöglichkeiten, die von der Umwelt und unserer Einsicht in die Wirksamkeit der Umwelt auf das Erbe abhängig ist.

3. Die Vererbung stiftet einerseits die Einheit der Gattung Mensch, andererseits zeigt sie eine Tendenz zur *Variabilität und Individualität*. (Jeder Mensch ist in seiner Art eine einzigartige Genkombination seiner Vorfahren). Insofern widersprechen die differenzierenden Faktoren des Erbes nicht denen der Umwelt, sondern beide können Unterschiede und Gemeinsames bewirken. Entscheidend für die Erziehung ist, daß sowohl der kulturelle Oberbau der Einzelperson wie der von Völkern stärker von der Umwelt, Lebensgeschichte und *Erfindungsgabe der Menschen* bestimmt wird als vom Erbe. Die individuelle und kulturellvolkhafte Variabilität innerhalb einer Rasse kann größer sein als die zwischen Rassen. Soziale, sittliche und kulturelle Werte können von jeder Rasse verwirklicht werden, wenn ihr Entfaltung und Teilhabe an der kulturellen Entwicklung der Menschheit zugestanden wird.

4. »Muß-Anlagen« (Pfahler)[6], die sich in jeder Umwelt durchsetzen, sind selten, aber auch »Muß-Umwelten«, die sich gegen jede Anlage durchsetzen. Genau genommen gibt es Anlagen nur, wenn eine passende Umwelt, und eine Umwelt nur, wenn passende Anlagen vorhanden sind. Wofür keine Umwelt vorhanden ist, das fällt auch als Anlage aus und umgekehrt. Die Frage, wie weit uns Anlagen und wie weit uns die Umwelt, bzw. Erziehung und Selbsterziehung bestimmen, muß aufgelöst werden in *Einzelfragen*. Das Verhältnis kann bei jedem einzelnen Merkmal verschieden sein und kann bei einem bestimmten Merkmal sogar bei verschiedenen Menschen verschieden sein. Die gleiche Eigenschaft kann bei dem einen Menschen mehr erbbestimmt, bei dem anderen mehr umweltbestimmt sein.

5. Alle Funktionen sind *übbar und steigerungsfähig*. Wir lernen selten aus. Kaum jemand erreicht seine Übungsgrenzen. Jeder hat z. B. auf einer Intelligenzstufe genügend Spielraum, unendlich viel hinzuzulernen. Das gilt sogar für Debile und Imbezille[7], wenn auch in bescheidenerem Maße. Was jemand hinzulernen kann, ist wichtiger als die Ausgangslage. Auch wenn erbbestimmte Unterschiede gültig bleiben, kann doch das *Niveau aller gesteigert werden*. Das Hinzugelernte ist für die kultrelle Partnerschaft das Entscheidende. Die Endleistungen in einem Leistungsbereich sind meist nur in einem langwierigen Lernprozeß zu erreichen, der weitgehend von der Umwelt mitbestimmt ist. Bevor nicht zur Entwicklung und Entfaltung einer Anlage *maximale Umweltbedingungen* geschaffen sind, die individuell optimal wirken, ist wenig über das Fehlen von Anlagen auszumachen. Die Erbanlagen der Menschheit für Technik, Mathematik usw. wurden erst wirksam, als die notwendigen intellektuellen Voraussetzungen Schritt für Schritt erworben und tradiert waren und die nötigen Situationen dazu herausforderten.

6. Die Mehrzahl der menschlichen Handlungen und Leistungen beruht auf dem Zusammenwirken sehr verschiedener Anlagefaktoren und Persönlichkeitsschichten. Insofern ist meist auch bei Ausfällen auf einem Gebiet — jedenfalls bei geringfügigen — ein *Ausgleich* von einem anderen Bereich her möglich. Das

Suchen nach echten Kompensationsmöglichkeiten ist eine psychologisch gerechtfertigte und pädagogisch legitime Erziehungsaufgabe.

7. Die menschliche Plastizität und Lernfähigkeit nimmt mit dem Alter ab, aber in den verschiedenen Bereichen verschieden stark, soviel wir wissen, am frühesten im motorischen Bereich, am spätesten im allgemein geistigen Bereich, wenn geistige Betätigung ernsthaft gepflegt wurde.

Auch das Erlernte, Erworbene, Geprägte, Anerzogene usw. kann *relativ konstant* sein und einem erzieherischen Änderungsversuch hartnäckigen Widerstand entgegensetzen. Umlernen ist schwieriger als Lernen.

8. Die körperlichen Organe und das *formale Funktionsgerüst* sind am stärksten erbbestimmt, *alles Inhaltliche ist erworben* und erlernt. Beides entwickelt sich aber nicht unabhängig voneinander. Wir werden mit der Fähigkeit, sprechen lernen zu können, geboren, lernen aber die Sprache unserer Umwelt, die rückwirkend in unseren Sprechorganen Bewegungsmuster einschleift, die so verfestigt wirken, als ob sie angeboren wären. Das Bild von »Gefäß« und »Inhalt« trifft die Verschränkung beider Faktoren nicht. Verhaltens- und Leistungsformen werden sozusagen aus den Anlagepotenzen heraus zusammen mit der Erfahrung »montiert«.

9. Menschliche Handlungen sind nicht einfach die Auswirkungen von starren Anlagen oder angeborenen Eigenschaften, sondern *steuerungsfähige Prozesse*. Verhaltensweisen müssen eher als verfestigte Handlungen, und Eigenschaften eher als verfestigte Verhaltensweisen interpretiert werden. Die Anlagen entfalten sich in Reifeprozessen und Lernprozessen. Je rascher sich der Entfaltungsprozeß einer Anlage zu einer Verhaltensweise oder Leistungsform vollzieht und je weniger Erfahrung und Übung dafür in Anspruch genommen wird, desto berechtigter sprechen wir von Reifeprozessen, in den umgekehrten Fällen von Lernprozessen. Lernprozesse sind von Reifeprozessen abhängig, aber auch der Fortgang mancher Reifeprozesse von der Einschaltung von Lernprozessen. Die menschliche Entwicklung ist ein kompliziertes *Ineinander von Reife- und Lernprozessen.*

10. Es gibt in der Entwicklung der Anlagen *kritische Phasen,* in denen bestimmte Erfahrungen, Erstbegegnungen, Übungen usw. die optimalsten Erfolge haben. Das gilt besonders für bestimmte Erfahrungen im Kindesalter, aber auch noch im Jugendalter, allerdings jeweils anderen Inhalten gegenüber. Die Erziehung erscheint um so erfolgreicher zu sein, je früher und je phasengemäßer sie einsetzt und wirkt. Von extremen Ausfallerscheinungen abgesehen, ist jedes Kind lernfähig. Seine spezifischen Fähigkeiten und Interessen zu entdecken, bzw. zu erwecken und zu pflegen, hilft, es gleichzeitig fortschreitend lernfähiger zu machen. Auf den verschiedenen Entwicklungsstufen sind nach Art und Grad verschiedene Lehr- und Erziehungsmethoden nötig, um die gleichen oder ähnlichen Verhaltens- und Leistungsformen zu erreichen. Für manche Bereiche gilt, daß Hans nur noch schwer das lernt, was Hänschen nicht gelernt hat. Große Meisterschaften, die mit motorischen Fähigkeiten verknüpft sind, müssen in früher Jugend begonnen worden sein. Der erzieherische Einfluß auf der jeweili-

gen Stufe ist nicht nur begrenzt durch das Erbe, sondern auch durch das, was bis dahin schon *an Ausbildung versäumt wurde.* Jede Leistungsform, die nicht in Übung gehalten wird, verliert an Leistungshöhe.

11. Normale Entwicklung und normale Umweltbedingungen und Erziehungsverhältnisse vorausgesetzt, sind wahrscheinlich am *wenigsten veränderlich:* die körperlichen Eigenschaften, die konstitutionelle Eigenart, die angeborene Feinstruktur der Organe (z. B. Grad der Sinnestüchtigkeit), soweit sie nicht erst mit ihrer Betätigung endgültig aufgebaut werden (Kurzsichtigkeit z. B. kann angeboren und/oder erworben sein), die vitale Energiekapazität, das Temperament (seelisches Tempo), die Reaktionszeit, eventuell die gehirnphysiologischen u. a. Voraussetzungen für besondere Geschicklichkeiten usw. Aber auch für diese Bereiche gilt immer eine Variationsbreite, die von der Umwelt, der Übung, dem Training usw. bestimmt wird.

Mehr veränderungs- und beeinflussungsfähig erscheinen, wenn keine krankhaften Ausfälle oder Festlegungen zu verzeichnen sind und ganz besonders, wenn ein ausgleichendes erzieherisches Milieu und gezielte Erziehungsmaßnahmen mithelfen, folgende Bereiche: Intelligenz, Gefühlsansprechbarkeit, emotionale Stimmungslage (Lebensgrundstimmung), gewisse Wahrnehmungs- und Vorstellungseigenarten (wie mehr Farb- oder Formseher, mehr ganzheitlich oder elementenhaft auffassend, mehr enger oder weiter Auffassungsbereich, mehr assoziativer oder perseverativer Vorstellungs- oder Denkverlauf, mehr langsam — gründlich oder schnell — flüchtig usw.), dann wahrscheinlich Grundeinstellungen wie Introversion oder Extraversion, Aktivität im Sinne von Anstrengungsbereitschaft, ferner etwaige neurotische Reaktionsbereitschaften, gewisse formale Gegebenheiten des Funktionsgefüges, wie mehr integriert oder mehr desintegriert und ähnliches.

Am *stärksten von Umwelt und Erziehung beeinflußbar* sind, besonders im Kindes- und Jugendalter: Bedürfnisse, Interessen, Motivationen, Schul- und Lebensleistungen, die Verhaltenseigenschaften, Werthaltungen, Gesinnungen, Ansichten, Lebens- und Weltanschauungen.

12. Die bleibenden Unterschiede in den Leistungen, z. B. in den Intelligenzleistungen, dürfen nicht zu der Annahme verleiten, daß durch Schule und Erziehung nicht eine *allgemeine Hebung der geistigen Leistungen* möglich ist und auch tatsächlich stattgefunden hat: die Unterschiede, die weitgehend vom Erbe bestimmt werden, bleiben zwar, verhindern aber nicht die Steigerung der Leistungen aller und damit der durchschnittlichen Leistungen.

Bevor erzieherisch nicht alles getan wurde, was möglich war, ist kein erbbiologischer Pessimismus am Platze. Wo hemmende und gefährdende Erbeinflüsse bekannt sind, kann heute in vielen Fällen ebenso geholfen werden wie dort, wo gefährdende Umwelteinflüsse bekannt sind. Wo offensichtlich geringe oder keine erzieherischen Umwelteinflüsse walten, darf man sicher sein, daß keine optimale Entwicklung der Fähigkeiten stattfindet oder nur in solchen Bereichen, die durch die Lebensumstände besonders herausgefordert werden. Eineiige Zwillinge (EZ), die getrennt und in sehr unterschiedlichem Milieu aufwuchsen, entwickelten sich verschieden. Je verschiedener die Erziehungseinflüsse waren, desto verschiedener entwickelten sich auch beide. Unterschiedliche Erziehung und Bildung machten sich im Laufe des Lebens immer deutlich bemerkbar, wenn sie früh genug differenzierend wirksam wurden. Wir bemerken diese Einflüsse in der Regel nicht, weil die Erziehungseinflüsse innerhalb einer Epoche, einer Kultur, eines Standes, zwischen Geschwistern usw. einander ähnlicher sind, als wir annehmen. Wo uns im Gegensatz zu dieser Feststellung die Unterschiede (z. B. von Geschwistern) trotz angeblicher ähnlicher Erziehung auffallen, vergessen wir, wie unterschiedlich scheinbar gleiches Milieu erlebt werden und tatsächlich für den einzelnen sein kann.

Erziehung beginnt und endigt notwendig im Appell an die wachsende Selbsteinsicht und Selbsterziehung. Das Wichtigste ist die Stärkung der zunehmenden verantwortlichen Handlungsfähigkeit, die in der Auseinandersetzung zwischen Erbe und Umwelt zur freien sittlichen Entscheidung befähigt. Wer erziehen will, darf wie der Arzt den Glauben nicht aufgeben, daß eine Wendung, wenn nicht zum Guten, so doch zum Besseren jederzeit noch möglich sein kann. ...

IV. Das Problem der Erziehungsziele

...

1. Wir können offenbar in der Erziehung nicht auf Erziehungsziele und Bildungsideale verzichten. Rückwärts in die Geschichte verfolgt, entdecken wir immer wieder die Bedeutung und Geltung von Leitbildern und Lebensidealen, Erziehungszielen und Bildungsidealen, von »Urbildern gemeisterten Daseins«. Ihre Bedeutung für die Zukunft ist ebenso schwierig zu bestimmen, wie die vorwegnehmende Deutung dieser selbst. Jedoch lebt keine Zeit ohne *Zukunftsentwürfe*.

2. Erziehungsziele und Bildungsideale gelten heute grundsätzlich für *alle Menschen*. Es ist nicht mehr möglich, Bildung für eine Elite zu reservieren und Erziehung für das Volk oder die Masse. Wir sprachen deshalb bewußt fortlaufend ungeschieden von Erziehungszielen und Bildungsidealen. Alle, auch der niederste Mensch, haben Anspruch auf Bildung, d. h. Anspruch auf Einsicht und Verantwortung, bzw. Information und Mitspracherecht. Bildung versagt ohne das Fundament, das Unterricht und Erziehung legen, Erziehung bleibt ohne Bildung bloße Anpassung und Einpassung, denn es fehlt dann die Überhöhung des Gelernten und Anerzogenen ins Persönliche, Individuelle, Eigentümliche, Produktive, Selbstverantwortliche, Kritische.

3. Den Formulierungen von Erziehungszielen und Bildungsidealen wird immer ein *formaler Charakter* anhaften, der nicht zu überwinden sein wird. Die Aufgabe solcher formalen Klärung ist es, gewisse regulative Prinzipien zum Ausdruck zu bringen, die für konkrete Entscheidungen in konkreten Situationen eine Richtschnur bieten.

4. Die Erziehung benötigt laufende »Verbesonderungen« der Ziele — sei es aus entwicklungspsychologischen, sei es aus lernpsychologischen oder didaktischen Gründen —: durch sie sollen die »letzten Ziele« in erreichbare Vorziele — als Stationen auf dem Weg zum Endziel — konkretisiert werden. Diese Stationen

bedürfen als Vorziele der *Durchsichtigkeit auf Fernziele*, weil sie nur so vor einer falschen Verabsolutierung bewahrt werden und Stationen bleiben, die ihre Lebendigkeit vom Prozeß eines Werdens erhalten, der ständig über seine Ziele hinauswächst.

5. Mittel und Ziele sind in der Erziehung so ineinander verschränkt, daß sie gleichzeitig und miteinander bedacht werden müssen. Ziele müssen in der Erziehung *jederzeit als Mittel* und Mittel *jederzeit als Ziele* gedacht werden können.

6. Letzte Ziele (als Endzwecke und Selbstwerte nach Reininger)[8] können, pädagogisch gesehen, nie Einzelziele sein. Es kommt in der Erziehung auf den Zusammenhang und den Ausgleich der Ziele an. Jedes angestrebte positive Einzelziel entartet, wenn es nicht in der Spannung zu seinem *positiven Gegenideal* gesehen und gehalten wird. Erziehung erfordert das Offenhalten der Möglichkeiten des einzelnen durch den Aufweis von Polaritäten des Lebens. Vereinseitigung, existenzielle Konzentration muß weitgehend Sache der persönlichen Veranlagung und einer Entscheidung bleiben, die selten einer für den anderen, auch nicht der Erzieher für den Zögling, treffen kann, die aber jeder dem anderen, auch der Erzieher dem Zögling, die Schule dem Schüler, zugestehen sollte.

7. Ziele sind grundsätzlich *für die Zukunft offenzuhalten;* Erziehung meint nicht nur Tradierung, sondern den ständigen Selbsterneuerungsprozeß der Gesellschaft selbst an der Überlieferung, in dem diese auf Gegenwart und Zukunft bezogen wird. Erziehung ist auch verpflichtet, auf uns Zukommendes zu erkennen und in Vorgriffen abzufangen, die Zukunft ist weder nur dunkel noch einfach berechenbar; sie kann nicht vorweggenommen werden und will doch ständig antizipiert sein. Je mehr sich unsere Handlungsmöglichkeiten erweitern, durch Planungen in die Zukunft hinein, desto stärker wächst die Verpflichtung, das geplante Mögliche in einer Verantwortung zu halten, die ihrerseits gleichfalls dynamisch sein muß. Auch wenn es offen bleibt, ob menschliche Zukunft verantwortet oder ihr nur glaubend vertraut werden kann, entbindet das nicht von der konkreten Verantwortung dem konkreten Vorhaben gegenüber.

8. Erziehungsziele und Bildungsideale zu bedenken ohne die Frage ihrer *Realisierbarkeit,* ihrer Stellung und Funktion im Erziehungsfeld und Erziehungsprozeß, ihrer Abhängigkeit von allen anderen Faktoren im Erziehungsfeld zu reflektieren, ist nicht pädagogisch. Erziehung muß Erziehungsziele und Bildungsideale als Momente am Ganzen jenes Erziehungsvorganges begreifen, der nach seinen »Früchten« befragt wird, so schwierig auch die erzieherische Wirkung jeweils aufhellbar sein mag.

9. Die Formulierungen, die heute als möglich und tragbar erscheinen, zeigen fast alle die aufgezählten Charakteristika. Es sind Formulierungen von Zielen wie: der mündige Mensch, der verantwortliche (verantwortungsbereite und verantwortungsfähige) Mensch; der seiner selbst mächtige Mensch; auch heute beschwören wir die alten und neuen Formeln: Mündigkeit, Reife, Bildung, Menschlichkeit, Mitmenschlichkeit, Humanität, Sachlichkeit, Fähigkeit zur Kritik und Selbstkritik. Offenbar ist die Aufgabe jeweils dringlicher, diese Begriffe neu auszulegen als andere zu erfinden. Heute bedeutet das u. a., sie vom »Jargon des

Eigentlichen«¹ zu befreien und in ihnen wieder die gemeinte Sache selbst Wort werden zu lassen.
...

XII. Klaus Mollenhauer
Was ist Erziehung?[1]

Man kann sehen: Kinder auf einem Spielplatz, wie sie Löcher graben; Großmütter sitzen am Rand, sie lesen die Morgenpost; einen kleinen Jungen, er hat ein Spielauto an sich gedrückt, er weint. Man kann Mütter sehen, die sich mit ihren Kindern nicht getrauen, die Straße zu überqueren. »Alete« macht glückliche Kinder. Hinter einer Schule quillt der Pausenlärm hervor; Kinder drängeln sich in einen Omnibus; Kinder sitzen vor dem Bildschirm, stehen vor den Anschlagsäulen und Kinoanzeigen; durch offene Fenster kann man hören, wie Kinder bestraft werden, Erwachsene sich streiten. In der Regel wird das vom Verkehrslärm übertönt. Kinder, habt ihr Glück, daß es Kinderkleidung von Diolen gibt. Jugendliche kommen müde von der Arbeitsstelle, sitzen erschöpft im Omnibus. Die Dame, die gerade vom Kaffetrinken kommt, empört sich über »diese Jugend«, die ihr keinen Platz anbietet. Junge Mütter, selbst noch jugendlich, bringen ihre Kinder in den Kindergarten; zum Abschied bleibt wenig Zeit, die Frau muß arbeiten. Die Warteliste der Erziehungsberatungsstelle ist überfüllt. Der Strom jugendlicher Berlin-Besucher reißt nicht ab. 17 jährige sitzen im Gefängnis in Einzelzellen, liegen in Catania und St. Maxim in der Sonne, werden braun und schlafen mit ihren Freundinnen; sie sind Angestellte in guten Anzügen, lesen und sehen vom glücklichen Leben, natürlich keine Krawattenmuffel — aber wo bleibt das Glück?

Oder: Im Warenhaus werden zweiteilige Badeanzüge für 8 jährige Mädchen verkauft; die 15 jährigen dürfen »Lolita« nicht lesen, aber die Bücher von Oberst Rudel. Dokumentarfilme über den Krieg enthält man ihnen vor, in den Spielzeugläden reihen sich die Panzer und Raketenrampen. Jugendliche fallen unter das Jugendschutzgesetz, aber arbeiten müssen sie wie Erwachsene. Sie verdienen viel Geld, aber sie dürfen es nicht frei ausgeben. Sie haben angeblich keine Ideale, also geben wir ihnen Ostland-Parolen. Die Kinder sollen einmal freie Bürger werden, aber Gehorsam muß sein.

Oder: Jährlich werden in der Bundesrepublik 12 000 Mädchen unter 16 Jahren Mütter; über 60 Prozent der Jugendlichen wechseln ihren Beruf; 48 Prozent sind in Jugendverbänden organisiert; 5 Prozent der Studenten sind Arbeiter-

---
[1] Th. W. Adorno, Jargon der Eigentlichkeit — Zur deutschen Ideologie, Frankfurt 1964.

kinder; jeder Jugendliche geht durchschnittlich dreimal im Monat ins Kino; 12 Prozent der Kinder im Schuleintrittsalter sind nicht schulreif — oder was immer die Statistik sonst zu sagen weiß.

Oder: Der Wortschatz der Bildzeitung ist der Wortschatz des deutschen Lesebuches. Schon die Illustrierte »Stern« zu lesen, ist für viele eine ungewohnte Anstrengung. Die Jugend soll ihre Freizeit »gestalten«, aber den Erwachsenen fällt nichts ein. Die Kinder sollen auf die »Freiheit« vorbereitet werden, aber wir bauen den Familien zu kleine Wohnungen. Kinder und junge Menschen bevölkern die Reklameanzeigen. Das angenehme Leben ist zum Greifen nahe.

Worauf beziehen sich alle diese Aussagen? Besteht zwischen ihnen ein Zusammenhang, der nicht nur der Zusammenhang eines Textes, sondern auch der Zusammenhang einer Sache ist, die unabhängig von diesem Text existiert? Wie komme ich dazu, so unterschiedliche Feststellungen wie die über die Lektüre von Großmüttern, den Jugendstrafvollzug und die Ferien junger Leute in Sizilien in einem Atem zu machen — so, als handle es sich dabei um eine Sache oder doch um sehr eng zusammenhängende Sachen?

Der Zusammenhang dieser Sätze wird uns nur deutlich, sofern wir uns erinnern, und zwar, sofern wir uns an ein Stück gesellschaftlicher Praxis erinnern, deren handelnder oder leidender Teil wir sind oder gewesen sind. In dieser Erinnerung steckt die Wurzel des Begriffs der Sache, von der wir hier zu handeln haben, der Sache »Erziehung« nämlich.

Diese Erinnerung und diese Wurzel des Begriffs der Sache ist nun nicht eine beliebige, vielleicht selbst wieder zufällige, rein subjektive, die von den Zufällen eines individuellen Daseins allein bestimmt wäre. Diese Erinnerung ist vielmehr gesellschaftlich vermittelt. Was heißt das?

Bittet man beliebige einzelne, zum Beispiel Studenten zu Beginn ihres Studiums, um die Beschreibung eines pädagogischen Problems oder einer pädagogischen Situation, dann bekommt man in der Regel ein Material zusammen, das aus familiären Konfliktbeschreibungen, Beschreibungen von Strafsituationen, Disziplinarfällen aus der Schule, Lob und Tadel oder ähnlichem besteht. Die Erinnerungen, die dabei ans Licht kommen, sind alle aus dem gesellschaftlichen Zusammenhang gelöst, sie haben einen gleichsam punktuellen Charakter, sie sind nicht mit gleichzeitigen gesellschaftlichen Daten oder Erinnerungen verbunden, sondern allenfalls mit dem, was davor lag und danach kam, also verbunden in einem subjektiv biographischen Zusammenhang.

Das kommt zum Vorschein als unmittelbare Reaktion auf die Reizworte »Erziehung« oder »pädagogisch«. Wie sich aber in der Reflexion auf solche Beschreibungen zeigt, steckt in der Erinnerung weit mehr als nur das Aufgehobensein eines einzelnen Vorfalles, mehr als die zufällige subjektive Erfahrung des Berichterstatters. Analysiert man zum Beispiel die Erinnerung an einen strafenden Vater, dann findet man nicht nur eine gewisse Regelhaftigkeit des Strafaktes selber, die vielleicht aus einer vom Subjekt unabhängigen Erziehungssitte zu verstehen wäre. Man findet dann auch, daß dieser Akt gar nicht verständlich wird, wenn ich mir nicht auch die Vaterrolle in dieser Gesellschaft, die Rollenverteilung innerhalb der Familie, die Identifikationen mit vaterähnlichen Erscheinungen dieser Gesellschaft, die Rolle der Autorität in der Familie und vieles andere verdeutliche. Erst im Zusammenhang solcher »Erinnerungen«, erst im Kontext einer weiteren gesellschaftlichen Praxis wird das einzelne Phänomen wirklich, erscheint es dem Bewußtsein als das, was es ist, stellt sich allmählich sein Begriff her.

Der Begriff der Sache Erziehung ist also nicht identisch mit der landläufigen Bedeutung, die der gleichlautende Ausdruck hat. Auch das bedarf einer etwas näheren Erläuterung.

Die Etymologie[2] kann uns hier böse Streiche spielen, einfach deshalb, weil ein über Epochen hinweg sich haltendes Wort uns suggerieren könnte, auch die Sache, die diesem Wort entspricht, sei gleich, Erziehung sei eben immer Erziehung. Das Wort hat seine Wurzel in »ziehen« und »Zucht«, beides Wörter, die im mittelhochdeutschen Sprachzeitraum noch für »erzieherische« Sachverhalte verwandt wurden. Noch im 19. Jahrhundert sprach man von Ziehkindern, von Kindern, die keine leiblichen Kinder waren, sondern nur zu Pflege und Erziehung anvertraut. Die beiden Worte »ziehen« und »Zucht« stammen aber bezeichnenderweise aus dem Umgang mit Tieren, wo sie heute noch ihren Ort haben: »Ziehen« und »Zucht« bedeuten das Herausziehen des neugeborenen Tieres aus dem Mutterleib und seine Aufzucht, also das Gewöhnen an die Bedingungen einer domestizierenden Tierhaltung. Unter bestimmten gesellschaftlichen Umständen nun ist es nicht weit zur Übertragung dieser Worte auf Phänomene des menschlichen Daseins: Auch das Handeln des Erwachsenen am neugeborenen Kind kann verstanden werden als ein Vorgang des Eingewöhnens und Einfügens des jungen Menschen in einen gegebenen »Domestikationszusammenhang«, das heißt hier: in einen Zusammenhang von Verhaltensregeln, von Sitte, Gesetz, überhaupt von gegebener Ordnung, von Tugenden und leitenden Vorstellungen. Die Analogie ist nicht so absurd, wie es uns heute scheinen könnte. Dieses Einfügen geschieht durch Akte einzelner Erwachsener, durch Vater und Mutter, vielleicht auch durch den Lehrherren, vielleicht auch durch einen religiösen Repräsentanten. Die Kontakte, die der junge Mensch erfährt, sind durchweg persönlicher Natur, weil das soziale Feld, in dem er lebt, ein durch Personen gegliedertes Feld ist. Was ihm an Tradition, an Verhaltensansprüchen, Leitvorstellungen und Werten gegenübertritt, ist durchweg persönlich vermittelt. Es ist, unter solchen Umständen, sinnvoll, Erziehung nur das zu nennen, was in persönlichen Akten zwischen einem Erwachsenen und einen Unerwachsenen als gezielte Einwirkung sich auf diesen, den Unerwachsenen, richtet. Diese Bedeutung des Ausdrucks »Erziehung« hat sich im wesentlichen bis heute erhalten, wenn man von den personalistischen Modifikationen absieht, die er erfahren hat, vor allem unter dem Einfluß der Existenzphilosophie.

Inzwischen hat sich die Gesellschaft entscheidend verändert. Verändert hat sich die gesellschaftliche Praxis, die ein Ausdruck wie »Erziehung« bezeichnen will. Und das begann bereits am Ausgang des 18. Jahrhunderts, am Ausgang derjenigen Entwicklungen der Gesellschaft, die wir gewohnt sind, in den Begriffen

Industrialisierung und Demokratisierung uns verständlich zu machen. Damals bereits wurde deutlich, daß diejenigen Phänomene, die es mit jenem Einfügen der heranwachsenden Generation in die Gesellschaft zu tun haben, mit dem herkömmlichen Begriff von Erziehung nicht mehr zu fassen sind. Es entstand zusätzlich der Begriff der Bildung, dessen Problematik ich an dieser Stelle nicht explizieren kann. Seitdem versucht die deutsche Erziehungstheorie, ihren Gegenstand durch das Begriffspaar »Erziehung und Bildung« zu benennen.

Dessen ungeachtet, treibt der alte Erziehungsbegriff sein Wesen in der unreflektierten, weil die gesellschaftlichen Bedingungen nicht mitbedenkenden, Alltagssprache. Wir beobachten hier, was die Soziologie für andere kulturelle Phänomene nachgewiesen hat: einen »cultural lag«, ein kulturelles Nachhinken des pädagogischen Bewußtseins hinter der gesamtgesellschaftlichen Entwicklung.

Dieses Nachhinken offenbart sich in den erwähnten Beschreibungen, mit denen eine pädagogische Situation dargestellt werden soll. Obwohl also der Begriff in der Erinnerung an die erlebte Praxis, die ja eine Praxis von heute ist, seine Wurzel hat, bleibt er doch unvollkommen, ja falsch, solange das Subjekt dieser Erinnerung die Erinnerung nicht aufklärt, das heißt, solange es in subjektiver Befangenheit die *Bedingungen* jener Praxis und deren komplexen Zusammenhang wie auch die Bedingungen dieser Erinnerung nicht reflektiert.

Der Erziehungsbegriff und das gesellschaftliche Gesamtsystem, für das er gilt, sind also unabhängig voneinander nicht zu denken. Erziehungstheorie und Gesellschaftstheorie gehören zueinander. Erziehungswissenschaft ist eine Sozialwissenschaft. Wir müssen die Gesellschaft kennen, um zu ermitteln, was in ihr Erziehung heißen kann.

Der gegenwärtige Erziehungsbegriff — und das habe ich in den einleitenden Impressionen anzudeuten versucht — ist vornehmlich durch drei formale Merkmale bestimmt:

1. *Seine Ausdehnung.* Es wäre eine willkürliche und zudem gefährliche Verengung, wollten wir unter Erziehung nur diejenigen Vorgänge verstehen, die als persönliche Beeinflussungen in Familie und Schule, allenfalls noch in den ersten Berufsjahren stattfinden. Schon seit dem Beginn des 19. Jahrhunderts hat sich das ganze System von Maßnahmen und Einrichtungen, die der Eingliederung der jungen Generation in die Gesellschaft dienen, enorm erweitert[3]: Unser Erziehungssystem ist ein höchst komplexes Gebilde geworden, das nicht nur aus persönlichen Akten und Hilfen besteht, sondern auch aus einem funktionellen Arrangement von Bedingungen, die das Heranwachsen ermöglichen und sichern sollen; institutionell wird das am deutlichsten dadurch, daß der Schulbehörde seit mehr als 40 Jahren eine zweite Erziehungsbehörde nebengeordnet ist: das Jugendamt. Arbeitszeitverkürzung, Regelung des Urlaubs für Jugendliche, Einrichtung von Kinderspielplätzen, Jugendtourismus, Familienberatung sind pädagogisch nicht weniger bedeutungsvoll als Probleme der Heimatkunde, der Einführung der Prozentrechnung oder der Frage, ob die Reinlichkeitsdressur von Säuglingen besser im 13. oder im 18. Monat einzusetzen habe.

2. *Seine Differenziertheit.* Erziehung geschieht nicht nur in einer, sondern in

vielen Ebenen. Die traditionellen Erziehungsfelder, die eindeutig-konkreten Sozialformen, in denen sie geschieht, sind gleichsam durchlöchert. Erziehung geschieht unter dem Eindruck der Öffentlichkeit. Die Faktoren, die innerhalb der Familie auf die heranwachsenden Kinder einwirken, die das Heranwachsen befördern, hemmen, umbiegen oder auf andere Weise beeinflussen, sind nicht nur der Zahl nach mehr, sondern auch der Art nach andere geworden. Die Anwesenheit von technischen Geräten, die Notwendigkeit, separate Kinderzimmer zu halten, das Fehlen eines Spielraums in der unmittelbaren Umgebung des Hauses, die Anwesenheit von Massenkommunikationsmitteln wie Rundfunk, Fernsehen, Presseprodukte, daraus ergibt sich insgesamt ein Komplex von Beeinflussungen, der von großer Vielschichtigkeit ist. Was für die Familie gilt, gilt für die Schule nicht minder. Die Institution Schule ist heute etwas qualitativ anderes als das, was etwa Pestalozzi oder Herbart sich vorstellen konnten, wenn sie davon sprachen. Beide Phänomene, obwohl sie mit dem gleichen Ausdruck benannt werden, haben kaum mehr gemein als die Tatsache, daß im einen wie im anderen Fall bei Anwesenheit von mehr als fünf Kindern eine bestimmte Klasse von Informationen vermittelt werden soll. Das Gewebe von Zwängen, mit dem die Gesellschaft den einzelnen gefangenhält und in ihre Bahnen lenkt, ist dichter geworden. Dieser Prozeß zunehmender Vergesellschaftung kann den Begriff der Erziehung nicht unberührt lassen. Eine Erziehungstheorie, die von solcher Veränderung in der Struktur aller Erziehungsfelder keine Notiz nimmt, wird zu wenig ermunternden Aussagen kommen. Sie wird, da sie in der Theorie einen vergangenen gesellschaftlichen Zustand reproduziert, notwendig ein falsches Bewußtsein produzieren. Dieser Gefahr ist die Erziehungswissenschaft nicht selten erlegen. Und dies ist auch der Grund, warum heute Soziologie und Sozialpsychologie bisweilen mehr über Erziehung zu sagen wissen als die Erziehungswissenschaft selbst.

3. *Die innere Problematik des Erziehungsbegriffes.* In meinen einführenden Impressionen habe ich nicht nur Urteile formuliert, in denen Wahrnehmungsinhalte zur Sprache kommen wie »Ich höre den Pausenlärm einer Schule«, sondern ich habe auch solche Sätze zitiert, in denen einem Wahrnehmungsurteil ein Postulat entgegengesetzt wird, und solche, in denen zwei Urteile oder Postulate in einem problematischen Verhältnis zueinander stehen. Zum Beispiel: »Kinder sollen freie Bürger werden, aber Gehorsam muß sein.« Oder: »Sie dürfen ›Lolita‹ nicht lesen, aber die Bücher von Oberst Rudel.« Was liegt hier vor? Kommt dadurch nicht ein normatives Element in den Begriff hinein? Assoziiert sich da nicht mit dem Versuch, das Faktische zu beschreiben, eine subjektive Setzung, eine vielleicht ehrenwerte, aber hier besser zu vermeidende Option[4] für ein bestimmtes Erziehungsziel? Handelt es sich hier nicht, statt um wissenschaftliche Beschreibung und Analyse, vielmehr um Wertungen?

Nun — solche Sätze spielen auf eine bemerkenswerte Differenz im Erziehungsbegriff selbst an. Es wäre nämlich eine unserem Bewußtsein unangemessene Verkürzung, würden wir den Erziehungsbegriff nur als dasjenige fassen, was sich als einschlägige Phänomene und Vorgänge der Wahrnehmung zeigt. Der Begriff der Erziehung enthält nämlich mehr als den Inbegriff des nur Faktischen. Er enthält einen Anspruch der Vernunft, das heißt heute: einen Anspruch auf Emanzipation[5]. Was bedeutet das?

Überall, wo erzogen wird, ist im Begriff dieser Tätigkeit nicht nur der Komplex von Maßnahmen, Einrichtungen und Handlungen zusammengefaßt, die das Erwachsenwerden des jungen Menschen ermöglichen sollen, sondern zugleich die damit zu leistende Aufgabe mitgemeint. Der Erziehungsbegriff kann nur zureichend bestimmt werden im Hinblick auf den Begriff des Erwachsenseins. Erst von diesem her wird die besondere pädagogische Problematik einer Gesellschaft oder Kultur ganz verständlich, da er es ist, der dem jeweiligen Erziehungssystem seine sinnvolle Ordnung, seine Struktur verleiht. Erwachsensein bedeutet je etwas anderes in einer primitiven Kultur, in der griechischen Antike, in der römischen res publica, im mittelalterlichen Feudalismus, im absolutistischen Gemeinwesen, in der bürgerlich-kapitalistischen Gesellschaft oder in einer sozial sich demokratisierenden offenen Industriegesellschaft.

Die problematische Differenz im gegenwärtigen Erziehungsbegriff, von der ich gesprochen habe, ergibt sich nun aus dem besonderen Begriff des Erwachsenseins, der in unserer Gesellschaft gilt. Diese Differenz hat ihren geschichtlich-gesellschaftlichen Ursprung in den Emanzipationsbewegungen seit der Aufklärung. Seitdem enthält der Begriff des Erwachsenseins heterogene Elemente. Er bezeichnet nicht — wie noch am eindeutigsten in primitiven Gesellschaften — die pure Übereinstimmung des Bewußtseins und Verhaltensstils eines einzelnen mit seinem sozialen Milieu, sondern darüber hinaus auch die Fähigkeit, dieses Milieu zu verändern. Das setzt Kritik voraus. Infolgedessen enthält auch der Erziehungsbegriff ein Element der Kritik. Erziehung bedeutet nicht mehr nur Integration in ein gegebenes System von Herrschaftsverhältnissen und Ordnungen, sondern ebenso Emanzipation aus solchen Verhältnissen, Fähigkeit der Befreiung. Hier liegt vornehmlich die Bedeutung der Erziehungstheorie Rousseaus. Sein »Emile« ist die entschlossene Abwendung von einem in die Gesellschaft total integrierten Erwachsenenbegriff und der Versuch, im Begriff des »guten Kindes« jene problematische Differenz in das Erziehungsdenken einzubringen. Schleiermacher hat dann, 50 Jahre später, dieses Problem in systematischem Zusammenhang formuliert, indem er sagte, die Aufgabe der Erziehung sei es nicht nur, die Jugend tüchtig zu machen, das vorhandene Gute zu bewahren, sondern auch, sie instand zu setzen, in die gesellschaftlichen Verhältnisse verbessernd einzugreifen.

Wenn es die Funktion der Erziehung ist, Kritik und Veränderungsfähigkeit hervorzubringen nach Maßgabe eines Fortschrittes der Emanzipation, muß auch die Erziehungstheorie genau diesen Sachverhalt beständig bedenken. Sie muß eine Theorie emanzipierter Erziehung sein, oder genauer: die Theorie einer Erziehung unter dem Anspruch der Emanzipation. Sie entfaltet sich deshalb in dem Widerspruch wirklicher Unfreiheit und möglicher Freiheit. Sie kann sich auf den schlichten Sachverhalt berufen, daß unser Begriff von einem realisierbar glücklichen Dasein besser ist als dessen tägliche Faktizität. Dieser Begriff des Besseren ist nicht irgendein der gesellschaftlichen Gegenwart gegenübergestelltes freundliches Wunschbild ohne Aussicht auf Verwirklichung — wie es etwa in den Uto-

pien von Platon über Thomas Morus und Campanella bis Bacon der Fall war —,
sondern ist ein greifbar Realisierbares. Es schließt in der detaillierten Kritik der
Gegenwart unmittelbar an diese an, jedenfalls, wenn der Begriff der Demokratie
irgendeine Entsprechung im Bewußtsein und der Praxis der freien, das heißt der
in Emanzipation begriffenen Bürger haben soll[6].

XIII. Werner Loch
Enkulturation als anthropologischer Grundbegriff der Pädagogik[1]

Man versteht die Pädagogik heute gern als »Erziehungswissenschaft« und will
damit entweder ihren Gegenstand, die Erziehung, hervorheben oder ihren Wissenschaftscharakter, vor allem im Hinblick auf die notwendige empirische Erziehungsforschung, betonen. Beide Akzente haben ihren Sinn und ihre Probleme.
Dieser Aufsatz soll sich mit der Gegenstandsproblematik der Erziehungswissenschaft befassen. Sie beginnt schon ganz elementar damit, daß im Grunde seit
Herbart und Schleiermacher der Erziehungsbegriff nicht mehr ordentlich definiert worden ist. Ihn ordentlich definieren heißt ihn so fassen, daß er die Basis
einer erziehungswissenschaftlichen Theorie bilden kann, deren Begriffe und Sätze
(Hypothesen) von diesem Grundbegriff logisch ableitbar sind. Gerade die empirische Erziehungsforschung, von der so viele heute träumen, setzt genau definierte Begriffe voraus, weil man sonst nicht weiß, was man beobachten soll, und
keine Aussagen machen kann, die sich durch Beobachtungen und Experimente
bestätigen oder widerlegen lassen[2]. Aber Begriffsdefinitionen und exakt konstruierte Theorien gelten seit dem Verfall des systematischen pädagogischen Denkens im »Expressionismus« der Pädagogischen Bewegung in der gegenwärtigen
sogenannten Allgemeinen Pädagogik geradezu als unfein, als quantité négligeable[3]. Das hängt mit der verhängnisvollen Überzeugung, die im »Irrationalismus« jener Epoche ihren Ursprung hat, zusammen, daß das pädagogische Denken zwar in der Praxis engagiert sein müsse, sie aber nicht beherrschen könne
und dürfe[a]. Wenn die Theorie so die Erziehungspraxis immer nur nachträglich
interpretiert, ist sie auf vorgängige Begriffsbestimmungen und systematische
Modelle der Erziehung nicht in dem Maße angewiesen wie eine Theorie, nach der
die Praxis experimentell gestaltet und beobachtet werden soll. Wer sich ernst-

---

[a] Vgl. Erich Weniger, Die Eigenständigkeit der Erziehung in Theorie und Praxis,
Weinheim o. J., S. 7 ff.: »Theorie und Praxis in der Erziehung«; Wilhelm Flitner, Das
Selbstverständnis der Erziehungswissenschaft in der Gegenwart, 2. Auflage, Heidelberg
1958; Ilse Dahmer, Theorie und Praxis, in: Dahmer-Klafki, Geisteswissenschaftliche
Pädagogik am Ausgang ihrer Epoche — Erich Weniger, Weinheim und Berlin 1968,
S. 35 ff.

haft der letzteren Intention verschreibt, kann den gegenwärtigen Stand der Erziehungstheorie nur als sehr unbefriedigend bezeichnen[b].

Die Gegenstandsproblematik der Erziehungswissenschaft ergibt sich aus dem paradoxen Sachverhalt, daß das Wort Erziehung, wie man auch immer seinen Begriffsinhalt und -umfang bestimmen mag, niemals den ganzen Gegenstand der Pädagogik bezeichnen kann, weil der Erziehungsbegriff als ein Funktionsbegriff — anthropologisch zwingend — seine Bestimmung nur im Rahmen der umgreifenden Kategorie oder Struktur bekommen kann, die diese Funktion (Leistung) der Erziehung zu ihrem Bestand erfordert. Die Forderung Wolfgang Brezinkas, »den Begriff der Erziehungswirklichkeit zum Begriff der erzieherisch bedeutsamen Wirklichkeit auszuweiten«, bringt dieses fatale Problem mit aller wünschenswerten Deutlichkeit zum Ausdruck und enthüllt das ganze Ausmaß der Begriffsverwirrung, die besonders durch das Konzept der Erziehungswissenschaft hervorgerufen worden ist[c]. Was »erzieherisch bedeutsam« ist, muß etwas anderes sein als das, was »erzieherisch« oder »Erziehung« genannt wird. Der Begriff dieser »erzieherisch bedeutsamen Wirklichkeit«, in die die Erziehung »eingebettet« ist, muß als Begriff aller »an der Persönlichkeitsbildung beteiligten Prozesse« umfassender sein als der Begriff der Erziehung. Dieser umfassende Begriff, für den wir — semantisch gesprochen — noch einen »gemeinsamen Nenner« brauchen, bezeichnet den *umgreifenden Gegenstand* der Pädagogik. Er kann — logisch und anthropologisch gesehen — nicht aus dem Begriff der Erziehung, sondern dieser nur aus ihm abgeleitet werden, weshalb der Begriff der Erziehung niemals den ganzen, sondern allenfalls nur den *zentralen Gegenstand* der Pädagogik umfassen kann. Aus diesem Grunde sollte man das Konzept der »Erziehungswissenschaft« wie eine faule Kartoffel schleunigst in den Mülleimer der pädagogischen Fehlkonzeptionen werfen und, wenn einem nichts Besseres einfällt, das gute, alte Wort »Pädagogik« rehabilitieren und den darin enthaltenen Wissenschaftsbegriff allerdings in der Richtung weiterentwickeln, die durch die Entwicklung der modernen Sozialwissenschaften und sonstigen Humandisziplinen zu einer umgreifenden, die speziellen Fragestellungen integrierenden »Anthropologie« vorgezeichnet ist. Daß die Erziehung nicht aus sich selbst verstanden werden und daß es in dieser Hinsicht die vielberufene »Eigenständigkeit« der Erziehungswissenschaft nicht geben kann, läßt sich nicht nur wissenschaftstheoretisch, sondern auch faktisch durch einen Blick auf die derzeitige Praxis der »Erziehungswissenschaft« zeigen, wo unter der Devise der empirischen Fragestellung die Auflösung der Pädagogik in die Forschungs- und Kompetenzbereiche anderer Wissenschaften (der Soziologie, Psychologie und Ökonomie vor allem) und in die Interessen der Bildungspolitik längst im Gange ist und wo das locker geknüpfte Begriffs-

---

[b] Vgl. Wolfgang Brezinka, Die Krise der wissenschaftlichen Pädagogik im Spiegel neuer Lehrbücher, in: Z. f. Päd., 12. Jg. 1966, S. 53 ff.; ders., Über den Wissenschaftsbegriff der Erziehungswissenschaft und die Einwände der weltanschaulichen Pädagogik, in: Z. f. Päd., 13. Jg. 1967, S. 135 ff.

[c] Wolfgang Brezinka, Die Pädagogik und die erzieherische Wirklichkeit, in: Z. f. Päd., 5. Jg. 1959, S. 2.

netz der Erziehungstheorie allenfalls noch die Funktion einer Einkaufstasche hat. In völliger Verkennung der *analytischen* Aufgabe, welche die umgreifende anthropologische Fragestellung für die Definition des Erziehungsbegriffs und die Ausarbeitung einer systematischen Theorie der Erziehung und der sie bedingenden Faktoren zu erfüllen hat, wird die in diesem Zusammenhang notwendige Idee einer *pädagogischen Anthropologie*, als zwischen der allgemeinen Anthropologie und der Theorie der Erziehung vermittelnder Disziplin, zu einem Sammelbecken für eine mehr oder weniger geordnete Anhäufung von »erziehungswissenschaftlich bedeutsamen« Forschungsbefunden anderer Wissenschaften deklassiert[d].

So geht mit dem Verfall ihres systematischen Denkens die Auflösung der Pädagogik Hand in Hand. Und auch die so viel beklagte »Vernachlässigung der empirischen Forschung« in der Pädagogik ist eine zwangsläufige Folge des Fehlens theoretischer Modelle, deren Hypothesen empirisch falsifizierbar sind. Die mangelnde Erforschung des Problems, »wie die Erziehung im Wirkungszusammenhang mit den übrigen menschenformenden Faktoren konkret vor sich geht«, sollte man nicht den »relativ langsamen Fortschritten benachbarter Disziplinen« in die Schule schieben, sondern als ein Versäumnis der Pädagogik selbst erkennen, das vor allem die Folge davon ist, daß sie keine Theorien dieses »Wirkungszusammenhanges« produziert hat, die man empirisch bewähren kann[e]. Nur wenn man eine Theorie des Sachverhaltes hat, der einem problematisch ist, kann man seine Erforschung in Angriff nehmen, weil man dann erst weiß, was man im einzelnen zu untersuchen hat. Das ist der Grund, weshalb »Theorien Beobachtungen und Experimenten gegenüber insofern eine Priorität haben, als Beobachtungen und Experimente nur im Zusammenhang mit theoretischen Problemen von Bedeutung sind. Wir brauchen ja zunächst eine Frage, bevor wir hoffen können, daß uns die Beobachtung oder das Experiment irgendwie zu einer Antwort verhelfen werden«[f]. In diesem Sinne soll im folgenden der Versuch, die Vorarbeit zu einer Theorie mitgeteilt werden, die den zentralen Gegenstand der Pädagogik, die Erziehung, im Rahmen ihres umgreifenden Gegenstandes, zu dessen Bezeichnung der Terminus »Enkulturation« eingeführt wird, definieren soll.

I. Ein kulturanthropologisches Modell der Erziehung

Wie man auch immer den Begriff der Erziehung definieren will, muß man davon ausgehen, daß dem Menschen seine Lebensform im Unterschied zum Tier nicht angeboren ist. Sie entwickelt sich nicht zwangsläufig aus den Anlagen, die sein Organismus zur Welt mitbringt, sondern steht in der Welt für ihn bereit als die *Kultur* der betreffenden Gesellschaft, in die er hineingeboren wird. In ihr ist ihm eine typische Gestalt der Lebensführung vorgegeben, die er sich aneignen

---

[d] Vgl. Heinrich Roth, Pädagogische Anthropologie, Bd. I, Hannover 1966; dagegen: Otto Friedrich Bollnow, Die anthropologische Betrachtungsweise in der Pädagogik, Essen 1965; Werner Loch, Die anthropologische Dimension der Pädagogik, Essen 1963.
[e] Brezinka, a. a. O., S. 3 f.
[f] Karl R. Popper, Das Elend des Historizismus, Tübingen 1965, S. 77.

muß und die ihn dabei prägt. Diese prägnante Aneignung der Kultur als seiner Lebensform vollzieht der Mensch auf Grund der Fähigkeit des *Lernens*. Das Merkwürdige, den Menschen von den anderen Lebewesen Abhebende besteht aber nun nicht nur darin, daß ihm seine Lebensform als Kultur aufgegeben ist und daß er sie sich durch die Anstrengung des Lernens erst zu eigen machen muß (lernfähig sind in einem gewissen, mit der Entwicklungsreihe steigenden Maße auch die Tiere), sondern daß er bei diesem Lernen der Kultur auf eine spezifische Form der *Interaktion* mit Mitmenschen angewiesen ist. Diese spezifische Form der sozialen Interaktion bildet sich im Zusammenhang des Lernens der Kultur heraus, das prinzipiell nicht anders als »interaktiv« geschehen kann. Der Mensch kann die Kultur nur lernen auf Grund der Interaktion mit anderen Menschen. Dabei zeigt sich nun, daß er immer dann auf eine zusätzliche, spezifische Interaktionsform seiner Mitmenschen angewiesen ist, wenn er beim Lernen Schwierigkeiten hat. Diese Schwierigkeiten fassen wir terminologisch im Begriff der *Lernhemmung* zusammen, und die spezifische Interaktion, die zusätzliche »Nachhilfe« seiner Mitmenschen, die bei solchen subjektiven oder objektiven, endogenen oder exogenen[4], angenommenen oder tatsächlichen Lernhemmungen funktionell notwendig wird, bezeichnen wir einfach als *Lernhilfe* oder traditionell als *Erziehung*. Erziehung läßt sich so als die Interaktionsform der Lernhilfe definieren, die der Mensch grundsätzlich immer dann benötigt, wenn er beim Lernen eines kulturellen Sachverhalts aus irgendeinem Grund gehemmt ist. Erziehung ist also jene eigenartige Hilfeleistung, die der Mensch in denjenigen Lebensaltern und Lebenslagen benötigt, wo er eine Lernaufgabe nicht selbständig bewältigen kann. Mit dieser Definition ist der Erziehungsbegriff aus der Bindung an das Generationsverhältnis gelöst, die ihm Schleiermacher gegeben hatte, und auch auf Lernhilfen anwendbar, die unter den Kulturbedingungen moderner Gesellschaften in bestimmten typischen Lagen auch sogenannten Erwachsenen gegeben werden müssen, weil dort der permanente, rasche Wandel der kulturellen Lebensbedingungen und -formen das Lernen zu einer lebenslänglichen Daueraufgabe macht und der für traditionsgeleitete Gesellschaften konstitutive *Lernvorsprung* der älteren gegenüber der jüngeren Generation relativiert wird wie das Generationsverhältnis selbst[g].

In dieser Begriffsbestimmung erscheint die Erziehung als eine soziale Funktion des Lernens der Kultur, die unter einer genau angegebenen Bedingung, der Lernhemmung, sich als Aufgabe stellt und als Leistung verwirklicht werden kann. Der hier gebrauchte Funktionsbegriff — das muß zur Vermeidung von Mißverständnissen an dieser Stelle gesagt werden — ist nicht mit dem Funktionsbegriff identisch, der in dem Konzept der sogenannten »funktionalen Erziehung« zur Geltung kommt. Die dieses Konzept artikulierende Hypothese »Alle erziehen alle jederzeit« ist aus dem vorstehend entwickelten Erziehungsbegriff nicht ableitbar, ebensowenig wie die Auffassung, daß Erziehung nur als »intentionale

---

[g] Vgl. Loch, Homo discens, in: Peege (Hrsg.), Kontakte mit der Wirtschaftspädagogik, Neustadt/Aisch 1967, S. 135 ff.

Erziehung« zu begreifen sei[h]. Diese Frage wird offengelassen. Auch ist mit diesem Erziehungsbegriff keine Wertung verbunden, allenfalls die, daß die Erziehung für das Lernen der Kultur und damit für den Menschen überhaupt einen »Wert« hat, weil sie Lernhilfe leistet. Damit kann dieser Erziehungsbegriff grundsätzlich auf jedes Wertsystem angewandt werden. Das gleiche gilt für die anderen eingeführten Begriffe, aus denen der Erziehungsbegriff konstruiert worden ist: Kultur, Lernen, Interaktion sollen als *deskriptive* Termini verwandt werden.

Was die Erziehung als Schrittmacherin des Lernens der Kultur zu leisten hat, ihre Funktion, wird erst genauer sichtbar, wenn wir den Gegenstand dieses Lernens, die *Kultur*, näher bestimmen. Indem wir den Terminus Kultur als Begriff für die Lebensform genommen haben, die den Menschen vom Tier unterscheidet, bildet er den anthropologischen Oberbegriff für den die Erziehung umgreifenden Gegenstandsbereich der Pädagogik. Dieser Gegenstandsbereich wird am Begriff der Kultur durch den Begriff des Lernens abgesteckt und von den Gegenstandsbereichen anderer anthropologischer Disziplinen abgegrenzt. Das *Lernen der Kultur* ist der eigentümliche und ganze Gegenstand der Pädagogik, zu dessen Bezeichnung wir von der Kulturanthropologie den Terminus »*Enkulturation*« übernehmen[i]. In seinem wichtigen Buch »Toward a Science of Man in Society« hat K. William Kapp den Terminus Kultur als das »common denominator concept« dargestellt, das dem Begriff des Menschen »komplementär« ist, weil es bei der Deskription, Explikation und Prädiktion jeglichen menschlichen Verhaltens als Variable interveniert: »As a conceptual framework, culture is not a description of phenomena or experiences, but an abstraction derived from observed regularities in behavior. As such, it is a real type — an image that simplifies and renders intelligible what at first sight appears unconnected and disparate in character. Indeed, culture makes intelligible the behavior of individuals and groups in their interaction with one another and the specific cultural environment in which they function, and gives expression to and indeed emphasizes the structural character of social reality ... As a real type it is sufficiently flexible and open to new evidence derived from new observations. As a conceptual framework it is of sufficient comprehensiveness to cut across all social sciences ... Its strategic significance for the integration of the social sciences stems from the fact that culture is the intervening variable between man as an organism and the total environment.«[j] Der Kulturbegriff ist hiernach als der allgemeine Bezugsrahmen anzusehen, der allen Sozialwissenschaften gemeinsam ist. Er kann deshalb sowohl zu deren Integration in Richtung auf eine allgemeine Anthropologie als auch als Oberbegriff zu deren Differenzierung dienen. Indem die Pädagogik die Kultur im Hinblick darauf betrachtet, daß sie vom Menschen *gelernt*

---

[h] Ernst Krieck, Philosophie der Erziehung, Jena 1922.

[i] Dieser Begriff ist von Melville H. Herskovits in die Kulturanthropologie eingeführt worden, vgl. Herskovits, Man and His Works, The Science of Cultural Anthropology, New York, 1. Auflage 1947, 9. Auflage 1964, S. X.

[j] K. William Kapp, Toward a Science of Man in Society, Den Haag 1961, S. 172.

werden muß und daß der Mensch dabei unter bestimmten Bedingungen Lernhilfe benötigt, setzen der sich hieraus ergebende pädagogische Grundbegriff der Enkulturation und Begriff der Erziehung als *Enkulturationshilfe* eine Definition des Kulturbegriffs voraus.

II. Kultur als Lebensform des Menschen

Als Lebensform des Menschen enthält die Kultur alle Gebilde, durch deren Benutzung und Verlebendigung der Mensch sein Leben realisiert[k]. Zur Kultur gehören: die Sprache mit ihren Begriffen und Bedeutungen, die dem Menschen sich selbst und seine Welt verständlich, seine Wahrnehmungen und Gedanken sich selbst und den Mitmenschen mitteilbar machen und eine sinnvolle Weltansicht und »Matrize« des Lebens entwerfen; die moralischen Normen und Verhaltensmuster, die sein Leben regeln; die emotionalen Ausdrucksweisen, in denen sein Erleben und Verhalten ihm als bergendes oder bewegendes Gefühl bewußt wird; die sozialen Organisationen, Rollen und Spielregeln, die sein Verhalten zum Mitmenschen bestimmen; die Einrichtungen des Rechtes und der Politik, die durch Autorität und Gewalt das menschliche Leben in seinen Ordnungen halten; die Arbeits- und Wirtschaftsformen mit ihren Werkzeugen, Produktions- und Verwaltungstechniken und -praktiken, durch die der Mensch seine »Lebensmittel« im weitesten Sinne herstellt und rationell verwaltet; die Technik überhaupt als Inbegriff aller Werkzeuge, Maschinen und Automaten, die er sich als »Organe« der Selbsterhaltung geschaffen hat, weil sein biologischer Organismus nicht dazu ausreicht und künstlicher Gebilde zur Ergänzung und Erweiterung, zur Entlastung und zum Ersatz seiner natürlichen Organe bedarf; schließlich die Einrichtungen und Tätigkeiten, die der Mensch nicht zur Bewältigung der Lebensnotdurft hervorgebracht hat, sondern als Selbstzweck, zur produktiven Ausweitung seiner Lebensmöglichkeiten: die Künste und Wissenschaften, die Weisen der geselligen Selbstdarstellung (wie z. B. Spiel und Sport, Feste und Feiern), die religiösen Kulte, durch die er, seine Welt transzendierend, den Anspruch göttlicher Macht sucht und findet. Alle diese Symbolsysteme und Ausdrucksweisen, Institutionen und Werkzeuge, Tätigkeits- und Produktionsformen, Praktiken, Techniken und Methoden, Gewohnheiten, Moden, Bräuche und Sitten, Lebensgehäuse und Lebenswege, Pläne und Unternehmungen, Ziele und Hoffnungen — alle diese vom Menschen für den Menschen überlieferten oder geschaffenen Gebilde stellen in ihrer Gesamtheit die Kultur dar als das umfassende Medium, in dem der Mensch sein Leben verwirklicht und das von jedem zur Welt gekommenen Lebewesen menschlicher Anlage — unter der Mithilfe der Erziehung — in einem Mindestmaß gelernt werden muß, wenn es Mensch werden soll.

Jede der vielen Kulturen, die es in den Epochen der Menschheitsgeschichte

---

[k] Einen umfassenden Überblick über die verschiedenen Kulturbegriffe findet man in: Kroeber-Kluckhohn, Culture, A Critical Review of Concepts and Definitions, New York 1952.

nebeneinander und nacheinander gegeben hat, zeichnet den darin lebenden Menschen eine oder mehrere typische Lebensformen vor. Nur indem der Mensch eine dieser Formen lebt, ist er Mensch. Es gibt kein Menschsein außerhalb der Kultur. Der Mensch ist von Natur dazu bestimmt, sein Leben als Kultur zu vollziehen. Helmuth Plessner hat dieses Prinzip des Menschseins als »das Gesetz der natürlichen Künstlichkeit« bezeichnet und damit ausgesprochen, daß der Mensch seiner biologischen Organisation nach gar keine andere Möglichkeit zum Leben hat als die Kultur. Der menschliche Organismus in seiner unzulänglichen Lebensausrüstung bedarf notwendig der Kultur als schützendes Gehäuse, Lebenswerkzeug und Lebenskunst. »In dieser Bedürftigkeit oder Nacktheit liegt das Movens für alle spezifisch menschliche, d. h. auf Irreales gerichtete und mit künstlichen Mitteln arbeitende Tätigkeit, der letzte Grund für das Werkzeug und dasjenige, dem es dient: die Kultur[l].« Der Mensch lebt nur dadurch, daß er die Welt und dabei sich selbst kultiviert. Insofern kann man ihn mit Michael Landmann als »Schöpfer und Geschöpf der Kultur« bezeichnen. »Um seine mangelnde Anpassung an die Welt auszugleichen, macht der Mensch Erfindungen: Geräte, Kleider, Wohnungen, und diese Erfindungen gehen aber nicht sogleich wieder unter, sondern sie werden zum dauerhaften Besitz. Überall bilden sich ferner perseverierende technische und sittliche Praktiken heraus, wie man etwas macht und wie man sich verhält. Wir fassen all dies unter dem Begriff der Kultur oder auch des objektiven Geistes zusammen. Wiewohl die kulturellen Gebilde vom Menschen geschaffen und auch als geschaffene weiterhin darauf angewiesen sind, daß sie wieder ins menschliche Leben hineinwirken und von ihm gleichsam durchpulst werden, haften sie dennoch nicht unmittelbar am Menschen selbst, sondern sie haben etwas wie eine eigenständige Seinsweise neben dem Menschen«[m]. Durch diese Eigenständigkeit und Stabilität gewinnen die bestehenden Kulturgebilde ihren »objektiven«, sich dem menschlichen Subjekt gleichsam »entgegenwerfenden« Charakter, ihre den Menschen zu ihrer Übernahme als Form des Verhaltens auffordernde Entwurfs- und Weisungsqualität. Diese dem menschlichen Leben Halt und Form gebende Wirkung der Kulturgebilde hat Erich Rothacker im Auge, wenn er die Kulturen als »Lebensstile« auffaßt, die die »Haltungen« des Menschen prägen und dadurch seinen »Handlungen« Form und Richtung geben[n]. Ähnliches meinen nordamerikanische Kulturanthropologen und Ethnologen, wenn sie die Kultur als ein System von »patterns«, von Mustern des Verhaltens, begreifen. In diesem Sinne haben Kroeber und Kluckhohn den Begriff der Kultur folgendermaßen definiert: »Die Kultur besteht aus ausgeprägten und unausgeprägten Verhaltensmustern, die durch Symbole angeeignet und vermittelt werden und die charakteristische Gestalt menschlicher Gruppen einschließlich ihrer

---

[l] Helmuth Plessner, Die Stufen des Organischen und der Mensch, 2. Auflage, Berlin 1965, S. 311.

[m] Michael Landmann, Der Mensch als Schöpfer und Geschöpf der Kultur, München 1961, S. 18.

[n] Erich Rothacker, Probleme der Kulturanthropologie, Bonn 1948.

Werkzeuge begründen; der wesentliche Kern einer Kultur besteht aus traditionellen (d. h. geschichtlich überlieferten und ausgewählten) Ideen und besonders den damit verknüpften Werten; Kultursysteme können einerseits als Produkte des Handelns, andererseits als bedingende Elemente weiteren Handelns betrachtet werden°.«

III. Menschliches Lernen als Enkulturation

In dieser Definition ist die das Handeln normierende und führende Leistung der Kultur in den Vordergrund gerückt, aus der ihre prägende Kraft verständlich wird. Hier eröffnet sich dann auch ihre pädagogische Dimension: ihre fundamentale Bedeutung für die Entwicklung des menschlichen Individuums. In der pädagogischen Perspektive erscheint die Kultur als das Vehikel, das die Entwicklung des zur Welt gekommenen Menschenkindes zum erwachsenen Menschen ermöglicht. Die spezifisch pädagogische Betrachtung der Kultur sieht den Menschen nicht primär als bereits *in der Kultur* befindlich, sondern *auf dem Wege zur Kultur*, beim Lernen der Kultur, beim Hineinwachsen in sie und Geprägtwerden durch sie. Durch diesen Lernprozeß der »*Enkulturation*« wächst der einzelne in die typische Kulturgestalt hinein, die in der von ihm vorgefundenen Kultur oder in einer ihrer Subkulturen für ihn bereitsteht, und entwickelt im Rahmen dieser Prägung zum Träger einer bestimmten Kultur, zur »*Persönlichkeit*«, zugleich seine Anlagen als »*Individualität*«. (Unter Persönlichkeit verstehen wir die Prägung, die ein Mensch durch mehr oder weniger breite Aneignung der Kultur gewonnen hat. Insofern ist sie die subjektive Repräsentation einer Kultur durch einen Menschen. Unter Individualität verstehen wir die einmalige Gestalt, die jeder Mensch bei seiner Prägung durch die Kultur gewinnt.) Als Persönlichkeit verwirklicht der Mensch einen in seiner Kultur vorgegebenen und durch ihre Aneignung (Internalisierung) ihm aufgeprägten Typus, die sogenannte »Grundpersönlichkeit«, die allerdings stets durch die Individualität dieses Menschen differenziert wird[p]. *Persönlichkeitsprägung* und *individuelle Entwicklung* sind die beiden unlösbar miteinander verknüpften Auswirkungen der *Enkulturation*.

In seiner umfassenden Darstellung der »Cultural Anthropology« mit dem Titel »Man and His Works« definiert Melville H. Herskovits »enculturation« folgendermaßen: »The aspects of the learning experience which mark off man from other creatures, and by means of which, initially, and in later life, he achieves competence in his culture, may be called *enculturation*. This is in essence a process of conscious or unconscious conditioning, exercised within the limits sanctioned by a given body of custom. From this process not only is all adjustment to social living achieved, but also all those satisfactions that, though they are of course a part of social experience, derive from individual expression rather than association with others in the group.

° Clyde Kluckhohn, Culture and Behavior, in: G. Lindsey (ed.), Handbook of Social Psychology, Vol. II, Reading, Mass., and London, 3. Auflage 1959, S. 923.

[p] Zum Begriff der »basic personality« vgl. Abram Kardiner, The Individual and His Society, New York-London, 7. Auflage 1961.

Every human being goes through a process of enculturation, for without the adaptations it describes he could not live as a member of society ...
Like any phenomenon of human behavior, the process of enculturation is a most complex one. In the earliest years of an individual's life, it is largely a matter of conditioning to fundamentals — habits of eating, sleeping, speaking, personal cleanliness — whose inculcation has been shown to have special significance in shaping the personality and forming the habit pattern of the adult in later life. Yet the enculturative experience is not terminated at the close of infancy. As an individual continues through childhood and adolescence to achieve adult status, he is continuously exposed to this process of learning, which can be said to end only with his death«[q].

Im Hinblick auf die von jeder Kultur ausgeprägte Form der Gesellschaft kann die Enkulturation auch als »*Sozialisation*«[5] aufgefaßt werden, denn jede Kultivierung eines Menschen schließt zwangsläufig auch eine Sozialisierung ein, d. h. den Erwerb der in der betreffenden Kultur für das zwischenmenschliche Verhalten vorgesehenen sozialen Beziehungen, Positionen, Rollen, Haltungen und Gruppierungsformen. Sehr oft wird in der Soziologie, Sozialpsychologie und Pädagogik der westlichen Länder der Begriff der Enkulturation dem der Sozialisation untergeordnet oder gleichgesetzt. Wenn auch keine Kultur ohne entsprechende menschliche »Gesellschaft« denkbar ist und jedes Kulturgebilde seine soziale Seite hat, so bleibt die Sozialisierung des Menschen dennoch nur ein Aspekt seiner Kultivierung, weil auch das Soziale kultiviert werden muß. Interessant ist in diesem Zusammenhang der Ansatz von Gerhard Wurzbacher, der gegen »die Überlastung des Sozialisationsbegriffs mit anpassungsmechanistischen Vorstellungen« den Begriff der Enkulturation für die »gruppen- wie personspezifische Aneignung und Verinnerlichung von Erfahrungen, ›Gütern‹, Maßstäben und Symbolen der Kultur zur Erhaltung, Entfaltung und Sinndeutung der eigenen wie der Gruppenexistenz« reserviert wissen will[r].

Keineswegs darf die Enkulturation als bloßer Prozeß der *Anpassung* an vorgegebene Formen verstanden werden; er ist vielmehr zugleich die *Aktivierung* dieser Formen zu produktiven Lebensleistungen. Der Mensch lebt, indem er die Kultur vollzieht: indem er die Sprache spricht, die Werkzeuge benutzt, die sozialen Rollen spielt, das Haus bewohnt, die Kunst ausübt oder erlebt usw. Und er lernt dieses Vollziehen der Kultur nur, wenn er ihre Gebilde aktiv ergreift, sie handelnd zu verwirklichen sucht, sich in ihnen übt, mit ihnen neue Gebilde produziert. So ergreift schon das kleine Kind lallend die Sprache, die es von der Mutter hört, und lernt dabei allmählich ihren vollkommenen Gebrauch; und spielend ahmt das größere Kind die Verhaltensweisen seiner Eltern nach und

---

[q] A. a. O., S. 39 f. Vgl. auch Kapp, a. a. O., S. 106 f., 167 ff., und Dieter Claessens, Familie und Wertsystem, Berlin 1962, sowie John J. Honigmann, Culture and Personality, New York 1954, S. 169 ff., 201 ff.

[r] Gerhard Wurzbacher, Sozialisation — Enkulturation — Personalisation, in: Wurzbacher, Hrsg., Der Mensch als soziales und personales Wesen, Stuttgart 1963, S. 1 ff.

wächst dadurch in die Kulturgebilde hinein, die seine Eltern in ihrem Verhalten repräsentieren. Daran wird deutlich, daß die Anpassung des Menschen an eine Kultur nur möglich ist durch deren Aktivierung in seinem Handeln. Insofern setzt der Begriff der Anpassung den der Aktivierung voraus. Ein Mensch, der nicht imstande ist, ein Kulturgebilde handelnd zu verwirklichen, vermag sich ihm auch nicht anzupassen. Er wird dann auch nicht von ihm geprägt. Das Verhältnis der Begriffe Anpassung und Prägung ist so zu denken, daß beide nur zwei Seiten des gleichen Lernprozesses der Kulturaneignung sind: Anpassung bezeichnet dabei die Leistung des Menschen bei der Übernahme des Kulturgebildes als Lebensform; Prägung die Leistung des Kulturgebildes bei seiner Übernahme durch den Menschen[s].

Anpassung bzw. Prägung sind jedoch nicht die einzigen Wirkungen der Enkulturation. Die Aktivierung der Kultur im Menschen beschränkt sich nicht nur auf die Aneignung ihrer Gebilde, sondern führt auch zur *Aktivierung seines Denkens*. Damit ist gemeint, daß jedes aktivierte Kulturgebilde im Menschen eine entsprechende geistige Tätigkeit hervorruft und daß es umgekehrt auch keine geistige Tätigkeit gibt, der nicht ein Kulturgebilde als ihre sichtbare Verkörperung und als ihr »Außenhalt« entspricht. Jede geistige Tätigkeit verwirklicht sich so als Vollzug eines Kulturgebildes. So ist z. B. jeder Sprechvorgang ein geistiger Vorgang. Das Erlernen der Muttersprache differenziert nicht nur die Wahrnehmungen des Kindes, sondern auch seine Begriffe und damit sein Denken. Die Sprache als Kulturgebilde ist so eine geistige Energie, an der der einzelne Mensch in dem Maße teilhat, wie er sich die Sprache aneignet. Was hier am Beispiel der Sprache angedeutet worden ist, gilt grundsätzlich für jedes Kulturgebilde. Der Gebrauch des einfachsten Werkzeugs als Aktivierung eines Kulturgebildes erweckt — prinzipiell gesehen — im Menschen ebenso eine Verstandestätigkeit wie das Verstehen komplizierter technischer Apparate, wenn auch das Niveau der geistigen Leistung in beiden Fällen sehr verschieden ist. Die geschickte Handhabung eines einfachen Werkzeugs kann jedoch eine größere Intelligenzleistung darstellen als die unverständige Bedienung einer komplizierten Maschine. — Auf jeden Fall ist festzuhalten, daß jedem Kulturgebilde, das der Mensch aktiviert und sich dadurch aneignet, eine geistige Tätigkeit entspricht und umgekehrt. Wirtschaft, Politik, Technik, Kunst, Wissenschaft, Ethik, Religion sind als Komplexe gleichartiger Kulturgebilde, als Kulturgebiete, zugleich Ausdrucksformen verschiedener geistiger Tätigkeit[t]. Jede dieser kulturellen Tätigkeiten ist die sichtbare Außenseite, die Verkörperung einer geistigen Tätigkeit. Es gibt keine geistige Tätigkeit außerhalb der Kultur. Menschliche Intelligenz verwirklicht sich notwendig als Kultur. Und umgekehrt ruft jedes Kulturgebilde, wenn es der Mensch aktiviert, in diesem Denkprozesse hervor. Insofern ist jedes ein spezielles Organ der menschlichen Intelligenz, durch das sie ins Dasein tritt, sich nach ver-

---

[s] Zum Begriff der Anpassung vgl. Klaus Mollenhauer, Anpassung, Z. f. Päd., 7. Jg. 1961, S. 347 ff.
[t] Vgl. dazu: Eduard Spranger, Lebensformen, Tübingen 1950, 8. Auflage.

schiedenen Richtungen ausbildet und differenziert, durch das sie aber auch die Welt begreift und gestaltet. Enkulturation erweist sich hier als die *Organisation der Intelligenz;* das Lernen der Kultur gliedert dem Menschen die geistigen Organe aus, die ihn instand setzen, als Mensch in seiner Welt zu leben, d. h. vor allem: die Aufgabe, die ihm diese Welt stellt, zu bewältigen.

Indem die Kulturgebilde den Menschen nicht nur prägen, sondern ihm auch als *Organe des Lebens und der Weltbewältigung* dienen, zeigt sich in ihnen die Kultur nicht bloß als eine statische Einrichtung, als dem Menschen eine bewohnbare Umwelt schaffendes Gehäuse, sondern auch als eine dynamische Kraft, ein Machtinstrument des Menschen gegenüber seiner Welt. Um diese Funktion zu begreifen, muß man sich vor Augen halten, daß Kultur und Welt beim Menschen keineswegs zusammenfallen, daß die Welt umfassender ist als die Kultur. Die in der Kultur begriffene und aufgebaute Welt, die Kulturumwelt, in der der Mensch zu Hause ist, ist stets ein gegenüber der Welt als umgreifender, den menschlichen Horizont überschreitender Größe abgegrenzter Bereich. Kultur als Besitz meint so zunächst die Gebilde, in denen wir zu Hause sind, räumlich wie geistig. Aber die Kultur ist, wie bereits sichtbar wurde, nicht nur das Organ, mit dem der Mensch seinen materiellen und geistigen Besitz festhält und »pflegt« und seinen Platz in der Welt behauptet, sondern sie ist auch das Organ der Kultivierung des Noch-nicht-Kultivierten. In dieser Hinsicht hilft die Kultur dem Menschen einerseits neue Weltbereiche zu erobern, andererseits das, was von der Welt her als Neues, Unbewältigtes, Fremdes, Unheimliches auf ihn eindringt, zu bezwingen, in eine Form zu bringen, in der er damit leben kann. In diesem Sinne ist auch das Lernen von Sachverhalten der Natur Enkulturation.

Jedes Kulturgebilde benötigt nicht nur eine es »pflegende« Aktivität zu seiner Erhaltung (wobei »pflegen« sowohl »ausüben« als auch »vor Verfall bewahren« bedeutet), sondern es ist selber auch Organ der Kultivierung neuer Gebiete, der Schaffung neuer Kulturbestände, sei es durch das Ausgreifen des Menschen in die noch unerschlossene Welt, sei es durch Bewältigung der von der Welt her andringenden Bedrohungen. So hat z. B. die moderne Technik dem Menschen neue Naturkräfte erschlossen, aber sie hat ihm auch Sicherungen vor Naturgewalten verschafft. So hat die moderne Kunst, z. B. in der abstrakten Malerei, ganz neue Gestaltungsmöglichkeiten entdeckt und der menschlichen Phantasie ungeahnte Welten erschlossen, aber sie hat ihm auch, z. B. im modernen Roman, Darstellungsmittel in die Hand gegeben, seine neuen Zeiterfahrungen zu bewältigen. Jedes Kulturgebiet und seine Gebilde sind in dieser Weise sich von Zeit zu Zeit oder fortwährend erneuernde und weiter entwickelnde Organe der Weltbewältigung. Zum Begriff der Kultur gehört deshalb als konstitutives Merkmal das Moment der Produktivität, das in dem seine vollkommene Erscheinung findet, was wir das Schöpferische nennen und was die noch nicht dagewesenen, die wirklich neuen Produktionen, die Erfindungen und Entdeckungen, hervorbringt. Kultur bewahrt sich nur als Organ der Produktivität des Menschen, indem er entweder ihre überlieferten Gebilde erneuert oder neue Gebilde schafft. Die Aktivierung der Kultur führt so über die bloße Anpassung an ihre Gebilde hinaus zum Nachschaffen oder Neuschaffen dieser Gebilde. Sich ein Kulturgebilde aneignen heißt: es nachschaffend oder neuschaffend produzieren. Dadurch wird es »gepflegt«, d. h. sowohl geübt, angewandt, verlebendigt als auch bewahrt, am Leben erhalten, erneuert, aber auch weitergeführt, als Organ zur Lösung neuer Aufgaben benutzt. Jedes Kulturgebilde lebt so von seinem »Gebrauch«, von seiner produktiven Aktivierung. Jede Kunst erweist sich nur dadurch als von einem Menschen angeeignet, prägt ihn nur dann und lebt nur dann weiter, wenn dieser Mensch sie und sich in ihr produziert, gleich ob nachschaffend oder neuschaffend. Für jede Technik, jedes Ethos, jede Religion, jede politische oder soziale Form gilt das gleiche. Sie sind nur dadurch zu bewahren und als Organe menschlichen Lebens wirksam, helfen dem Menschen nur dadurch beim Begreifen und Gestalten seiner Welt, daß er in ihnen produktiv wird. Jedes Kulturgebilde hat deshalb seine eigentümlichen Produktionsformen, Tätigkeitsformen, durch die an ihm teilgenommen, durch die es ausgeübt und zum Leben erweckt wird. Musik muß gespielt und gehört werden, Werkzeuge müssen benutzt werden, Bräuche müssen geübt werden usw. Die Kultur lebt so durch die kulturelle Produktivität ihrer Träger, ja, Kultur ist selbst nie bloß Gebilde, sondern zugleich auch deren Aktualisierung. Die Prägung des Menschen durch die Kultur geschieht nur, wenn er kulturell produktiv wird. Enkulturation bedeutet also immer auch *Erweckung kultureller Produktivität*.

IV. Enkulturation als soziale Interaktion

Der Mensch lernt die Kultur stets in sozialen Beziehungen; er lernt sie immer als Glied einer Gruppe. Wenn er lernt, lernt er unter Erwartungen, die bestimmte Mitmenschen von ihm hegen, spielt er für diese Mitmenschen genauso wie sie für ihn eine »Rolle« (z. B. als Kind seiner Eltern, zusammen mit seinen Geschwistern, als Schüler seiner Lehrer, als Mitschüler, als Mitglied einer Jugendgruppe usw.). Der Mensch lernt stets in irgendeiner Weise von oder gemeinsam mit anderen Menschen. So lernt die jüngere Generation durch die Überlieferung der älteren Generation die Kultur. *Lernen durch »Tradition«* ist nur möglich in »altersheterogenen« Gruppen, d. h. in solchen, die wie z. B. die Familie sowohl Vertreter der älteren als auch der jüngeren Generation umfassen. Auch das *Lernen durch Erfahrung* vollzieht sich, abgesehen von seiner ohnehin bestehenden sozial-kulturellen Filtrierung (z. B. durch die Sprache) in der Regel in einem sozialen Feld, nicht in einsamen Handlungen, sondern in Interaktionen mit anderen Menschen, in Vergleich und Spannung mit jenen, die sich in der gleichen oder in einer ähnlichen Lernsituation befinden. Solche den einzelnen übergreifende Lernsituationen können sich selbst auch gruppenbildend auswirken (z. B. als die Situation der »Neulinge« in irgendeinem Aktivitätsbereich). Der Lernende findet sich so nicht nur auf ihn Lehrende, sondern auch auf mit ihm Lernende bezogen vor. Eine wichtige sozialisierende Funktion haben in diesem Zusammenhang die frühen Lebensalter, Kindheit und Jugend als die primären Lernsituationen. Jedoch ist die Pädagogik überhaupt gut beraten, wenn sie nicht nur diese *entwicklungsbedingten* Lernprozesse und Lerngruppen, sondern auch die *situationsbedingten* Lernprozesse und Lerngruppen, die den Menschen grundsätzlich in jedem Lebensalter betreffen können, im Auge behält. Die den Lebensaltern, besonders dem Kindes- und Jugendalter, zugeschriebenen Lernrollen bringen die Altersgenossen in die gleiche Lage und ordnen sie interaktiv einander zu. Die Gesellschaft kann geradezu ein Bedürfnis entwickeln, ihren Nachwuchs bzw. die Lernenden nach Lebensaltern zu gruppieren. Wie Eisenstadt[u] gezeigt hat, gibt es eine ganze Reihe von Gesellschaften, in denen »altershomogene« Gruppen funktionell notwendig sind. Was diese verschiedenen Gruppen für das Lernen des Menschen im einzelnen bedeuten, kann hier nicht erörtert werden. Hier müssen wir grundsätzlich fragen, was es überhaupt anthropologisch bedeutet, daß der Mensch vermittels seiner *Interaktionen* mit anderen Menschen, durch den sozialen Kontakt, lernen kann[v]. Diese Frage soll durch die Erörterung einer Reihe elementarer Behauptungen beantwortet werden.

Die *erste* dieser Behauptungen scheint trivial und lautet: *Es gibt Lernprozesse, die sozial bedingt sind.* Mit dieser sozialen Bedingtheit von Lernprozessen ist gemeint, daß die lernenden Lebewesen bei ihrem Lernen von anderen Lebewesen in irgendeiner Form abhängig sind, sei es, daß sie dabei von ihnen gefördert oder gehemmt werden, sei es, daß sie das Verhalten, das sie lernen, von jenen anderen Lebewesen lernen. In jedem Fall geschieht dieses Lernen unter der Bedingung eines sozialen Kontakts. Dieses sozial bedingte Lernen ist keineswegs nur auf den Menschen beschränkt, sondern wir wissen aus vielen Untersuchungen der biologischen Verhaltensforschung, daß die Fähigkeit zu sozialem Lernen bei den höheren Tieren, vor allem im Bereich der Säuger, je nach ihrer Stellung in der Entwicklungsreihe in mehr oder weniger großem Umfang gegeben ist und besonders bei der Aufzucht des jungen Tieres durch seine Eltern bei vielen Arten eine erhebliche Rolle als Entwicklungsfaktor spielt.

Der bedeutende amerikanische Anthropologe Ralph Linton hat in seinem Buch »The Study of Man«[w] diesen Faktor des sozial bedingten Lernens als die in der biologischen Struktur der Säugetiere gegebene Voraussetzung für die Entstehung der Kultur als spezifisch menschlicher Lebensform in exemplarischer Klarheit herausgearbeitet. Linton schreibt dort in dem »The Background of Culture« überschriebenen Kapitel: »Bei allen Säugetieren ist das gesamte Verhalten des Individuums aus drei Elementen komponiert: aus instinktivem Verhalten, aus Verhalten, welches das Ergebnis individueller Erfahrung ist, und aus Verhalten, das von anderen Individuen gelernt wurde. Es ist allgemein anerkannt, daß das tierische Verhalten sich hauptsächlich aus den ersten beiden Elementen aufbaut, während das menschliche Verhalten seinen Inhalt überwiegend dem dritten Element verdankt[x]. Trotz dieser erheblichen Begrenzung der sozialen Lernfähigkeit selbst bei den am höchsten stehenden Säugetieren, den Primaten,

---

[u] Von Generation zu Generation, München 1966.
[v] Vgl. Franz Josef Stendenbach, Soziale Interaktion und Lernprozesse, Köln-Berlin 1963.
[w] 1. Auflage New York-London 1936, im folgenden zitiert nach der 1964 erschienenen Ausgabe.
[x] A. a. O., S. 73 ff.

ist der Unterschied zwischen Tier und Mensch in dieser Hinsicht nach Linton nur ein quantitativer. In der Entwicklungsreihe der höheren Säugetiere gewinnt das über den Sozialkontakt zu anderen Individuen der Gattung Gelernte allerdings eine zunehmende Bedeutung. Linton nennt dieses durch Nachahmung anderer Individuen erworbene Verhalten »social heredity« und unterscheidet dieses sozial vererbte Verhalten von dem »biological inherited« behavior, dem biologisch vererbten Verhalten, das dem Lebewesen angeboren ist und das es als angeborene Verhaltensanlage instinktiv verwirklicht.

Daraus ergibt sich die *zweite* elementare Behauptung: *Bei allen lernfähigen Lebewesen sind die sozial bedingten Lernprozesse im Kindesalter gehäuft und ein Vehikel der Entwicklung.* Zur Erläuterung füge ich hinzu: Die Lokalisierung und Häufung der sozial bedingten Lernprozesse im Kindesalter steht biologisch im Zusammenhang mit dem Sachverhalt, in welchem Maße das neugeborene Lebewesen pflege-, aufzucht- bzw. erziehungsbedürftig und insofern bis zur Erreichung seines Reifezustandes von seinen Eltern sozial abhängig ist. Von dem Ausmaß der Unentwickeltheit bei der Geburt hängt es ab, inwieweit es die voll entwickelte Lebensform seiner Spezies durch sozial vermittelte Lernprozesse erlangen muß.

Daraus folgt als *dritte* elementare Behauptung: *Bei allen Lebewesen, deren Entwicklung von sozial bedingten Lernprozessen im Kindesalter abhängig ist, wird als primäre soziale Bedingung des Lernens die Mutter-Kind-Beziehung fundamental.* Die fundamentale Rolle der Eltern als Vermittler der sozialen Lernprozesse ist für den Nachwuchs um so lebensnotwendiger, je größer die Variationsbreite der Anlage ist, mit denen der Nachwuchs zur Welt kommt. Die Fähigkeit der Jungen, von den Eltern zu lernen, ermöglicht nicht weniger als die Übertragung von Verhaltensweisen von der älteren auf die jüngere Generation, also das, was wir im menschlichen Bereich Tradition nennen. Diese Möglichkeit der Tradition, die in der sozialen Lernfähigkeit des Nachwuchses gründet, bedeutet für den Nachwuchs, daß er die Verhaltensweisen, die seine Umwelt von ihm zum Überleben erfordert, bereits von der älteren Generation ausgeprägt vorfindet, so daß er sie nur zu übernehmen und nicht mehr selbst, von vorn anfangend, durch individuelle Lern- bzw. Anpassungsprozesse auszuprägen braucht. Dem Nachwuchs werden also durch die Übernahme solcher von der Elterngeneration bereits entwickelte Verhaltensweisen Erfahrungen erspart. Er kann auf dem, was die Elterngeneration bereits gelernt bzw. erfunden hat, auf- und weiterbauen. Dadurch wird der Nachwuchs in den von ihm geforderten Anpassungsleistungen an die Umwelt, in die er hineingeboren wurde, entlastet.

Daraus ergibt sich als *vierte* grundlegende Behauptung, auf der unsere gesamte Fragestellung beruht: *Die für die Entwicklung des menschlichen Individuums lebensnotwendigen sozial bedingten Lernprozesse sind eo ipso kulturbedingte Lernprozesse.* Denn alles menschliche Sozialverhalten, durch das Lernprozesse vermittelt werden, ist selbst bereits geprägt durch von früheren Generationen erworbene Verhaltensmuster als Bestände einer überlieferten Kultur, und alle in diesen Lernprozessen vom Mitmenschen lernend übernommenen Verhaltensmuster gehören automatisch zu einem Kulturbestand, auch dann, wenn sie erst kurz vorher neu geschaffen worden sind.

Wenn wir Kultur als Inbegriff für die Umschaffung von in der Natur vorfindbaren Materialien zu Instrumenten des Verhaltens verstehen, die der Mensch zum Leben benötigt, dann wird sofort deutlich, daß ein derart auf solche Instrumente angewiesenes Lebewesen diese Instrumente nicht durch biologische, sondern nur durch soziale Vererbung, also durch sozial bedingte Lernprozesse an seinen Nachwuchs weitergeben kann. Als Kulturwesen ist der Mensch auf Vermittlung der Kultur durch den Mitmenschen angewiesen, denn nicht jeder neu zur Welt gekommene Mensch kann sich das kulturelle Instrumentarium, das er zum Leben benötigt, aus eigener Kraft, immer wieder von vorn anfangend, neu aufbauen. Insofern fordert die Kultur als Lebenswerkzeug des Menschen besonders vom menschlichen Nachwuchs die Fähigkeit, von den Menschen zu lernen, in deren Gruppe er aufwächst und mit denen er zusammenlebt bzw. die ihm kulturelle Instrumente zur Verfügung stellen.

Umgekehrt ermöglichen diese Instrumente der Kultur — von den elementarsten Werkzeugen und Techniken, Ordnungen und Riten bis hin zu den komplizierten Gebilden der Sprache — überhaupt erst den sozialen Kontakt, die zwischenmenschliche Interaktion und Verständigung, die notwendig ist, damit der Mensch das kennen und handhaben lernt, was er unter den Lebensbedingungen seiner Gruppe zum Leben braucht. Für ein Lebewesen von der biologischen Beschaffenheit des Menschen, dessen soziales Verhalten nicht durch ein von Geburt angelegtes Fundament instinktiver Reaktionsschematismen geregelt ist, fungiert die Kultur nicht nur als Instrument der individuellen Lebensbewältigung, sondern vor allem auch als Instrument der Kommunikation mit den anderen. Jedes Werkzeug, jede Form des sprachlosen Werkzeuggebrauchs ist so bereits ein Medium der sozialen Verständigung, enthält Verweisungen zur Interaktion und Kooperation. Wenn einer ein Werkzeug gebraucht, eine Zange benutzt oder ein Auto fährt, so ist das die Anwendung eines kulturellen Verhaltensmusters, die ein anderer in der nachahmenden Handhabung verstehend nachvollziehen und dabei seine Verweisungen, seinen Zweck, seine Lebensfunktion erkennen kann und so mit dem anderen in Kommunikation treten kann. Alle kulturellen Instrumente enthalten in ihrer Losgelöstheit vom menschlichen Körper, in der Gegenständlichkeit und Objektivität, mit der sie zwischen den Menschen der Gruppe gewissermaßen herumliegen, eine Aufforderung, sie zu benutzen, das nachzuvollziehen, was andere bereits damit tun. In diesem Sinne ist selbst das einfachste Werkzeug ein verdinglichter Begriff, Begriff hier verstanden als Instrument des Begreifens, des Zugreifens, Eingreifens, Gestaltens zur Verwirklichung eines mehr oder weniger bestimmten Zwecks. Im Lernen der in einem kulturellen Instrument vorgezeichneten Handgriffe zur Behandlung einer Sache und damit der Begriffe zum praktischen oder auch theoretischen Begreifen dieser Sache liegt elementar die Möglichkeit beschlossen, daß Menschen miteinander kommunizieren, daß sie interagieren können. Die kulturellen Instrumente sind es, die die Menschen miteinander verbinden. Ja, wir können so weit gehen und sagen: sie *machen* die Menschen überhaupt erst zu sozialen Wesen. In dieser Weise sind alle menschlichen Sozialkontakte durch kulturelle Medien vermittelt. Fast jede Reaktion eines Menschen auf Reize, die von einem anderen Menschen auf ihn ausgehen, geschieht nicht unmittelbar, sondern mittelbar: denn es schaltet sich sofort ein kulturelles Verhaltensmuster ein, das die Reaktion lenkt, zumal die Stimuli, die vom anderen ausgehen, ihrerseits bereits kulturell vorgeprägt sind. — Aus diesen letzten Ausführungen ergibt sich als *fünfte* grundlegende Annahme die Behauptung, *daß die Kultur in allen ihren Ebenen und Bereichen das maßgebende Instrument der menschlichen Kommunikation ist*. Genausogut, wie wir den Sprachgebrauch in seiner kommunikativen Funktion untersuchen, können wir auch den Werkzeuggebrauch oder das bildnerische Gestalten in dieser Hinsicht betrachten.

V. Erziehung als Interaktionsform der Enkulturationshilfe

Die Kultur ist also nicht nur die Lebensform des Menschen als Einzelwesen, sondern auch als soziales Wesen. Sie ermöglicht und regelt nicht nur die Aktionen, sondern auch die Interaktionen der Menschen. Manche Soziologen hören das zwar nicht gern, aber es ist so, daß alle soziologischen Grundbegriffe, wie Gruppe, Gesellschaft, Rolle, Status, Schicht, Klasse, soziale Werte und Normen, soziale Organisation und Kontrolle usw., Sachverhalte bezeichnen, die immer schon durch eine bestimmte Kultur geprägt sind, gleich ob wir diese Begriffe auf einen primitiven Eingeborenenstamm im Innern Australiens oder auf die Gesellschaft Westdeutschlands anwenden. Die soziale Organisation einer Gruppe ist selbst ein kulturelles Phänomen. Und die Klasse von Interaktionen, sozialen Verhaltensweisen, die der Erziehungsbegriff zusammenfaßt, ist eine Klasse kulturell geprägter Aktivitäten; die sogenannten Erziehungsmittel oder Erziehungsformen stellen eigentümliche kulturelle Sachverhalte dar. Die Erziehung ist selber eine kulturelle, Kultur anwendende, Kultur auf neugeborene und heranwachsende Menschen übertragende Aktivität und überdies in jeder menschlichen Gruppe durch die spezifische Gestalt der Kultur geprägt, die für das Leben dieser Gruppe maßgebend ist. Die Erziehung ist also als soziale Steuerungsaktivität des menschlichen Lernens selbst kulturgeprägt. Sofern die Kultur das soziale Verhalten der Menschen instrumentiert, organisiert und normiert, ist sie auch eine notwendige Bedingung der Erziehung als einer speziellen Form sozialer Interaktion, ganz abgesehen davon, daß die Erziehung ihrerseits wiederum menschliche Lernprozesse steuert, die auf die Aneignung kultureller Sachverhalte gerichtet sind.

Um sagen zu können, was die Erziehung in der Kultur als der notwendigen Lebensform des Menschen zu leisten hat, sowohl allgemein im Hinblick auf die menschliche Natur überhaupt als auch speziell im Hinblick auf verschiedene historische oder gleichzeitig nebeneinander bestehende Kulturen, ja auch im Hinblick auf bestimmte einzelne Kulturgebiete und -gebilde, muß sich die Pädagogik immer zuvor die Beschaffenheit der Kultur selbst in ihrer allgemein menschlichen, allen besonderen Kulturen gemeinsamen Struktur bzw. die Beschaffenheit des betreffenden einzelnen Kulturgebietes oder Kulturgebildes und die Lernaufgaben, die von hier aus gestellt werden, vergegenwärtigen, um bestimmen zu können, welche Rolle in diesem Zusammenhang die Erziehung zu spielen hat. Insofern ist *Enkulturation der fundamentale Gegenstand der Pädagogik* und derjenige anthropologische Grundbegriff, von dem alle ihre Erörterungen und Untersuchungen auszugehen haben, gleich ob diese sich in einer allgemeinen oder einer speziellen Hinsicht bewegen, ob die kulturellen Bedingungen des Lernens überhaupt in einer sich auf die menschliche Natur allgemein beziehenden Fragestellung untersucht werden sollen oder ob man eine ganz bestimmte kulturelle Bedingung des Lernens, wie z. B. die Sprache oder die bestimmte Sprache einer menschlichen Gruppe, im Auge hat.

Von hier aus ergibt sich ein Begriff der Pädagogik nicht als »Erziehungs«-, sondern als »Enkulturationswissenschaft«, als Wissenschaft von den kulturellen Bedingungen und Möglichkeiten, Inhalten und Formen, Mitteln und Wegen, Störungen und Steuerungssystemen des menschlichen Lernens. Eines, das wichtigste dieser Steuerungssysteme des menschlichen Lernens, ist die Erziehung, die wir zunächst als *Lernhilfe* definiert hatten und die wir auf Grund des kulturbedingten, »enkulturativen« Charakters dieses Lernens jetzt als *Enkulturationshilfe* noch genauer fassen können.

Diese im Begriff der Erziehung intendierte Lern- bzw. Enkulturationshilfe tritt entweder informell-situativ oder sozial-funktionell oder formell-institutionalisiert in Erscheinung. *Informell-situativ* ist die Erziehung in jenen Fällen, wo sie sich aus zufälligen Gelegenheiten ergibt (z. B. wenn jemand einen neu eingestellten Arbeitskollegen in die Bedienungsvorschriften einer Maschine oder in die sozialen Spielregeln des Betriebes einweist). *Sozial-funktionell* ist die Erziehung in solchen Gruppen, in denen sie als eine Funktion neben anderen im Zusammenhang der betreffenden Gruppe zu leisten und für den Bestand der Gruppe notwendig oder wichtig ist (wie z. B. in der Familie). *Formell-institutionalisiert* ist die Erziehung in eigens zu ihrem Zweck organisierten Gruppen (wie z. B. der Schule). In jeder dieser typischen Erscheinungsformen ist die Erziehung eine sozialkulturell bedingte Form des menschlichen Lernens. Eine soziale Form des Lernens ist sie auf Grund des erzieherischen Handelns als einer bestimmten Form sozialen Handelns. Eine kulturelle Form des Lernens ist sie, weil in jeder Kultur für die erzieherische Tätigkeit Verhaltensmuster vorgeprägt sind, in deren Bahnen sie in der Regel abläuft.

Die Erziehung gehört damit in den Zusammenhang der *sozialen Handlungen*, jener Handlungen also, bei denen mehrere Menschen im Rahmen bestimmter *sozialer Grupppen* (z. B. der Familie, der Altersgruppe, der Arbeitsgruppe) als Träger bestimmter *sozialer Rollen* (z. B. als Vater, Mutter und Kinder, Altersgenossen oder als Arbeitskollegen) und in diesem Sinne als *»Personen«* miteinander in Beziehung stehen und zusammenwirken. Sozial ist das Verhalten dieser zusammenwirkenden Personen insofern, als jeder den anderen als »socius«, Partner, Mitwirkenden nimmt und jeder sein Verhalten am Verhalten der anderen orientiert[y]. Das soziale Elementargebilde, das aus dieser *»Interaktion«* entsteht, ist

---

[y] Vgl. Loch, Rollenübernahme und Selbstverwirklichung, in: Bräuer-Giel-Loch-Muth, Studien zur Anthropologie des Lernens, Essen 1968, S. 65 ff.

die menschliche *Gruppe*[z]. In diesem Sinne ist die Erziehung zweifellos eine soziale Interaktion, weil sie durch das Zusammenwirken einer Gruppe von Menschen, mindestens von zweien, zustande kommt, wobei ein Teil die Rolle des Erziehers und der andere die Rolle des zu Erziehenden bzw. Erzogenwerdenden spielt. Als ein solches soziales Verhältnis kann das Erziehungsverhältnis nur zustande kommen, wenn jeder der Partner den Erwartungen seiner Rolle entspricht und in seinem Verhalten auf das Verhalten der anderen Bezug nimmt. Diese Bestimmungen lassen sich in allen Erziehungsverhältnissen nachweisen: in dem zwischen Eltern und Kindern ebenso wie zwischen Lehrern und Schülern, Lehrmeistern und Lehrlingen, aber auch in Jugendgruppen, wo Ältere als Erzieher fungieren und die Jüngeren die ihnen zugemutete Rolle des zu Erziehenden annehmen oder umgekehrt.

Das Erziehungsverhältnis ist nun aber noch in einer engeren Bedeutung des Wortes als »sozial« zu bezeichnen, weil die Interaktion seiner Partner nicht primär die Realisierung einer von ihnen unterschiedenen Sache bezweckt, die als Werk eine eigenständige Größe, ein »Objekt«, darstellt, das dem Zusammenwirken der menschlichen »Subjekte« als Ziel aufgegeben ist. So geht es z. B. in einem Industriebetrieb den Arbeitskollegen um die Herstellung des Werkstückes, zu der jeder sein Teil beiträgt, oder im Bereich des Handels den Geschäftspartnern um die Verwirklichung des Geschäftes usw. — Bei der Erziehung jedoch ist das Zusammenwirken der Partner dadurch gekennzeichnet, daß das Ziel des Erziehungshandelns in den daran beteiligten Personen selber liegt, und zwar in den zu erziehenden Personen. Die Interaktion des Erziehers ist konstitutiv auf den zu Erziehenden gerichtet, um an diesem die Leistung der Erziehung zu vollbringen. Was erzogen werden soll, ist nicht etwas, das jenseits der an der Erziehung beteiligten Personen liegt, sondern ist stets die zu erziehende Person, die in dieser Rolle bei ihrer eigenen Erziehung aktiv mitzuwirken hat. Das Handeln des Erziehers ist nun in dem besonderen Sinn »sozial« zu nennen, den wir im Auge haben, wenn wir eine Leistung des *Helfens* meinen. — Nicht alle zwischenmenschlichen Handlungen, deren Eigenart darin besteht, daß nicht eine Sache, sondern eine Person gewissermaßen das Objekt ist, an dem die Handlung etwas bewirken will, sind soziale Leistungen in dieser engen Wortbedeutung und somit durch die Absicht des Helfens bestimmt. Im Verhältnis der Feindschaft z. B. ist auch keine Sache, sondern ein Mensch oder eine Gruppe von Menschen Objekt des feindlichen Handelns. Aber das Ziel dieses Handelns ist offensichtlich, dem Feind zu schaden, wenn nicht sogar ihn zu vernichten. Obwohl dieses Handeln ausdrücklich auf Menschen gerichtet ist, kann es sinnvoll nicht als »soziales« Handeln in jenem speziellen, ein Helfen meinenden Sinn verstanden werden. Es gibt eine ganze Reihe solcher Handlungen, die ihr Ziel nicht in einer Sache, sondern in einer Person haben und die dennoch nicht die Bedingungen dieses engen Begriffs des Sozialen erfüllen. Dazu gehören u. a. auch die freundschaftlichen

---

[z] Vgl. G. C. Homans, Theorie der sozialen Gruppe, Köln-Opladen, 2. Auflage 1965; ders., Social Behavior, London 1961.

und die erotischen Handlungen. Wenn ich z. B. dem Freund etwas schenke, so ist das keine soziale Handlung im Sinne des Helfens, es sei denn, dieser Freund befinde sich in einer Notlage.

Von hier aus läßt sich die Erziehung von allen anderen personbezogenen Interaktionen, die kein Helfen darstellen, abgrenzen und der kleinen Gruppe der »sozialen« Handlungen im engsten Sinn, der ein »Helfen« meint, zuordnen. Damit aber erhebt sich die weitere Frage, welche Art von Helfen die Erziehung ist und von welcher Hilfsbedürftigkeit des Menschen sie motiviert wird. Hier ist die Erziehung abzuheben von den klassischen dem »Nächsten« helfenden Interaktionen: der »Rettung« des in eine aktuelle Gefahr geratenen Menschen, der »Fürsorge« für den in wirtschaftlicher und sonstiger Not befindlichen Menschen in ihren verschiedenen Formen; dann aber auch von den Formen des »Schützens«: von dem »politischen« Schutz (z. B. der Verteidigung) wie auch von dem »rechtlichen« und »polizeilichen« Schutz usw.; von der »Heilung« des Kranken und den Formen des ärztlichen Helfens sowie von dem, was »Seelsorge« genannt und als religiöse Hilfe für den im Glauben schwach gewordenen Menschen verstanden wird. Von diesen *helfenden Interaktionen,* wie man sie zusammenfassend nennen kann, unterscheidet sich die Erziehung, wie bereits gezeigt, dadurch, daß sie *dem* Menschen hilft, der beim Lernen der Kultur bzw. bestimmter kultureller Sachverhalte Schwierigkeiten, Lernhemmungen hat, d. h. der sich in jeweils bestimmter Hinsicht aus eigener Kraft nicht zu »enkulturieren« vermag (z. B. weil er »noch zu jung«, »zu unselbständig« ist, weil er »kein Interesse« daran hat, weil er »keine Begabung« dafür zeigt oder weil die Sache in dieser Form für ihn »zu schwierig« ist, weil er »überfordert« wird, weil »er es sich nicht zutraut«, weil er »entmutigt« oder »frustriert« ist, aber auch weil er »nur faul« oder gar »verwahrlost« ist usw.). Zur Theorie der Erziehung als Lernhilfe gehört nicht nur eine *Theorie der Lernfähigkeit* (Bildsamkeit und Begabung), sondern auch eine *Theorie der Lernhemmungen,* weil sie die spezifische Hilfsbedürftigkeit konstituieren, die Erziehung als Lernhilfe notwendig macht. Diejenige menschliche Hilfsbedürftigkeit, die die Erziehung als Hilfe braucht, ist also immer dann gegeben, wenn ein Mensch die Enkulturationsaufgaben, die ihm als Mitglied einer bestimmten Gruppe gestellt werden, nicht selbständig bewältigen kann. Damit ist die spezifische »Lebenshilfe«, welche die Erziehung gibt, die *»Enkulturationshilfe«.* In welche partiellen Funktionen sie nach den konstitutiven Bereichen der Kultur und kulturellen Objekten des Lernens sowie den typischen Formen der Lernhemmung systematisch zu differenzieren ist, kann an dieser Stelle nicht mehr erörtert werden, weil das über den hier gesteckten allgemeinen Rahmen hinausgeht.

XIV. Hans-Jochen Gamm
Erziehung und Bildung[1]

1. Erziehung
...

Der Grundbegriff »*Erziehung*« kann uns nachdrücklich veranschaulichen, daß er ohne materialistische Analyse kaum zu fassen ist. Im Zuge einer solchen Analyse werden wir erkennen, wie der bei vielen Pädagogen weithin verschwommene, mit mannigfachen idealistischen Einsprengseln versehene und zu vielen ideologischen Eiertänzen verführende Begriff eine klare ökonomische Funktion besessen hat, und wenn diese heute nicht mehr gleichermaßen erkennbar zu sein scheint, so wäre zu fragen, warum das so ist und durch welche Verhältnisse ein materieller Vorgang wie die *Reproduktion des Lebens* verschleiert werden konnte.

Die Analyse für die Erziehungsgeschichte im deutschsprachigen Raum hätte in der Agrargesellschaft und ihren feudalen Herrschaftsstrukturen anzusetzen. Erzogen wurde unter konkreten ökonomischen Bedingungen. Mensch und Vieh waren in der Produktionssphäre verbunden. Menschliche Planungsfähigkeit und tierische Kraft bildeten die Voraussetzung für das Funktionieren einer primitiven Landwirtschaft, die über Jahrhunderte zu keiner wesentlichen Steigerung ihrer Erzeugungskapazität gelangen konnte, weil sich die Methoden nicht änderten und weil die in Frondiensten verknechteten Bauern ihrerseits nicht das technische Können verbesserten. Als Eigentümer des von ihnen bearbeiteten Landes hätten sie vielleicht das Bewußtsein von Freiheit an der Entwicklung neuer agrarischer Produktionstechniken aufzubauen vermocht. Unter den obwaltenden Bedingungen entlud sich ihre Energie in revolutionären Akten gegen die entwürdigenden Umstände der Junkerherrschaft, wie z. B. im großen deutschen Bauernkrieg von 1525.

Menschen und Vieh lebten in den primitiven Bauernkaten unter einem Dach, und ihr Schicksal unterschied sich häufig nicht wesentlich voneinander. So verschmilzt konsequenterweise auch der primäre soziale Formationsbegriff für beide Wesen: »*Zucht*« als das sprachliche Wurzelwort für »Erziehung« bezeichnet zunächst das Hervorbringen und die Aufzucht von Nachwuchs. Im Begriff der Pflanzen- und Tierzucht hat sich dieser Bedeutungshorizont bis heute erhalten. Es ist wichtig, eine solche etymologische Grundschicht zu erkennen, weil sie mit den konkreten materialistischen Umständen deckungsgleich ist.[a]

Der Begriff »Erziehung« geht also auf »Zucht«, »ziehen« zurück und meint primär eine urtümliche Geburtshilfe bei Tier und Mensch, nämlich das »Hervorziehen«, falls beim organischen Geburtsvorgang Schwierigkeiten entstehen.

---

[a] Vgl. dazu die Artikel »Ziehen« und »Zucht« im Deutschen Wörterbuch von Jacob und Wilhelm Grimm. Bd. 15 und 16. Leipzig 1954 u. 1956.

So wird das Neugeborene in seine Gruppe »hineingezogen« und muß weiter »gezogen« werden, damit es lebensfähig ist. Das geschieht in der primären Versorgung durch die Eltern, beziehungsweise durch den Gruppen-, Familien- oder Stammesverband, indem diese Nahrungszufuhr und Wärme bieten, Gefahren fernhalten und das junge Wesen »ansprechen«, ihm zunehmend Kommunikationsmöglichkeiten erschließen und emotionale Bindungen stiften, kurz: die Skala dessen eröffnen, was als Sozialisation bekannt ist. Bei *Martin Luther* (1483—1546) finden wir noch die Begriffe *»Kinderzucht«* oder auch nur *»Zucht«*; sie besagen, was wir seit dem 19. Jahrhundert allgemein als »Erziehung« bezeichnen. In der Sprache jener Zeit wird der Begriff »Zucht« aber auch als Komplex spezieller Maßnahmen gefaßt, der auf Verbesserung des Verhaltens beim Zögling zielt. Das »Zucht«-Haus hat eine Komponente dieses Verständnisses bis heute erhalten. Auch von der soldatischen »Zucht« als Selbstdisziplinierung oder als Disziplinierungshilfe einer Truppe war und ist bekanntlich die Rede. »Zucht und Ordnung« verlangen manche Gruppen, und mit »Unzucht« wird gesellschaftlich mißbilligtes Sexualverhalten gebrandmarkt.

Der Erziehungsbegriff ist also von seiner Tradition her zunächst ein urtümlicher Begriff der *Lebenserhaltung,* gleichermaßen für Mensch, Tier und Pflanze gültig, Einsicht und Daseinsvorsorge flankieren ihn. Es ist bezeichnend, daß auch die beiden alten europäischen Kultursprachen — Griechisch und Latein —, aus deren Bildungstradition mehrere »Renaissancen« vom Mittelalter über die Scholastik um 1300 bis zum Neuhumanismus um 1800 ausgelöst worden sind, in ihrer sprachlichen Urschicht »Erziehung« ebenfalls an den ökonomischen Verhältnissen ihrer Zeit konkret orientieren und daß damit ihre Stammwörter auf »Zucht« zurückgehen. Eine sprachliche Zusammenstellung lassen wir deshalb in den Anmerkungen folgen.[b] Überhaupt kann die semantische Orientierung des Erziehungs- und Bildungsbegriffs wichtige soziale Aufschlüsse auch für die modernen Sprachen vermitteln und ist daher keineswegs bedeutungslos.[c]

Der Erziehungsbegriff kennzeichnet im weiteren Ausbau der Herrschaft auch das Zurechtbiegen »störrischer« oder »unverträglicher« Kinder unter Zwang, freilich zu ihrem eigenen Heil oder Nutzen, wie man erklärte, um die Strenge zu motivieren, für die man sich auch auf Anweisungen der *Bibel* berief. Wird aus »Zucht« schließlich *»Züchtigung«,* so entsteht damit die Legitimation des Erwachsenen, auch die Körpersphäre des Kindes angreifen zu dürfen. Das

---

[b] Die Anmerkung (im Original S. 211–212), auf die der Autor hier verweist und in der er die Bedeutung der griechischen und römischen Ursprungsworte für Erziehung und Bildung aufzeigt, wurde vom Herausgeber weggelassen, da der vorliegende Quellentextband (S. 7 ff.) im Beitrag von J. Dolch eine ausführliche Analyse der »Worte der Erziehung in den Sprachen der Welt« enthält.

[c] Vgl. Josef Dolch: Worte der Erziehung in den Sprachen der Welt. In: W. Brezinka (Hrsg.): Weltweite Erziehung. Freiburg 1961, S. 163–176. Dieser Aufsatz ist im vorliegenden Quellentextband (S. 7–15) in gekürzter Fassung abgedruckt.

Züchtigungsrecht des Lehrers gegenüber aufsässigen Kindern und Jugendlichen galt bis in die neueste Zeit als unbestritten; die Frage, ob mit dieser Befugnis die Aggressivität der Pädagogen ein bequemes Ventil fände, wurde nicht aufgeworfen.

Eine Erziehung, die zur Freiheit befähigen will, kann weder »Zucht« als Brechung des kindlichen Willens noch »Züchtigung« als körperlichen Angriff auf den Heranwachsenden gutheißen. Sie soll (1) ein unfertiges Wesen für das Leben in größeren Gruppen zurüsten, soziale Reifung unterstützen; (2) eine dialektische Regulation zwischen individuellen Bedürfnissen und kollektiven Anforderungen der Gesellschaft einleiten; (3) die Reproduktion des Gattungswesens sichern, da Menschen nur mittels Erziehung zu Menschen werden.

Mit diesen Perspektiven gewinnen wir zwar eine formale, aber zugleich reichlich sterile Aussage über Erziehung. Man wird sie in praktischer Absicht kaum verwenden können. Um jedoch in eben dieser uns Pädagogen aufgetragenen Praxis mit dem Erziehungsbegriff konkret arbeiten zu können, empfiehlt es sich, ihn von einer anderen Seite her direkt auf die politisch-gesellschaftliche Lage zu beziehen. Wir wollen daher versuchen, eine wichtige Komponente des Erziehungsbegriffs, nämlich *Emanzipation,* auf ihre gegenwärtige Bedeutung hin zu untersuchen. Denn in einer Gesellschaft unter demokratischem Anspruch kann Erziehung nicht mehr bevormundend vollzogen werden, sondern muß emanzipativ angelegt sein, wenn eben dieser demokratische Anspruch nicht zum Muster ohne Wert verfallen soll. Unser Vorhaben ist, den Erziehungsbegriff jetzt auf seine qualitative Ausstattung hin zu überprüfen und damit die notwendige Konkretisierung für die Gegenwart zu betreiben.

Der aus der altrömischen Sozialgeschichte hergeleitete Begriff *Emanzipation,* der für die Sklavenhalter und nicht für die Sklaven galt, bezeichnete einen individuellen Ablösungsvorgang des erwachsenen Sohnes aus der väterlichen Macht, durch den die Gesellschaftsform zugleich reproduziert wurde. Denn der emanzipierte junge Römer, der aus seiner Herkunftsfamilie austrat, um eine Zeugungsfamilie zu gründen, mußte eifersüchtig über die Exklusivität seines Gesellschaftssystems wachen; Emanzipation für alle — d. h. die Beteiligung an sämtlichen Privilegien seitens der Unterprivilegierten, hätte den elitären Charakter der sozialen Verfassung und damit die Klassengesellschaft aufgehoben. So zieht die Chiffre »Emanzipation« in einer spezifischen Doppelgesichtigkeit durch die Geschichte: Immer wurde irgendwo subjektive Abhängigkeit aufgehoben, um den einzelnen als Wesen einer nachwachsenden Generation für mündig zu erklären; immer aber wurde gleichzeitig kollektive Emanzipation für die Unterdrückten verweigert, d. h. für die Majorität jeder Klassengesellschaft. Erst in der europäischen Aufklärungsgeschichte — mächtig durch die Leidenschaft und Klarsicht führender Gruppen der Französischen Revolution und durch den Auftritt der Massen als historisches Subjekt unterstützt — ist die Artikulation gelungen, daß Emanzipation *prinzipiell für alle* gelte und daß die durch ihre geschichtliche Rolle Behinderten vorzüglich die emanzipatorischen Vorteile genießen sollten. Die Aufklärung rief dazu auf, sich des »eigenen Verstandes ohne Anleitung eines anderen zu bedienen«, wie *Immanuel Kant* sagte, wenn er auch darin irrte, daß die Unmündigkeit »selbstverschuldet« sei[2]. Erst *Karl Marx* und *Friedrich Engels* zeigten, daß gesellschaftliche Abhängigkeiten ökonomischen Prozessen entstammen, die dem Verfügungsradius einzelner Personen entzogen und deshalb mit der auf subjektive Verantwortlichkeit verweisenden Kategorie »Schuld« nicht zu fassen sind.

Diese knappen, allgemeinen Bemerkungen müssen genügen, um das Emanzipationsproblem im Radius eines pädagogischen Erkenntnisinteresses zu lokalisieren: *Emanzipation soll hier zunächst als die gesellschaftliche Unterstützung eines auf Ablösung von den Eltern und den Ausbildungsautoritäten intendierten Verhaltens der nachwachsenden Generation verstanden werden.* Dabei ist nicht nur der im Rahmen von Generationsablösungen stets erfolgende Schritt gemeint, sondern auch jener, der zuvor als das spezifisch Neue der Aufklärungsideologie skizziert wurde. Er umfasse hier: das *Versprechen von Freiheit* an alle Benachteiligten und Unterdrückten, die generelle Gleichstellung sämtlicher Mitglieder der Gesellschaft, nicht nur theoretisch, sondern auch praktisch. Dazu müssen die Entwürfe dieser Freiheit von den zu Befreienden selbst erarbeitet werden, wie *Paulo Freire* herausgestellt hat[d]. Für alle Erziehungsprozesse erfordert dies eine *kooperative Didaktik*, d. h. das Zusammenwirken von Lehrern und Schülern auf den Ebenen unterschiedlichen politischen Bewußtseins dieser Gruppen sowie unterschiedlicher materieller wie ideeller Interessen. Die gegenwärtige Diskussionslage über »Emanzipation« ist wesentlich durch die »antiautoritäre« Phase der Schüler- und Studentenproteste gekennzeichnet[3]. Allerdings wird daran auch sogleich die Grenze deutlich, die eine wirklich grundlegende Erörterung des Emanzipationsproblems verhindert. Solange nämlich lediglich ein neutraler, allenthalben geschehender und überall möglicher Emanzipationsprozeß beschrieben wird, bleibt die Diskussion unhistorisch und damit unwissenschaftlich (*Karl Marx* definierte die Geschichte als einzige Wissenschaft). Es wird dann »Ablösung« zu einer Generationsproblematik abgeschwächt. Deren Vorhandensein und möglicher konflikträchtiger Ablauf brauchen durchaus nicht geleugnet zu werden, die Tendenz ist aber doch, auf ein menschliches »Wesen« abzuheben, zu dessen Kritik *Marx* bereits in der sechsten These über *Feuerbach* das Entscheidende gesagt hat[e].

Ein auf die konkrete Situation bezogener Versuch, Emanzipation zu definieren, ist unerläßlich, sofern die Diskussion gesellschaftliche Relevanz haben soll. Enthält sie diese nicht, so ist auch eine innerpädagogische Diskussion müßig, da pädagogische Sätze immer nur auf die vorgegebene und weiter zu entwickelnde gesellschaftliche Situation bezogen sein können und nicht, wie es die nor-

---

[d] Freire, P.: Pädagogik der Unterdrückten. Stuttgart 1971.
[e] »Feuerbach löst das religiöse Wesen in das *menschliche* Wesen auf. Aber das menschliche Wesen ist kein dem einzelnen Individuum inwohnendes Abstraktum. In seiner Wirklichkeit ist es das Ensemble der gesellschaftlichen Verhältnisse.« Marx Engels Werke, Berlin (DDR) 1964 ff., Bd. 3, S. 6.

mative Pädagogik beansprucht, allgemeine Aussagen von ontologischem Rang über Erziehungsphänomene überhaupt leisten[f].

Unsere Situation ist nun aber als die *spätkapitalistische* gekennzeichnet, und die ökonomisch-analytischen Bemerkungen bieten den Hintergrund, auf dem die gesellschaftspolitisch relevanten Akzente von Emanzipation erarbeitet werden müssen, wenn mehr als ein unterhaltsames Gedankenspiel erwartet werden soll.

Unter dieser Prämisse ist Emanzipation grundlegend zu bestimmen. Sie soll hier verstanden werden

1. als politische Anleitung des lernenden Menschen, den Prozeß seiner Selbstentfremdung zunehmend schärfer zu analysieren, der durch ein von ihm nicht mitverantwortetes didaktisches Mittel und eine dahinterstehende, ihm unzugängliche Herrschaftsform immer neu zustande kommt;
2. als die Einübung kollektiver Lernpraxis, um den Druck der Isolation zu durchbrechen, der es den Machtträgern ständig ermöglicht, die Individuen durch exklusive Aufstiegschancen weiter zu dissoziieren und als Glieder einer »Konsumgesellschaft« politisch machtlos zu halten.
3. Emanzipation soll schließlich heißen, das Individuum und die es umschließende Gruppe zu befähigen, sich gesellschaftlicher Kampfmaßnahmen zu bedienen, um die für alle Lohnabhängigen ungeachtet ihres unterschiedlichen gesellschaftlichen Status verhinderte ökonomische Selbstbestimmung zu erringen.

Die curricularen und didaktischen Prozesse, die sich dem soeben umrissenen Emanzipationskonzept unterstellen, werden durch einen hohen Grad situativer Flexibilität bei gleichzeitiger strategischer Transparenz ausgezeichnet sein müssen. Eine solche Transparenz ist von entscheidender Bedeutung für kollektive Prozesse, damit diese nicht durch soziale Richtungslosigkeit zu unkoordinierten Aktionen degenerieren und letztlich ohne politischen Effekt bleiben. Für das Erarbeiten und Durchhalten von verbindlichen sozialen Zielvorstellungen ist es nötig, Gruppendynamik zu *politischer Kollektivdynamik* weiterzuentwikkeln[g].

Damit ist *das Theorie-Praxis-Verhältnis der Erziehungswissenschaft* überhaupt angesprochen, das zu einer grundlegenden Bestimmung ansteht. Gerade eine marxistisch orientierte Erziehungswissenschaft muß für eine tragfähige Konzeption Sorge tragen, weil eine von den materiellen Verhältnissen abgegrenzte theoretische Reflexion »bodenlos« ist und ein *pädagogischer Aktionismus* notwendig im Gestrüpp seiner eigenen unauflösbaren Widersprüche scheitert. Die Verklammerung beider Modalitäten zu ermöglichen und durchzuhalten wird zur Legitimation einer sozial ebenso funktionsgerechten wie historisch-aktuellen materialistischen Pädagogik.

---

[f] Zenke, K.: Pädagogik – Kritische Instanz der Bildungspolitik? Zur technischen und emanzipatorischen Relevanz der Erziehungswissenschaft. München 1972, S. 139 ff.
[g] Horn, K., Hrsg.: Gruppendynamik und der ›subjektive Faktor‹. Repressive Entsublimierung oder politisierende Praxis. Frankfurt 1972.

Materialistische Pädagogik wird ihr Verhältnis zum politischen Gesamtanspruch der Emanzipation im bisher skizzierten Sinne abhandeln müssen. Die Emanzipationsproblematik kann unter pädagogisch-materialistischem Ansatz lediglich dann ergiebig weiterbearbeitet werden, wenn der dialektische Zusammenhang der Erziehungsziele mit der sie umschließenden gesellschaftlichen Praxis ständig berücksichtigt wird. Dabei ist sowohl die Praxis der Kapitaleigner gemeint als auch derjenigen, die eine Gegenpraxis aufzubauen versuchen. Konkret wird dies heißen, sowohl pädagogisch-politische Befreiungsprozesse der Gruppen in Gang zu setzen als auch das Individuum sozial reflexionsfähig zu machen und ihm die Dialektik von Individuum und Gesellschaft zu erschließen. Die in jeder emanzipatorischen Strategie sich äußernden aktuellen Konflikte werden dann in ihrem Zusammenhang mit den prinzipiellen Antinomien der kapitalistischen Gesellschaft aufgedeckt werden können, an denen sich auch die im einzelnen möglichen *pädagogischen Emanzipationsprozesse* bemessen[4]. ...

2. Bildung
...
Bildung hängt ursprünglich mit Politik zusammen. Sie hat es mit Vereinbarungen zu tun, die über Horde, Familie oder Clan hinausgehen, sich also nicht durch primäre und sekundäre Verwandtschaftsverhältnisse regeln. Erziehung dagegen ruht, wie wir gezeigt haben, auf basalen anthropologischen Gegebenheiten, sie ist mit der *Erhaltung der Gattung* unmittelbar verknüpft. Es gibt keine Gesellschaft, in der nicht erzogen wird, denn diese würde sich selbst zum Untergang verurteilen. Erziehung ist also integrierender Bestandteil der Lebensweitergabe und folgt konsequent auf *Zeugung und Geburt*.

Bei der Entstehung des *Bildungsbegriffs* sind die sozialen und ökonomischen Verhältnisse weiterentwickelt und die urtümlichen Sippenverhältnisse durch kompliziertere Gesellschaftsverbände ersetzt worden. Feudale Lehnsverhältnisse simulierten zwar noch Reste von Verwandtschaftsbanden, etwa in Begriffen wie »Landesvater« und »Landeskinder«, in Wahrheit trugen sie jedoch zur Unterdrückung der agrarischen Bevölkerung bei, der die Last der fürstlichen Repräsentation und des zusehends anschwellenden bürokratischen und militärischen Apparats oblag.

Das Bürgertum als neue historische Kräftegruppierung schickte sich langsam an, den Feudalismus zu überwinden und sich zur herrschenden Klasse aufzuschwingen, dazu diente ihm auch der Bildungsbegriff, wie wir sogleich sehen werden. Ein in Banken kumuliertes Kapital als Folge des generellen neuen Tauschmittels *Geld* und *Manufaktur* als dem Handwerk überlegene Produktionsform entstanden. Aus ihnen wiederum entwickelte sich die frühe, noch dezentralisierte *Industrie*, deren Produktionsinstrumente aber bereits auf Technologie gründeten[h]. Sie brachte die Lohnarbeiter hervor: das Proletariat der

---

[h] Bulthaup, P.: Zur gesellschaftlichen Funktion der Naturwissenschaften. Frankfurt 1973.

nächsten Jahrzehnte. Um diese Entwicklung besser zu verstehen, die hier aus Raumgründen nur angedeutet werden konnte, empfiehlt sich, eine darauf bezogene spezielle Analyse von *Karl Marx* zu studieren[i].

Die bürgerliche Klasse zwischen 1750 und 1820 hat den Bildungsbegriff in Deutschland konzipiert. Es gibt ihn in England und Frankreich nicht. In den Wörtern *education* bzw. *éducation* wird der Grundinhalt von »Bildung« mitgefaßt, geht aber nicht völlig darin auf, wie die semantische Analyse ergibt. Die Bewußtseinsveränderungen entstehen nicht als freie geistige Fluktuation, sondern sind Resultate gesellschaftlich-politischer Kräfte. »Bildung« wird verständlicherweise nicht zur Devise der angefochtenen Feudalherren, sondern zum Verständigungssignal der fechtenden bürgerlichen Kräfte. Diese wollen konkreten gesellschaftlichen Fortschritt, nämlich Ablösung überständiger Adelsherrschaft und der höfischen Lebensformen mit ihren politischen und ökonomischen Hindernissen. Damit konkretisiert sich aber auch die seit dem 17. Jahrhundert wirkende Aufklärungsphilosophie, die der Menschheit dazu verhelfen wollte, ihre eigenen Lebensbedingungen nicht länger mythisch verdunkelt hinzunehmen, sondern sich selbst zu ermutigen, sie als gestaltbar anzusehen, Geschichte nicht mehr als Verhängnis, sondern *als Aufgabe zu begreifen*.

So enthält der Bildungsbegriff an der Wende vom 18. zum 19. Jahrhundert auch einen spezifischen Kampfakzent der bürgerlichen Klasse gegen die im Rahmen einer unglaublichen Auffächerung der feudalen Hierarchie noch präsenten Herren des Zeitalters: Kaiser, Könige, Fürsten, Großherzöge, Fürstbischöfe und Erzäbte, Grafen, Freiherren, Ritter, Truchsesse u. a. Deutschland hatte 1800 fast 2000 unabhängige Territorien, alle mit eigenen Herrschern und eigenen Zollgrenzen[j]. *Lessing* bekämpft in seinem Drama »Emilia Galotti«, *Schiller* in seinem Schauspiel »Die Räuber« fürstliche Willkür; beide forderten eine neue Menschlichkeit.

»Bildung« ist also Kampfparole, aber zugleich auch subversive Antwort auf revolutionär noch unerschütterte Zustände: untergründige Aufbereitung kollektiven Bewußtseins im individuellen Bildungsakt mit dem Ziele, die Gesellschaft mündig und vernünftig zu machen und zur Verantwortung im bürgerlichen Maßstab zu befähigen. Halten wir also fest: In der zweiten Hälfte des 18. Jahrhunderts wird der Bildungsbegriff in den deutschen Ländern geschaffen. Seine wichtigsten Exponenten sind: *Klopstock, Lessing, Herder, Winckelmann, Goethe, Schiller, Humboldt, Kant* und *Schleiermacher*. Mit diesen Männern vergewisserte sich zugleich die bürgerliche Klasse ihrer moralischen Integrität.

Wir lassen dabei außer acht, daß das Wort von der »Bildung« schon einmal

---

i Vgl. Karl Marx: Das Kapital Bd. I. Kap. 12 u. 13. Marx Engels Werke, Berlin (DDR) 1964 ff., Bd. 23. Darin analysiert Marx die Arbeitsteilung und zeichnet den Weg von der Manufaktur zur großen Industrie.

j Im Jahre 1800 existierten fast 2000 unabhängige politische Territorien, darunter: 340 geistliche und weltliche Fürstentümer, Grafschaften usw., fast 1500 reichsritterliche Gebiete, 51 Reichsstädte, 45 Reichsdörfer. Vgl. Geschichte unserer Welt, hg. v. Fritz Karsen. Bd. II, 2. Berlin 1947. S. 150.

bei den religiösen Denkern des späten Mittelalters auftaucht und dort das mystische Sichhineinversetzen in das Bild Jesu meint — sich Jesus »einbilden« —, wie Untersuchungen gezeigt haben[k]. Dies ist für die Erziehung aber nicht geschichtswirksam geworden.

Die neuhumanistische *Bildungsidee* orientierte sich an »klassischen« Gehalten; im wissenschaftlichen und wissenschaftsorganisatorischen Lebenswerk vor allem *Wilhelm von Humboldts* (1767—1835) sowie seines Mitarbeiters *J. W. Süvern*[5] ist sie uns exemplarisch überkommen. Humboldt gründete die Berliner Universität und wurde außerdem Vater des klassischen altsprachlichen Gymnasiums in Deutschland. Auf ihn geht ferner das 1810 verordnete Examen »pro facultate docendi« (= Lehrbefähigung) zurück, die erste Prüfungsordnung für Gymnasiallehrer, die sich damit als Stand endgültig von den Theologen abhoben.

Man muß diesen zu Anfang des 19. Jahrhunderts entworfenen Bildungsbegriff des Bürgertums zunächst auf seinem materiellen Hintergrund zu verstehen suchen. Die bürgerliche Klasse hatte mit der französischen Revolution von 1789 der alten Feudalordnung einen tödlichen Schlag versetzt, wiewohl beispielsweise in Deutschland die Reste des überlebten Systems erst mit der Revolution von 1918 überwunden wurden. In der Zwischenzeit kümmerte sich das Bürgertum um seinen Profit und schlug energisch den Weg zur *großen Industrie* ein. Dabei entfielen alle Rücksichten auf die »Würde« des Menschen, die doch gerade das Bürgertum für seinen eigenen politischen Emanzipationsprozeß nachdrücklich berufen hatte: Freiheit, Gleichheit, Brüderlichkeit. *Friedrich Engels'* 1845 erschienenes Werk »Die Lage der arbeitenden Klasse in England«[l] ist ein Zeitdokument: Frauen und Kinder mußten unter heute unvorstellbaren Bedingungen mitarbeiten, um das bloße Überleben der Familien zu ermöglichen[m].

Auf diesem Hintergrund verliert der Bildungsbegriff seine pädagogische Harmlosigkeit und damit seinen unverbindlichen Charakter. Zu fragen wäre: Welche primäre Funktion hatte ein solcher von der bürgerlichen Klasse zum genannten Zeitpunkt hervorgebrachter »humanistischer« Bildungsbegriff für eben diese Klasse, die sich mit ihren Produktionsbedingungen gegenüber den Industrieproletariern und deren Familien inhuman verhielt? Diese Frage ist freilich nicht einfach zu beantworten. Dazu muß man in die Zusammenhänge zwischen Ökonomie und Bildungsideologie grundsätzlich einzudringen und sie auf diesen speziellen geschichtlichen Fall anzuwenden versuchen. Im humanistischen Bildungskomplex dürften sich nämlich auch kräftige Selbstrechtfertigungsmechanismen bürgerlichen »Gewissens« mitgeäußert haben.

---

[k] Vgl. I. Schaarschmidt: Der Bedeutungswandel der Worte bilden und Bildung. 1931; H. Schilling: Bildung als Gottesbildlichkeit. 1961; E. Lichtenstein: Zur Entwicklung des Bildungsbegriffs von Meister Eckhart bis Hegel. 1966.

[l] Marx Engels Werke, Berlin (DDR) 1964 ff., Bd. 2.

[m] Titze, H.: Die Politisierung der Erziehung. Untersuchungen über die soziale und politische Funktion der Erziehung von der Aufklärung bis zum Hochkapitalismus. Frankfurt 1973.

Bis heute wird der neuhumanistische Bildungsbegriff weithin unkritisch übernommen: Mit Hilfe von Sprachtraining, Schulung von Interpretationsvermögen und der Erschließung von Deutungskategorien soll der Zugang zu solchen Quellen eröffnet werden, denen die bürgerliche Überlieferung mehr oder weniger »Klassizität« zuspricht. Das alles verknüpft sich wesentlich mit einem sieben- bis neunjährigen Gymnasialbesuch und ist in hohem Maße exklusiv auf eine kleine Sozialschicht begrenzt. Denn während etwa der sechzehn- bis neunzehnjährige Gymnasiast Bildungsprozesse erlebt, arbeitet sein gleichaltriger Zeitgenosse als Lehrling, Jungarbeiter, Geselle in der Produktion und erfährt den Widerspruch zwischen Lohnarbeit und Kapital. Ihm wird während seiner Lehrzeit im sog. dualen System *ein* Bildungstag pro Woche in der bezüglich aller Lehr- und Lernmittel spärlich ausgestatteten Berufsschule zugestanden[6]. Geht dieser soziale *Regelfall* von Arbeiterbildung gegenüber der Ausnahme eines »Gymnasialbesuchs« in den Bildungsbegriff der »Allgemeinen« Pädagogik ein?

Offenkundig gibt es Bildungsbarrieren, die keineswegs »natürlich«, sondern gesellschaftlich vermittelt sind. Es gibt ferner geschickt abgesicherte Bildungsprivilegien, die mit den materiellen Privilegien der bürgerlichen Schichten übereinstimmen. Diese Privilegien sind zwar nicht so starr wie im indischen Kastenwesen, wo eine Minderzahl alle Privilegien besitzt, eine größere Gruppe über eingeschränkte Privilegien verfügt und die Volksmassen faktisch nicht einmal das Recht zum Leben haben. Artikel 3 und 4 der Menschenrechte[7] sollten dazu eingesehen werden. Bürgerliche Gesellschaften verfahren weit elastischer, aber das Resultat in *Hinsicht auf Bildung* ist nicht wesentlich anders. Denn wie erklärt es sich, daß in Schulen für Lernbehinderte kaum Kinder aus bürgerlichen Häusern zu finden sind und das Kind eines Hilfsarbeiters bei der Reifeprüfung auffällt? Welche Funktion übernimmt dabei die häufig weitergetragene These von der Erblichkeit der Intelligenz?

Der Bildungsbegriff des 18. Jahrhunderts hat trotz seiner kollektiven Urheberschaft eine allgemeingültige Mitte, die wir folgendermaßen zu präzisieren versuchen: Bildung bedeutet *Anstrengung der Person*, sich den Dokumenten historisch fixierter Werte zu stellen, aus den Quellen »reiner Menschlichkeit« zu schöpfen, »edler Einfalt und stiller Größe« nachvollziehend am großen Kunstwerk inne zu werden, »das Wahre, Gute und Schöne« als das erschütternde Ereignis im Akt der Wiedervermittlung zu erfahren. Damit aber ergibt sich, daß menschliches Leben selbst als Grundmaterial eines Kunstwerks dient, an dem es zu meißeln gilt. So wird »Bildung« zur Lebensveranstaltung der Person, das *Bild in sich zu modellieren*, das den klassischen Gehalten der Antike — Sprach- und Bildkunstwerken — innewohnt und der Interpretation bedarf. Der Lebenslauf *Goethes* bietet dafür ein Beispiel. *W. v. Humboldt* und der Kreis um ihn wollten im »neuhumanistischen« Gymnasium Griechisch und Latein so intensiv betrieben wissen, daß die antiken Schriftsteller symbolisch selbst sprächen und die Erfahrung der *Gleichzeitigkeit* mit ihnen möglich würde.

Dies war eine Konzeption von »Allgemeinbildung«, die sich bewußt nicht auf das Prinzip der »Nützlichkeit« festlegen lassen wollte.

Eine solche Konzeption war keineswegs unpolitisch. Die an Wissenschaften und Künsten bis auf wenige Ausnahmen uninteressierten und im moralischen Bereich oft wenig vorbildlichen Fürsten fanden sich indirekt negativ abgebildet. Sie hätten erkennen können, welche historischen Karikaturen sie selbst angesichts der im Humanitätsbegriff geforderten Einheit von Weisheit, Güte und staatsmännischer Fürsorge darstellten. Wenn sie es gleichwohl meistens nicht vernahmen, so lag es auch an der Devotheit, mit der sich die meisten Neuhumanisten gegenüber ihren Herrschern betrugen, um nicht ihre bürgerliche Existenz aufs Spiel zu setzen. *Immanuel Kants* Entschuldigung beim preußischen König Friedrich Wilhelm II. nach dem Vorwurf der Gotteslästerung bietet dafür ein Beispiel[8].

Der Bildungsbegriff trug in seiner Entstehungsphase also einen progressiven Charakter. Er war die Fortsetzung des politischen Kampfes des Bürgertums mit pädagogischen Mitteln. Er zeitigte bildungspolitische Konsequenzen, nämlich den neuen Schultyp des »humanistischen Gymnasiums« als Bildungsstätte des oberen Bürgertums. Die »Realschule« wurde entsprechend zur Bildungseinrichtung des mittleren und unteren Bürgertums.

Im Fortgang der Geschichte verkehrte sich jedoch der Bildungsbegriff sehr bald in sein Gegenteil[9]. Statt den Kampf gegen die Feudalstrukturen mit dem Kampf gegen die Ausbeutung des Proletariats im Frühkapitalismus zu verbinden und die Beleidigung des arbeitenden Menschen unter den entsetzlichen Bedingungen der damaligen Industrie als total *antihumanistisch* zu brandmarken, kapselte sich der Neuhumanismus gegen die Interessen der Arbeiter ab und entwickelte kein Wahrnehmungsorgan für die Widersprüche der Zeit. Die Antinomie zwischen Lohnarbeit und Kapital berührte ihn nicht; so wurde er bildungs*exklusiv* und nahm damit indirekt Stellung gegen das Proletariat.

Nun haben wir jedoch in früheren Zusammenhängen bereits vermieden, nach persönlicher Schuld zu forschen; *Goethe, Humboldt* oder *Winckelmann* sollten nicht für diese Entwicklung verantwortlich gemacht werden. Sie waren vielmehr Exponenten von Klasseninteressen. Sie gehörten dem Bürgertum an, sprachen dessen Sprache, gestalteten künstlerisch oder erforschten wissenschaftlich die Schicksale dieser sozialen Gruppe, auf die ihr Interessenhorizont im wesentlichen begrenzt war, wenn sie auch gelegentlich für eine Gruppe von Arbeitern eintraten, wie etwa *Goethe* für die »armen Wühlmäuse«, womit der Weimarer Minister die schwerarbeitenden Bergleute im Harzer Silberbergbau meinte.

Die pädagogischen Begriffe bleiben also keineswegs konstant; immer hängen sie auch mit Herrschaftsverhältnissen zusammen und ändern sich in ihnen. Fassen wir zusammen: Der zunächst fortschrittliche neuhumanistische Bildungsbegriff im ausgehenden 18. Jahrhundert führte schon Mitte des 19. Jahrhunderts zur Bildungsexklusivität des Bürgertums, das als Klasse eine konservative bis reaktionäre Entwicklung durchlaufen hatte. Die Arbeiterschaft mußte darum ihre weltanschauliche Standortbestimmung mit eigenen Kräften vornehmen. *Arbeiterbildungsvereine entstanden folglich seit Mitte des 19. Jahrhunderts als erste organisatorische Formen der Assoziation,* aus denen Kampfbünde und Parteien hervorgingen — Beispiele für revolutionäre Pädagogik auf dem Hintergrund von Produktionsverhältnissen, die dringend danach verlangten, mit Hilfe von Bildung analysierbar gemacht zu werden[n].

Arbeiterbildungsvereine waren freilich noch aus einem anderen Grunde der einzige kollektive Hebel der Proletarier, da ihnen während der reaktionären Verhältnisse bis weit über die Mitte des 19. Jahrhunderts hinaus Parteigründungen durch ein sogenanntes *Koalitionsverbot* untersagt waren. Es mutet dabei wie eine Ironie der Geschichte an, daß das Bürgertum seinen inzwischen aus der politischen Kampflinie zurückgezogenen Bildungsbegriff als vermeintlich ungefährlich den Proletariern gern überließ. Und tatsächlich war er für die zur Herrschaft gelangte Klasse entbehrlich geworden, während dieser Begriff mit proletarischem Vorzeichen in kurzer Frist neue Stoßkraft erhielt.

Wir können jetzt aufzeigen, wodurch sich der Bildungsbegriff des Neuhumanismus vom proletarischen Bildungsverständnis unterscheidet: Die *Anstrengung des einzelnen,* dessen Bildungsabsicht sich vor allem auf die Schätze »klassisch« bewältigten oder entworfenen Lebensvollzuges richtet und sich wesentlich an geschichtlichen Dokumenten orientiert, wird ersetzt durch eine »bildungslose« Ausgangslage geschundener Menschen, denen solidarische Erfahrung die Notwendigkeit *kollektiver Bildungsanstrengung* erschließt. In didaktisch zunächst noch wenig differenzierten Kursen versuchen Arbeiter, sich die ihnen als Klasse vorenthaltenen und für ihr Selbstverständnis notwendigen Bildungsinhalte selbst anzueignen oder kooperationsbereite Pädagogen auf ihre Seite zu ziehen[o]. Der »Stoff« und damit auch die Zielrichtung dieser Bildung unterscheiden sich ebenfalls vom bürgerlichen Bildungskonzept. Es geht um *Praxis,* um kategoriale Kenntnisse, die nicht »allgemein« bleiben, sondern »nützlich« werden im Kampf um Selbstbefreiung über die politische Selbstvergewisserung als Klasse. Naturwissenschaft, technische Wissenschaften, Ökonomie, Geschichte und Recht bilden daher Fundamente vieler dieser Lehrgänge, in die das »Allgemeine« später wieder als Literatur, Kunst, Musik, Philosophie, Ästhetik usw. eingeht.

Wir müssen es uns aus Raumgründen versagen — ob es zudem Erkenntnisfortschritt brächte, steht dahin —, die weiteren Akzente des Bildungsbegriffs im 19. und 20. Jahrhundert darzustellen. Es handelt sich in der Tat im wesentlichen nur um *Akzente* der beiden Grundpositionen, die uns nun vertraut sind: (1.) Bildung als lebenslange, dem Guten, Wahren und Schönen verpflichtete individuelle Anstrengung bzw. (2.) Bildung als gesellschaftlicher Auftrag, jene Einsichten zu erkämpfen, mit deren Hilfe Armut, mangelndes Bewußtsein und Herrschaft über Menschen prinzipiell überwindbar werden. Wie sollte auch ein dritter Typ zu diesen Alternativen lauten? ...

---

[n] Vgl. W. Markert: Erwachsenenbildung als Ideologie. München 1973.

[o] Markert, W.: Erwachsenenbildung als Ideologie. Zur Kritik ihrer Theorien im Kapitalismus. München 1973.

XV. Wolfgang Brezinka
Präzisierung des Begriffes »Erziehung«[1]

Ein Begriff wird dadurch präzisiert, daß seine Merkmale schärfer bestimmt werden. Es geht also nicht darum, einen völlig neuen Begriff der Erziehung zu schaffen. Es wird vielmehr aus den bereits vorhandenen Erziehungsbegriffen eine Auswahl getroffen und dann wird der Inhalt des gewählten Begriffes so genau wie möglich festgelegt. Bei dieser Auswahl richten wir uns nach dem praktischen Maßstab der Fruchtbarkeit für die Theorienbildung. »Ein wissenschaftlicher Begriff ist um so fruchtbarer, je mehr er zur Formulierung von allgemeinen Gesetzen benützt werden kann, und dies bedeutet wiederum: je mehr er sich auf Grund von beobachteten Tatsachen mit anderen Begriffen in Beziehung bringen läßt«[a2]. Unter diesem Gesichtspunkt wird hier jener Erziehungsbegriff, der durch die Merkmale der Handlung und der Förderungsabsicht gekennzeichnet ist, den übrigen Erziehungsbegriffen vorgezogen. Die Vermutung, daß er fruchtbarer ist als die anderen, kann als eine Hypothese angesehen werden, die durch die künftige Forschung entweder bestätigt oder widerlegt werden wird. In diesem Sinne schlage ich folgende Verwendungsregeln für den Terminus[3] »Erziehung« vor.

1. Erziehung als Handlung

Mit dem Terminus »Erziehung« werden Handlungen bezeichnet.

»Eine Handlung ist das absichtliche Eingreifen oder Nichteingreifen eines menschlichen Wesens in den Ablauf des natürlichen Geschehens«[b]. Nach einer Begriffsbestimmung von *Max Weber*[4] soll »Handeln« »ein menschliches Verhalten (einerlei, ob äußeres oder innerliches Tun, Unterlassen oder Dulden) heißen, wenn und insofern als der oder die Handelnden mit ihm einen subjektiven *Sinn* verbinden«[c]. Handeln ist eine bestimmte Art des menschlichen Verhaltens, die sich durch Sinnhaftigkeit (Intentionalität) und Selbstbewußtsein (Reflexivität) vom übrigen Verhalten des Menschen unterscheidet[d].

Unter »Sinn« ist hier der tatsächlich vom Handelnden subjektiv *gemeinte* Sinn zu verstehen[e]. Sofern man dem Vorschlag folgt, zwischen Ziel und Zweck zu unterscheiden, kann mit »Sinn« sowohl das inhaltliche *Ziel* des Handelns als auch sein *Zweck* gemeint sein[f]. Dabei bedeutet »Ziel« einen erstrebten Zustand, den der Handelnde durch sein Handeln zu verwirklichen versucht, und »Zweck« das, wozu etwas dient: »Durch die den Mitteln anhaftenden Zwecke

---

[a] *Carnap* 1959, S. 14; ähnlich *Hempel* 1952, S. 11.
[b] *Körner* 1970, S. 139.
[c] *Max Weber* 1972, S. 1.
[d] Vgl. zur Interpretation *Girndt* 1967, S. 22 ff.
[e] *Max Weber* 1972, S. 1.
[f] Vgl. *Girndt* 1967, S. 24 ff.

kann ein Ziel erreicht werden«. »Was ich als Mittel zu etwas betrachte, hat Zweck. Was ich nicht als Mittel, sondern als durch Mittel ›bezweckt‹ betrachte, ist Ziel«[g]. Nach dieser Unterscheidung wäre zum Beispiel ein Zweck des Lobens die Stärkung der Disposition[5] für das durch Lob belohnte Verhalten; durch das Loben kann die Erreichung des Erziehungszieles »Verhaltensdisposition x« (Anstrengungsbereitschaft, Pünktlichkeit usw.) gefördert werden.

Um Mißverständnisse über den tatsächlichen Verlauf des erzieherischen Handelns von vornherein zu vermeiden, muß mit *Weber* darauf aufmerksam gemacht werden, daß »die Grenze sinnhaften Handelns gegen ein bloß ... reaktives, mit einem subjektiv gemeinten Sinn nicht verbundenes, Sichverhalten« durchaus fließend ist. »Ein sehr bedeutender Teil alles soziologisch relevanten Sichverhaltens, insbesondere das rein traditionale Handeln steht auf der Grenze beider«[h]. Vollbewußtes Handeln ist nur als ein (für die Begriffsbildung benutzter) Grenzfall des wirklichen Handelns anzusehen. »Das *reale* Handeln verläuft in der großen Masse seiner Fälle in dumpfer Halbbewußtheit oder Unbewußtheit seines ›gemeinten Sinns‹. Der Handelnde ›fühlt‹ ihn mehr unbestimmt, als daß er ihn wüßte oder ›sich klar machte‹, handelt in der Mehrzahl der Fälle triebhaft oder gewohnheitsmäßig. Nur gelegentlich, und bei massenhaft gleichartigem Handeln oft nur von Einzelnen, wird ein (sei es rationaler, sei es irrationaler) Sinn des Handelns in das Bewußtsein gehoben. Wirklich effektiv, d. h. voll bewußt und klar, sinnhaftes Handeln ist in der Realität stets nur ein Grenzfall. Auf diesen Tatbestand wird jede historische und soziologische Betrachtung bei der Analyse der *Realität* stets Rücksicht zu nehmen haben. Aber das darf nicht hindern, daß die Soziologie ihre *Begriffe* durch Klassifikation des möglichen ›gemeinten Sinns‹ bildet, also so, als ob das Handeln tatsächlich bewußt sinnorientiert verliefe. Den Abstand gegen die Realität hat sie jederzeit, wenn es sich um die Betrachtung dieser in ihrer Konkretheit handelt, in Betracht zu ziehen und nach Maß und Art festzustellen«[i].

Unter den Begriff der Handlung fallen sowohl äußere als auch innere Phänomene: Verhaltensweisen und seelische Erlebnisse; oder in der Sprache *Max Webers*: »äußeres Handeln« und »inneres Sichverhalten«[j]. Das der Fremdbeobachtung zugängliche äußere Verhalten bildet nur *einen* Aspekt des Handelns. Es kann ohne Berücksichtigung innerer Vorgänge, insbesondere des vom Handelnden subjektiv gemeinten Sinns gar nicht verstanden und als »Handlung« klassifiziert werden. Daneben ist zu beachten, daß nicht nur jedes Handeln innere Aspekte hat, sondern daß es auch *inneres Handeln* oder *»innerliches Tun«* gibt, das sich nicht notwendig in sinnlich wahrnehmbarem Verhalten ausdrückt. Es ist für den Inhalt des Erziehungsbegriffes wesentlich, daß er mit dem Merkmal der Handlung auch *das »gewollte Unterlassen und Dulden«*[k] *einschließt.*

---

[g] *Neuhäusler* 1963, S. 261.
[h] *Max Weber* 1972, S. 2.
[i] *Max Weber* 1972, S. 10 f.
[j] *Max Weber* 1972 S. 11.
[k] *Max Weber* 1968, S. 171.

Aus der Bestimmung der Erziehung als Handlung (englisch: action) folgt, daß *nur Menschen Subjekte der Erziehung sein können*. Die nicht-personalen Gegenstände der Natur und Kultur, die »Umwelt« oder das »Milieu« üben zwar mehr oder weniger starke Einflüsse auf den Menschen aus, aber sie handeln nicht, und deshalb kann man auch nicht sagen, daß sie erziehen. Zum Erziehen gehört das Merkmal der Zielgerichtetheit und damit auch ein »Mindestmaß von Bewußtsein«[l]. Erziehung ist eine zielgerichtete Aktivität von Personen[m].

Aus dem Gesagten ist ersichtlich, daß der Begriff »Handlung« inhaltsreicher ist als der Begriff *»Verhalten«*. Die äußeren Bestandteile von Handlungen können auch als Verhaltensweisen bezeichnet werden, aber nicht alle Verhaltensweisen sind Handlungen. Im Unterschied zu bloßen Bewegungen, die die Anhänger des klassischen Behaviorismus[6] mit dem Terminus »Verhalten« gemeint haben, sind Handlungen dadurch gekennzeichnet, daß sie für den Handelnden eine Bedeutung oder einen Zweck haben. Ihre Bedeutung ist nicht durch unmittelbare Beobachtung des sinnlich wahrnehmbaren Verhaltens erkennbar, sondern sie kann nur mittelbar durch *Interpretation* der Verhaltensweisen des Handelnden und anderer Daten der gegebenen Situation erschlossen werden[n]. Es verdient allerdings beachtet zu werden, daß in den letzten Jahrzehnten eine »Liberalisierung des Behaviorismus« erfolgt ist[o]. Unter »Verhalten« wird heute vielfach schon mehr als bloß die direkt beobachtbare Aktivität eines Organismus in Form von Reaktionen auf bestimmte Reize verstanden[p]. Selbst wenn man sich auf die Beschreibung des beobachtbaren Verhaltens zu beschränken versucht, zeigt sich, daß »eine Klassenbildung erforderlich« wird, »da soziales Verhalten niemals ein einzelnes Ereignis ist, sondern ein rekurrentes Phänomen, d. h. eine Klasse von Ereignissen, die die ›gleiche *Bedeutung*‹ haben«[q].

Abweichend von der zentralen Bedeutung des Wortes »Verhaltens« und im Gegensatz zum ursprünglichen Programm des Behaviorismus werden immer häufiger auch seelische Erlebnisse (subjektive Phänomene) »Verhalten« genannt, wie dies auch schon *Max Weber* getan hat. Sofern damit diese erweiterte Bedeutung gemeint ist (Verhalten$_1$ und Erlebnisse = »Verhalten$_2$«), könnte allenfalls auch der Begriff »Verhalten« zur Bestimmung des Erziehungsbegriffes verwendet werden, da er durch zusätzliche Merkmale so eingeengt werden kann, daß sein Inhalt mit dem des Begriffes »Handlung« identisch wird. Da jedoch in

---

l *Litt* 1949, S. 100.

m Damit wird auch die unklare Vorstellung zurückgewiesen, daß »das Lernen ... erzieht« und daß die »erziehliche Beeinflussung« grundsätzlich auch ohne Erzieher »im außersozialen Raum möglich« sei. Sie findet sich bei *Correll* 1965, S. 232.

n Vgl. *Kaplan* 1964, S. 32 und S. 358 ff.

o Vgl. *Hummel* 1969, S. 1167.

p Vgl. *Graumann* 1965. Auch *Friedrich Winnefeld* faßt den Verhaltensbegriff so, »daß nicht bloß ›äußeres‹ Verhalten getroffen wird, sondern auch ›inneres‹, d. h. Erlebnis- und Bewußtseinsvorgänge, Emotionales, Antriebhaftes und Kognitives«. *Winnefeld* 1972, S. 155.

q *Hummel* 1969, S. 1192 (Hervorhebung von mir).

diesem Falle von der zentralen Wortbedeutung, die in der Gegenüberstellung von (äußerem) »Verhalten« und (innerem) »Erlebnis« zum Ausdruck kommt, abgewichen wird und deshalb Mißverständnisse kaum vermeidbar sein dürften, kann die Verwendung des Begriffes »Verhalten« für unsere Zwecke nicht empfohlen werden.

Ausdrücklich zurückgewiesen wird dagegen die Verwendung des mehrdeutigen und vagen Begriffes »*Einwirkung*«, der bisher am häufigsten zur Bestimmung des Erziehungsbegriffes benutzt worden ist[r]. Er ist durch große Unklarheit belastet, weil er sowohl in der Absichts- wie in der Wirkungs-Bedeutung und in der Handlungs- wie in der Geschehens-Bedeutung verwendet wird. Etymologisch geht das Wort »wirken« auf die indogermanische Wurzel uerĝ- zurück, die »tun«, »Arbeit« (»Werk«) bedeutet[s]. In der heutigen Umgangssprache bedeutet es jedoch — von Menschen ausgesagt — nicht einfach »etwas tun«, sondern »*erfolgreich* tätig sein« (intransitiv) oder »etwas schaffen«, »bewirken«, »eine Wirkung erzielen« (transitiv). »Wirken« ist aber nicht wie »Handeln« auf Menschen als »Wirkende« beschränkt, sondern wird auch von Sachen ausgesagt und bedeutet dann: »Einfluß ausüben, Spuren hinterlassen; prägend, gestaltend, verändernd an etwas arbeiten, tätig sein; Eindruck, Wirkung hinterlassen«. Das Substantiv »Wirkung« bedeutet dementsprechend »Einfluß, Effekt, Erfolg, Eindruck, Folge«[t].

Aus diesem Hinweis auf die Wortbedeutung, aber auch aus der Verwendung des Wortes »Einwirkung« in pädagogischen Texten geht hervor, daß bei Erziehungsbegriffen, die mit seiner Hilfe bestimmt werden, die Wirkungs- und die Geschehens-Bedeutung vorherrschen[u]. Es bleibt jedoch unerkennbar, was genau gemeint ist: Der Prozeß des Einwirkens? Das Ergebnis des Prozesses, d. h. eine Veränderung in der Persönlichkeitsstruktur dessen, auf den eingewirkt worden ist? Oder eine undurchschaubare »Einheit« aus Prozeß, Produkt und Bedingungsfaktoren des Prozesses wie des Produktes? Für die Teilklasse jener Einwirkungen, die in Förderungsabsicht erfolgen, ergeben sich zusätzlich folgende Fragen: Ist mit »Einwirkung« die Handlung gemeint, durch die versucht wird, eine als positiv gewertete Änderung im Adressaten zu bewirken? Oder die Handlung dann und nur dann, wenn sie Erfolg gehabt hat? Oder der Erfolg dieser Handlung, d. h. die eingetretene Persönlichkeitsänderung? Oder die Handlung samt der durch sie verursachten Veränderung im Adressaten? Alle diese Deutungen sind möglich, wie man zum Beispiel an den Äußerungen von *Dolch* sehen kann[v]. Der Begriff »Einwirkung« ist noch unpräziser als der Begriff »Er-

---

[r] Unter anderen von *Schleiermacher* 1957, S. 98 f. und S. 111.
[s] *Kluge* 1967, S. 862.
[t] Ullstein-Lexikon 1969, S. 985.
[u] Ich erinnere an die Ausführungen auf S. 69 (im Originaltext), daß Geschehens-Begriffe der Erziehung aus logischen Gründen notwendig auch Wirkungs-Begriffe sind.
[v] Vgl. *Dolch* 1966, S. 226; *Dolch* 1965, S. 54; vor allem aber *Dolch* 1970, S. 76 ff.

ziehung« und schon deshalb als Begriffsmerkmal zur Präzisierung des Erziehungsbegriffes nicht geeignet.

2. Erziehung als soziale Handlung

Die Handlungen, die als »Erziehung« bezeichnet werden, sind soziale Handlungen.

Max Weber hat unter »sozialem« Handeln ein solches Handeln verstanden, »welches seinem von dem oder den Handelnden gemeinten Sinn nach auf das Verhalten *anderer* bezogen wird und daran in seinem Ablauf orientiert ist«[w]. Soziales Handeln ist eine besondere Art des Handelns, die sich durch eine bestimmte Intention von anderen Arten unterscheidet: es ist bewußt und willentlich auf andere Menschen bezogen; es ist sinnhaft orientiert »am vergangenen, gegenwärtigen oder für künftig erwarteten Verhalten anderer«[x]. »Sozial« ist hier rein beschreibend und nicht wertend gemeint; es bedeutet einfach: auf Mitmenschen bezogen. »Diese Beziehung ist dabei entweder derart, daß der Handelnde das mutmaßliche Verhalten anderer in seinem Handlungsentwurf als *konstitutive Bedingung* seines Handelns in Rechnung zieht, oder derart, daß der Handelnde durch die Handlungsrealisation auf eine Veränderung des Verhaltens anderer *als Folge* abzielt. Eine Kombination beider Orientierungsarten ist ebenfalls möglich«[y].

Für die Explikation des Erziehungsbegriffes scheint mir *Webers* Begriff des Sozialen Handelns allerdings insofern zu eng zu sein, als er nur das »Verhalten« anderer Personen berücksichtigt. Wenn auch bei *Weber* abweichend vom Sprachgebrauch das Erleben in den Inhalt des Begriffes »Verhalten« einbezogen wird, so bleibt doch genaugenommen ausgeschlossen, worauf ein großer Teil der Sozialen Handlungen (insbesondere die erzieherischen Handlungen) abzielt: die *Dispositionen*, d. h. die Haltungen, Einstellungen, Erlebnis- und Handlungsbereitschaften, die dem aktuellen Verhalten zugrunde liegen. Nennen wir das Gefüge der psychischen Dispositionen eines Menschen seine »Persönlichkeit«, dann empfiehlt es sich, unter Sozialen Handlungen solche zu verstehen, die dem vom Handelnden gemeinten Sinn nach auf die *Persönlichkeit* anderer Menschen bezogen sind.

Zum Unterschied zwischen Sozialer Handlung und Sozialer Interaktion

Soziale Handlungen und damit auch erzieherische Handlungen sind im allgemeinen *Bestandteile eines Systems »sozialer Interaktionen«*. Es ist jedoch zum Schutz gegen verworrene Gedanken über Erziehung von ganz entscheidender Bedeutung, die Unterschiede zwischen Sozialer Handlung und Sozialer Interaktion nicht zu verwischen. Soziale Interaktionen sind ungleich komplexere

---

[w] *Max Weber* 1972, S. 1.

[x] *Max Weber* 1972, S. 11.

[y] *Girndt* 1967, S. 44. Über Handlungsentwurf und Handlungsrealisierung als begrifflich voneinander zu unterscheidende Elemente der Handlung vgl. S. 30 ff.

Phänomene als Soziale Handlungen, und deshalb sind sie wissenschaftlich auch sehr viel schwieriger zu erfassen. »Der Begriff der Interaktion ist der erste Schritt über den Begriff der Handlung hinaus zur Bildung des Begriffes des Sozialen Systems. Wenn wir von Handlung sprechen, setzen wir sinnvolle Motivationen und Zielgerichtetheit voraus«[z].

Als Beispiele für die Unklarheit, die durch die Bestimmung des Erziehungsbegriffes mit Hilfe des Merkmals der Sozialen Interaktion gestiftet wird, seien folgende Definitionen angeführt. Nach *Tausch* ist unter Erziehung »ein Geschehen zwischen zwei oder mehreren Personen zu verstehen, eine soziale Interaktion von Menschen mit dem charakteristischen, fundamentalen Ziel, Änderungen des Verhaltens und Erlebens von Individuen zu bewirken«[aa]. Ähnlich formuliert auch *Winnefeld:* »Erziehungsgeschehnisse sind soziale Interaktionen, welche auf Steuerung und Umsteuerung von Verhalten hinzielen«[ab]. Auch *Loch* spricht von der »Erziehung als einer speziellen Form sozialer Interaktion«[ac]. *Eyferth* definiert Erziehung als einen »Prozeß sozialer Interaktion«[ad]. Alle diese Autoren schreiben irrtümlich Sozialen Interaktionen Merkmale zu, die nur Sozialen Handlungen bzw. dem Handelnden zukommen: Motive, Selbstbewußtsein, subjektiven Sinn, Zielgerichtetheit. Sie verkennen, daß jede Interaktion »ein phantastisch komplexes Gewebe von Handlung und Gegenhandlung« ist[ae]. Dieses System von Wechselbeziehungen wird in unzulässiger Weise personifiziert, wenn von ihm gesagt wird, es »ziele« auf etwas hin oder wolle etwas »bewirken«. Schon die Wahl des Terminus »Geschehen« bzw. »Geschehnis« statt des Terminus »Handlung« bei den beiden erstgenannten Autoren ist eigentlich mit dem Begriffsmerkmal »Intentionalität« (sofern darunter »Absichtlichkeit« verstanden wird) unvereinbar. In dem komplizierten System von Handlungen und Gegenhandlungen, das »Interaktion« genannt wird, kann Zielgerichtetheit jeweils nur dem Handelnden für seine eigene Handlung zugeschrieben werden. Ebenso kann auch im Zusammenhang mit »Zielen« von »bewirken« nur gesprochen werden mit Bezug auf die Handlungen, durch die jemand etwas bewirkt hat, bewirkt oder bewirken will. Der Handelnde kann jeweils nur seinen *eigenen* Handlungen (mehr oder weniger) kontrollieren, nicht aber die Handlungen seines Partners bzw. der Vielzahl der Partner, mit denen er interagiert. Als Erziehungswissenschaftler wollen wir in erster Linie wissen, was er mit ihnen im Hinblick auf seine Ziele in bestimmten Adressaten unter bestimmten Umständen bewirkt hat oder bewirken kann. Das ist etwas anderes, als danach zu fragen, was aus den Gesamtsystemen Sozialer Interaktionen möglicherweise an Veränderungen in den beteiligten Persönlichkeiten herauskommt.

---

[z] *Parsons* 1968, S. 436. Zum gegenwärtigen Stand der Interaktionstheorien vgl. *Graumann* 1972, S. 1109 ff.
[aa] *Tausch* 1970, S. 15.
[ab] *Winnefeld* 1972, S. 155.
[ac] *Loch* 1969, S. 137.
[ad] *Eyferth* 1959, S. 456.
[ae] *Strauss* 1968, S. 63.

Die extremste Gegenposition zum Handlungs-Begriff der Erziehung wird von *Klauer* vertreten. Er definiert Erziehung als den »Prozeß der Wechselwirkung (Interaktion) von Lehren und Lernen«[af]. Im Unterschied zu den zuletzt erwähnten Autoren ist *Klauer* sich darüber klar, daß dieser Erziehungsbegriff »die Rede vom Erzieher oder von der Tätigkeit des Erziehens überhaupt nicht zuläßt«. »Erziehung ist hier ein Prozeß der wechselseitigen Beeinflussung, innerhalb dessen Lehrende und Lernende anzutreffen sind«[ag]. Folgerichtig wird auch betont, daß diesem Prozeß »keinerlei Ziele eigen sind«[ah]. »Deshalb verbietet sich die Rede von ... Erziehungszielen oder Unterrichtszielen«[ai], d. h. diese Begriffe werden in *Klauers* System nicht mehr zugelassen. *Klauer* gibt zu, daß sein Interaktions-Begriff der Erziehung »zweifellos unserem Sprachgebrauch zuwiderläuft«[aj], aber er glaubt, diesen Nachteil um der vermeintlichen Vorteile willen, die er sich von ihm verspricht, in Kauf nehmen zu können.

Es ist jedoch nicht erkennbar, worin die Vorteile des Interaktions-Begriffes der Erziehung, den *Klauer* abweichend vom üblichen Sprachgebrauch »ganz einfach festgesetzt« hat[ak], liegen. Tatsächlich kommt auch *Klauer* ohne den Handlungs-Begriff der Erziehung nicht aus, wenn er Handlungen kennzeichnen will, durch die versucht wird, »das Erziehungsgeschehen (d. h. das Interaktionsgeschehen) in die gewünschte Richtung zu steuern«[al]. Er benennt solche Handlungen allerdings mit dem Ausdruck »Lehrtätigkeiten«. Auch *Klauers* Interaktions-Begriff der Erziehung ist wie alle Geschehens-Begriffe der Erziehung ein Wirkungs-Begriff: »Ob ... tatsächlich Erziehung vorliegt oder nicht, kann streng genommen erst nachträglich festgestellt werden«. Als Maßstab dient dabei, ob eine »Wechselwirkung (Interaktion) von Lehren und Lernen«, von »Lehrtätigkeit und Änderung von Persönlichkeitsmerkmalen beim Lernenden«, ein »Kreisprozeß«, eine »wechselseitige Beeinflussung von Lehrenden und Lernenden« stattgefunden hat. Für »Sachverhalte, wo nur Teile des Erziehungsprozesses verwirklicht sind«, führt *Klauer* den »Begriff des *unvollständigen* Erziehungsvorganges« ein. Darunter fallen zum Beispiel Sachverhalte wie »Lernen, das unabhängig vom Lehren stattfindet«, oder »Einflüsse auf Lehrende und Lernende von außerhalb, wenn sie nicht zugleich Lernen und Lehren verändern«[am]. Das bedeutet, daß sowohl sämtliche Lernvorgänge (d. h. psychische Vorgänge) als auch sämtliche Umwelteinflüsse auf Lernende (d. h. nicht-psychische Vorgänge) in den Anwendungsbereich von *Klauers* Erziehungsbegriff gehören. Das bringt eine bedenkliche Unschärfe mit sich. Diese Unschärfe und die großen Schwierigkeiten, die einer empirischen Prüfung der Frage entgegenste-

---

[af] *Klauer* 1973, S. 47.
[ag] *Klauer* 1973, S. 51.
[ah] *Klauer* 1973, S. 57.
[ai] *Klauer* 1973, S. 69.
[aj] *Klauer* 1973, S. 51.
[ak] *Klauer* 1973, S. 12.
[al] *Klauer* 1973, S. 60 (erläuternde Ergänzungen von mir).
[am] *Klauer* 1973, S. 52.

hen, ob in konkreten Fällen die Anwendungsbedingungen vorliegen, wecken Zweifel an der theoretischen Fruchtbarkeit dieses Begriffes, — ganz abgesehen von den praktischen Verständigungsschwierigkeiten, die durch den Verstoß gegen den Sprachgebrauch hervorgerufen werden.

Die Begründung, die *Klauer* für die Einführung seines Interaktions-Begriffes der Erziehung gibt, beruht auf einem Mißverständnis. Er meint, durch die Definition der Erziehung als Handlung würde man »pädagogisch bedeutsame Sachverhalte aus der Erziehungswissenschaft hinausdefinieren«, insbesondere die unbeabsichtigten Einflüsse auf Educanden, die Tatsache der wechselseitigen Beeinflussung von Erziehern und Educanden sowie die »Effekte der Erziehung«[an]. Dieser Ansicht liegt der Glaube zugrunde, eine Wissenschaft sei auf jene Phänomene beschränkt, auf die ihr Name hinweist: die Erziehungswissenschaft also auf erzieherische Handlungen. Daher rührt *Klauers* Wunsch, den Erziehungsbegriff so stark auszuweiten, daß er möglichst alle Phänomene einschließt, die ihm über die erzieherischen Handlungen hinaus als »Gegenstand« der Erziehungswissenschaft wichtig erscheinen. Diese Umdefinition des Wortes »Erziehung« ist jedoch völlig überflüssig, weil Wissenschaften auf der Grundlage zusammengehöriger Probleme aufgebaut werden und weil ihr Inhalt keineswegs auf die Grenzen beschränkt ist, die der Begriffsinhalt jenes Begriffes absteckt, der einer Wissenschaft den Namen gegeben hat.

Zur Kritik des Begriffes »Selbsterziehung«

Abschließend muß hier noch angemerkt werden, daß das Phänomen, welches häufig »Selbsterziehung« genannt wird, außerhalb des Anwendungsbereiches eines Erziehungsbegriffes liegt, der durch das Merkmal »Soziale Handlung« definiert wird. Man kann den Versuch, *sich selbst* in erwünschter Richtung zu ändern, höchstens in einem übertragenen (analogen) Sinne als »Erziehung« bezeichnen. Dabei wird dann innerhalb der Person gedanklich zwischen einem niederen und einem höheren »Ich«, zwischen »Ich« und »Es« oder zwischen »Ich« und »Selbst« unterschieden, d. h. zwischen einem Subjekt und einem Objekt, von denen angenommen wird, daß das eine dem anderen gegenüber in ähnlicher Weise zu handeln vermag wie der Erzieher gegenüber dem Educanden. Es steht außer Zweifel, daß es die mit dem Ausdruck »Selbsterziehung« gemeinten Vorgänge gibt, aber es scheint mir ohne Einbuße an begrifflicher Klarheit und theoretischer Fruchtbarkeit kaum möglich zu sein, den Erziehungsbegriff so zu bestimmen, daß sie darin einbezogen werden[ao]. Es spricht mehr dafür, sie als eine besondere Art des *Lernens* anzusehen. »›Selbsterziehung‹ im

---

[an] *Klauer* 1973, S. 46 und S. 49 f.

[ao] *Dolch* 1966, S. 227 hat die Selbsterziehung zwar einen »*Grenzfall* von Erziehung« genannt und sie vermeintlich auch in sein Explikat einbezogen (vgl. S. 233), aber tatsächlich kommt sie darin nicht vor, denn er definiert Erziehung ausschließlich als »*zwischenmenschliche* Einwirkung« (S. 232). Dieser Widerspruch scheint mir für die Schwierigkeit, sachlich Verschiedenartiges unter *einen* Begriff zu bringen, symptomatisch zu sein.

buchstäblichen Sinn gibt es nicht; sie ist nur in mystischer Wendung als Zusammenwachsen von Erzieher und Zögling denkbar — im Bereich tatsächlicher Erscheinungen besteht sie nur als vorwissenschaftliche Deutung gewisser eigenpersönlicher Erlebnisse«[ap].

Als nächstes ist nun die Frage zu beantworten: Wodurch unterscheiden sich erzieherische Handlungen von anderen Arten Sozialer Handlungen? *Als Erziehung werden jene Sozialen Handlungen bezeichnet, durch die versucht wird, das psychische Dispositionsgefüge anderer Menschen in irgendeiner Hinsicht dauerhaft zu verbessern oder* (hinsichtlich jener Bestandteile, die als wertvoll angesehen werden, aber gefährdet sind) *zu erhalten.* Die neu eingeführten Merkmale dieser vorläufigen Begriffsbestimmung müssen wiederum einzeln erläutert werden.

3. Psychische Dispositionen als angestrebtes Ergebnis

Die Sozialen Handlungen, die als »Erziehung« bezeichnet werden, zielen auf die psychischen Dispositionen anderer Menschen.

Wer erzieht, will in der Mehrzahl der Fälle die Persönlichkeit des Educanden in irgendeiner Hinsicht ändern. Er handelt in der Absicht, den Educanden aus einem psychischen Zustand 1 in einen davon verschiedenen Zustand 2 zu bringen. Es gibt aber auch Fälle, in denen er einen vorhandenen psychischen Zustand, dessen Fortbestand durch irgendwelche Einflüsse gefährdet ist, erhalten will. Was ist hier mit »Persönlichkeit«, mit »psychischem Zustand« gemeint? Es wird nicht an aktuelle seelische Erlebnisse oder Verhaltensweisen gedacht, die auftreten und wieder verschwinden, sondern an das Gefüge relativ dauerhafter psychischer Bereitschaften eines Menschen, die wir als seinem Erleben und Verhalten zugrundeliegend denken[aq]. Eine solche aus dem wahrnehmbaren Verhalten erschlossene Bereitschaft zum Vollzug bestimmter Erlebnisse oder Verhaltensweisen wird »psychische Disposition« genannt. Kenntnisse, Haltungen, Einstellungen, Handlungsbereitschaften, Gefühlsbereitschaften, Fähigkeiten, Fertigkeiten, Interessen usw. müssen als Dispositionen angesehen werden. Sie sind nicht beobachtbare Phänomene, sondern — kurz gesagt — hypothetische Kausalfaktoren des psychischen Geschehens, theoretische Konstrukte, die wir erfinden, wenn wir bestimmte Erlebnisse oder Verhaltensweisen unter ähnlichen Umständen immer wieder auftreten sehen[ar].

Es ist für das Verständnis dessen, was mit »Erziehung« gemeint ist, von großer Wichtigkeit, einzusehen, daß sie nicht auf das flüchtige Erleben und (oder) Verhalten, sondern auf *Bereitschaften* zum Erleben und (oder) Verhalten abzielt. Die Verhaltensweisen selbst sind nur die beobachtbaren Anzeichen dafür, daß bestimmte Dispositionen angenommen werden dürfen. Am Verhalten

---

[ap] *Lochner* 1934, S. 141. Ähnlich *Häberlin* 1951, S. 646.
[aq] Vgl. *Strohal* 1961; *Dolch* 1965, S. 47.
[ar] Grundlegend hierzu *Stern* 1935, S. 111 ff.; vgl. auch *Allport* 1970, S. 349–368.

wird überprüft, ob die angestrebten Verhaltensbereitschaften vorhanden sind oder nicht. Durch Erziehung wird versucht, in das Gefüge der psychischen Dispositionen eines Menschen einzugreifen. Der Erziehungsbegriff kann ohne den Dispositionsbegriff gar nicht ausreichend präzisiert werden, denn jeder erzieherische Akt »setzt Dispositionen als seinen Anknüpfungs- bzw. Angriffspunkt voraus, er zielt ab auf Dispositionen als sein Resultat und seine Wirkung«[as]. Wesentlich ist dabei allerdings, daß die als hypothetische Konstrukte angenommenen Dispositionen durch ein Netz von empirischen Beziehungen mit beobachtbaren Verhaltensweisen verknüpft sein müssen[at], sollen nebulose Vorstellungen ohne Informationsgehalt und Realitätsbezug, wie sie in pädagogischen Texten über Erziehungsziele besonders häufig sind, vermieden werden[au]. Daraus folgt, daß Bestimmungen des Erziehungsbegriffes, die keinen Hinweis auf die psychischen Dispositionen enthalten, sondern die Erziehung als Änderung des Verhaltens, Handelns oder Erlebens definieren[av], mißverständlich sind und vermieden werden sollten. Tatsächlich läßt sich an einschlägigen pädagogischen Texten wie an der inhaltlich verwandten Literatur zur »Verhaltensänderung« (englisch: »behavior modification«)[aw] nachweisen, daß bei erzieherischen bzw. psychotherapeutischen Handlungen stets vorausgesetzt wird, daß sie nicht auf bloßes Verhalten, sondern auf Verhaltens- und Erlebnis*bereitschaften* abzielen. . . .

4. Aufbau, Änderung, Erhaltung oder Verhütung psychischer Dispositionen

Die Sozialen Handlungen, die als »Erziehung« bezeichnet werden, zielen darauf ab, in anderen Menschen psychische Dispositionen zu schaffen, vorhandene Dispositionen zu ändern oder (unter bestimmten Umständen) zu erhalten und den Erwerb unerwünschter Dispositionen zu verhüten.

Der Zweck der Erziehung besteht in erster Linie darin, das Dispositionsgefüge der Educanden in mehr oder weniger großem Umfang zu *ändern*. Damit kann folgendes gemeint sein:

(a) *Vorhandene* (angeborene oder erworbene) Dispositionen sollen *ausgebaut,* verstärkt, stabilisiert oder differenziert werden. Das gilt für jene Dispositionen, die als wertvoll beurteilt werden;

[as] *Aloys Fischer,* Bd. 8, 1971, S. 258. Die Unentbehrlichkeit des Begriffes der psychischen Disposition ist besonders von den Psychologen der »Grazer Schule« herausgearbeitet worden *(Alexius Meinong, Alois Höfler, Eduard Martinak).* Zur Anwendung in der Pädagogik vgl. u. a. *Meister* 1947, S. 76–91.
[at] Vgl. hierzu die Spezialliteratur über Konstruktvalidität. Eine kurze, klare Einführung in die Problematik gibt *Hörmann* 1961.
[au] Vgl. *Schmitt* 1971, S. 35 ff.
[av] Wie z. B. *Dolch* 1966, S. 228; *Tausch* 1970, S. 15; *Winnefeld* 1972, S. 155.
[aw] Vgl. *Bandura* 1969; *Kaminski* 1970.

(b) *Neue* Dispositionen sollen — auf der Grundlage der vorhandenen allgemeinen (z. B. Lernfähigkeit) oder spezifischen Dispositionen — *geschaffen* werden. Auch bei diesen neuen Dispositionen handelt es sich um solche, die als wertvoll angesehen werden;
(c) *Vorhandene* Dispositionen sollen *beseitigt,* abgebaut, ausgeschaltet, geschwächt oder in ihrer Wirksamkeit eingeschränkt werden. Das gilt für jene Dispositionen, die als schädlich gewertet werden.

Es ist nun für die Präzisierung des Erziehungsbegriffes unerläßlich, sich darüber Klarheit zu verschaffen, *wie* Dispositionen geändert werden können. Es kann einzig und allein durch die eigene psychische Aktivität jener konkreten Persönlichkeit geschehen, der wir Dispositionen zuschreiben oder die neue Dispositionen erwerben soll. Diese psychische Aktivität äußert sich in Reifungs- und Lernvorgängen. »Reifung kann definiert werden als die Ausbildung angeborener Verhaltenstendenzen, ohne daß Übung und Erfahrung mitwirken«[ax]. Die Persönlichkeit eines Menschen ist jedoch nicht in erster Linie auf Reifungsvorgänge zurückzuführen, »sondern eher auf die Art und Weise, in welcher er diese reifenden Funktionen verwendet und sie mit dem verbindet, was er bis dahin gelernt hat«[ay]. Mit gewissen Einschränkungen kann man deshalb sagen, daß der Neuerwerb oder die Änderung von psychischen Dispositionen durch *Lernvorgänge* erfolgt. Unter *Lernen* wird ein psychischer Vorgang verstanden, der durch Erfahrung zum Neuerwerb oder zur Veränderung der psychischen Dispositionen für ein bestimmtes Erleben oder Verhalten führt[az]. Lernvorgänge sind nicht beobachtbar, sondern können nur aus Beobachtungsergebnissen erschlossen werden. Der Begriff des Lernens ist also wie der der Disposition ein Konstrukt oder ein theoretischer Begriff[ba].

Man kann demnach Änderungen im Dispositionsgefüge eines anderen Menschen nicht direkt herbeiführen, sondern höchstens indirekt über die Bereitstellung von Aufgaben und Lerngelegenheiten sowie über die Einflußnahme auf seine Motivation etwas dazu beizutragen versuchen. Die Leistung des Lernens kann nur der Lernende selbst vollbringen. Der Erzieher kann lediglich Hilfe

---

[ax] *Allport* 1949, S. 149.
[ay] *Allport* 1949, S. 151.
[az] Diese Begriffsbestimmung weicht ab von jenen Definitionen des Lernens, die einseitig am Verhalten orientiert sind und die dispositionellen Grundlagen des Verhaltens vernachlässigen. Ich vertrete demgegenüber eine Auffassung, die *Daniels* (1970, S. 386) auf die kurze Formel gebracht hat: »Any satisfactory definition of learning must be in terms of changes in *dispositions* to behave, not in terms of changes in behavior.« – Ausführlicher wird der hier verwendete Begriff des Lernens auf S. 178 f. des Originaltextes von Brezinka erörtert.
[ba] Vgl. *Kaplan* 1964, S. 54 ff. »Constructs are terms which, though not observational either directly or indirectly, may be applied and even defined on the basis of the observables«. Zwischen empirischen oder deskriptiven und theoretischen Begriffen gibt es fließende Übergänge. Über die verschiedenen Bedeutungen des Ausdruckes »theoretischer Begriff« vgl. *Achinstein* 1968, S. 179 ff.

beim Lernen bieten. Soweit es um die *Änderung* von psychischen Dispositionen des Educanden geht, läßt sich Erziehung deshalb auch als *Lernhilfe* umschreiben.

Jedes Erziehungsziel gibt einen Soll-Zustand der Persönlichkeit an, den der Educand so weit wie möglich verwirklichen soll. Dieser Soll-Zustand ist das vorgestellte psychische Dispositionsgefüge, das der Educand erreichen soll[bb]. Es kann auch als das vorgestellte Lernergebnis betrachtet werden, das er erreichen soll. Das Lernergebnis, das sich andere vorstellen und von dem sie wollen, daß er es erreicht, darf jedoch nicht einfach auch für das Lernziel des Educanden gehalten werden. Der Begriff des Lernens ist weiter als der des willentlichen oder absichtlichen Lernens. Im Educanden können sich also Lernergebnisse einstellen, die nicht sein Lernziel gewesen sind, d. h. die er nicht lernen wollte. Wenn gesagt wird, daß eine als Erziehungsziel gesetzte psychische Disposition nur durch Lernvorgänge entstehen kann, dann sind keineswegs bloß jene Lernvorgänge gemeint, die durch Zielbewußtsein und willentliche Anstrengung des Lernenden gekennzeichnet sind. Viele Soll-Zustände der Persönlichkeit werden durch unwillkürliches Lernen erreicht.

Besondere Beachtung verdient die Tatsache, daß Educanden die für sie als Soll-Zustand gesetzten psychischen Dispositionen auch erreichen können, ohne daß ihnen von Erziehern Lernhilfen gegeben worden sind — sei es nun durch unwillkürliches oder willentliches Lernen. Die in den Erziehungszielen angegebenen idealen Persönlichkeitsmerkmale können von Educanden unter günstigen Lernbedingungen auch erworben werden, ohne daß sie erzieherischen Handlungen ausgesetzt worden sind. Die Erziehung ist keineswegs immer und in jedem Fall eine *notwendige* Bedingung für den Erwerb jener psychischen Dispositionen, die zu Erziehungszielen erklärt werden. Eine *ausreichende* Bedingung ist sie in keinem Fall, denn die Lernvorgänge, die zum Erreichen von Erziehungszielen erforderlich sind, sind noch von vielen anderen Faktoren abhängig.

Während die *Änderung* von Dispositionen als Zweck der Erziehung geläufig ist, wird selten beachtet, daß auch Soziale Handlungen, die darauf abzielen, psychische Dispositionen anderer Menschen zu *erhalten,* unter bestimmten Voraussetzungen als »Erziehung« bezeichnet werden können. Wir verdanken *Winnefeld* den Hinweis darauf, daß es in der Erziehung nicht nur um »Verhaltensänderung«, sondern auch um »*Verhaltensbewahrung*« geht[bc], d. h. genauer: um die Bewahrung der Dispositionen für bestimmtes Erleben und (oder) Verhalten. Erziehung wird also nach unserer Begriffsbestimmung nicht ausschließlich als »Lernhilfe« aufgefaßt[bd], sondern es zählen dazu auch jene Sozialen Handlungen, deren Sinn es ist, dazu beizutragen, daß die vom Educanden erreichten Lernergebnisse (Dispositionen) erhalten bleiben.

Ein Blick in die soziale Wirklichkeit zeigt, daß gerade die ranghöheren Dispo-

---

bb Vgl. hierzu die ausführliche Darstellung auf S. 112 ff. des Originaltextes.
bc *Winnefeld* 1972, S. 155.
bd Wie z. B. von *Loch* 1969, S. 125 und S. 138.

sitionen wie z. B. moralische Tugenden, hochwertige Gesinnungen, religiöse Glaubensüberzeugungen usw. keineswegs für immer gesichert sind, sobald sie ein Mensch erst einmal erworben hat. Sie sind mehr oder weniger stark gefährdet und bedürfen äußerer Stützen, um nicht wieder zu zerfallen[be]. Es ist bekannt, wie schnell Kenntnisse vergessen, Fertigkeiten verlernt, Gesinnungen verloren, Haltungen abgebaut werden, wenn Soziale Handlungen, die auf ihre Erhaltung gerichtet sind, ausbleiben. Vor allem in der Erziehung Erwachsener dient ein großer Teil der Aktivitäten der Bewahrung einmal erreichter Dispositionen gegenüber der Gefahr ihrer Auflösung. Man denke an die Seelsorgepraktiken der Religionsgemeinschaften, an die Propagandaaktionen politischer Parteien oder an die Versuche, in anderen Menschen eine bestimmte Weltanschauung zu erhalten.

Schließlich gehören in den Anwendungsbereich unseres Erziehungsbegriffes auch *Handlungen mit dem Zweck, den Erwerb unerwünschter Dispositionen durch Educanden zu verhüten*. Man denke an die Versuche, Einflüsse, die als schädlich gewertet werden, fernzuhalten oder — falls das nicht möglich ist — die Educanden gegen sie zu immunisieren[bf]. Alle Handlungen und Handlungssysteme, die in der Pädagogik unter den Begriffen der Aufsicht, der Bewahrung, der vorbeugenden Erziehung oder der Präventiverziehung erörtert werden[bg], aber auch der sogenannte »Jugendschutz« fallen in diesen Rahmen.

5. Der Versuchscharakter der Erziehung

Die Sozialen Handlungen, die als »Erziehung« bezeichnet werden, sind Versuche, das psychische Dispositionsgefüge anderer Menschen zu ändern oder (unter bestimmten Umständen) einige seiner Komponenten zu erhalten.

Es ist für die Überwindung des bloßen Wunschdenkens über Erziehung und Erziehungspolitik von größter Bedeutung, schon in die Begriffsbestimmung das Merkmal aufzunehmen, daß mit Erziehung ein *Versuch* gemeint ist: eine Handlung, durch die der Handelnde *versucht*, die Persönlichkeit des Educanden zu ändern (bzw. bestimmte von ihm bereits erworbene Dispositionen in ihm zu erhalten). Ob er mit seinem Handeln tatsächlich eine Änderung bewirken wird, ist zum Zeitpunkt dieses Handelns ungewiß. Falls er den Educanden jedoch wirklich ändert, bleibt immer noch offen, ob er ihn auch in der erwünschten Richtung geändert hat oder (nur oder daneben auch) in irgendeiner anderen Hinsicht, die er gar nicht beabsichtigt hatte oder die er sogar vermeiden wollte. Es gibt *unbeabsichtigte Wirkungen der Erziehung*[bh], ja sogar *unerwünschte Wirkungen* oder *Nebenwirkungen*, die — gemessen an den Erziehungszielen, d. h. am postulierten Sollzustand seiner Persönlichkeit — als schädlich oder

---

[be] Vgl. *Brezinka* 1961, S. 32 ff.
[bf] Über Techniken der Immunisierung vgl. *Graumann* 1972, S. 1175.
[bg] Vgl. z. B. *Scherwey* 1944; *Birnbaum* 1950, S. 96 ff.
[bh] Vgl. *Spranger* 1962; *Brezinka* 1969, S. 7 ff.

nachteilig für den Educanden zu werten sind. Diese Erfahrungstatsachen werden verschleiert und ihre Beschreibung wird erschwert, wenn ein Erziehungsbegriff mit Erfolgs-Bedeutung zugelassen wird. Deshalb wird hier eine eindeutige Entscheidung für den intentionalen oder Absichts-Begriff der Erziehung getroffen.

Erziehen schließt Versuchen ein[bi]. Wer etwas zu tun versucht, hat nicht notwendig auch Erfolg. »Der Erfolg eines Versuches hängt von Faktoren außerhalb seiner selbst ab: die ganze Welt muß dabei behilflich sein«[bj]. Erziehung kann also auch erfolglos sein. Etwas versuchen heißt Mißerfolg riskieren. Die Bezeichnung einer Handlung als »Erziehung« enthält demnach keine Voraussage, daß das Ziel, um dessentwillen sie ausgeübt wird, auch erreicht wird. Wird es nicht erreicht, bleibt der Erfolg aus, so wird dadurch die Benennung einer Handlung als »Erziehung« nicht falsch.

Der Versuchscharakter der Erziehung ist — sieht man von meinem eigenen 1964 publizierten Präzisierungsvorschlag[bk] ab — in den bisher vorliegenden Begriffsbestimmungen kaum berücksichtigt worden. Ansätze habe ich nur bei *Dilthey*[bl], *Häberlin* und *Roth*[bm] gefunden, aber sie sind von diesen Autoren theoretisch nicht ausgewertet worden. Klar herausgearbeitet wurde der hier gemeinte Sachverhalt bisher nur von *Scheffler* für den verwandten Begriff »teaching«[bn].

Selbstverständlich sind die Probleme des Mißerfolgs der Erziehung, des Schei-

---

[bi] *Smith* 1970, S. 389: »educating involves trying«.

[bj] *Scheffler* 1971, S. 97.

[bk] Brezinka 1964, S. 198: »Als Erziehung werden ... Handlungen bezeichnet, durch die Erwachsene in den Prozeß des kindlichen Werdens einzugreifen *versuchen*, um Lernvorgänge zu unterstützen oder in Gang zu bringen, durch die das Kind zu Dispositionen und Verhaltensweisen führen, welche von den Erwachsenen als wünschenswert angesehen werden. Das Wesentliche an dieser Definition liegt darin, daß die erzieherischen Akte im Hinblick auf den angestrebten Erfolg lediglich als *Versuche* anzusehen sind, über deren Wirkung im vorhinein gar nichts auszumachen ist«. Ähnlich *Brezinka* 1969, S. 11 und 1972, S. 26 ff.

[bl] *Dilthey* 1961, S. 190: Erziehung ist die »planmäßige Tätigkeit, durch welche Erwachsene das Seelenleben von Heranwachsenden zu bilden *suchen*«. Möglicherweise interpretiere ich diese Stelle zu positiv. In der Akademie-Abhandlung von 1888 formuliert *Dilthey* ganz unkritisch: »Unter Erziehung verstehen wir die planmäßige Tätigkeit, durch welche die Erwachsenen das Seelenleben von Heranwachsenden *bilden*«. 1963, S. 25.

[bm] *Häberlin* 1953, K. 9: »Erziehung ist ... dadurch charakterisiert, daß ein Mensch einem anderen Menschen gegenübertritt in der Absicht, diesen für die Zukunft, also auf die Dauer, in diesem oder jenem Sinne zu beeinflussen; Erziehung ist der *Versuch*, diese Absicht zu verwirklichen«.

Roth 1966, S. 83: »Erziehung ist der ... *Versuch*, aus erzieherischer Liebe auf die heranwachsende Generation steuernd und regulierend einzuwirken«. Vgl. auch *Redl* 1964, S. 171.

[bn] *Scheffler* 1971, Vgl. S. 86 ff.

terns des Erziehers und der Erziehung als Wagnis nicht neu[bo], aber die Beschäftigung mit ihnen hat bisher noch nicht zu einer vorsichtigeren Bestimmung des Erziehungsbegriffes geführt. Selbst empirisch eingestellte Autoren verwenden häufig Erziehungsbegriffe, deren Merkmale in dieser Hinsicht mit den Tatsachen nicht übereinstimmen. So bezeichnet z. B. *Winnefeld* die Erziehung als »*Steuerung von Verhaltensänderungen*«, als »Steuerung und Umsteuerung des Verhaltens von Menschen durch andere«[bp]. Erziehung ist für ihn ein »steuernder Eingriff«, und er spricht davon, daß der Educand in ein neues Verhalten »hineingesteuert« wird. Dieses Bild des »Steuerns« ist problematisch, weil es dazu verleitet, eine stärkere Verfügungsgewalt des Erziehers (des »Steuernden«) über den Educanden (den »Gesteuerten«) anzunehmen, als tatsächlich besteht. Das Wort »steuern« bedeutet: lenken, leiten, führen[bq]. Wer ein Fahrzeug steuert, ist im allgemeinen Herr der Vorgänge, die zur Erreichung des Zieles führen; er beherrscht die notwendigen Bedingungen. In die pädagogische Fachsprache ist das mehrdeutige Wort »Steuerung« vermutlich über die Kybernetik eingedrungen[br]. Es bedeutet dort einen »Vorgang in einem dynamischen System, bei dem eine oder mehrere Größen als Eingangsgrößen (Input) andere Größen als Ausgangsgrößen (Output) auf Grund der dem abgegrenzten System eigenen Gesetzmäßigkeit beeinflussen«[bs]. Das »System«, das Educanden, ihre Erzieher und die sonstigen Bedingungen für das Erreichen von Erziehungszielen miteinander bilden, ist nun aber gerade nicht »abgegrenzt«, sondern offen, labil und uns in seinen Einzelheiten wie besonders hinsichtlich seiner Gesetzmäßigkeiten noch weitgehend unbekannt. Es empfiehlt sich deshalb nicht, für die Präzisierung des Erziehungsbegriffes den anspruchsvollen Begriff der »Steuerung« einzuführen, denn er verspricht mehr, als gehalten werden kann. Allenfalls könnte man von einem *Versuch* zur »Steuerung von Verhaltensänderungen« sprechen.

Ähnliches gilt sinngemäß auch von den meisten anderen Erziehungsbegriffen. Wenn wir z. B. bei *Aloys Fischer* lesen: »Erziehung ist *Leitung* von Entwicklungen durch den Geist«[bt], dann wird man — abgesehen von der Fragwürdigkeit der Begriffe »Entwicklung« und »Geist« — bei realistischer Betrachtung der Sache ergänzen müssen: sie ist »der *Versuch* zur Leitung ...«. Wenn *Correll* schreibt: »Erziehung besteht ... aus dem Prozeß der fortschreitenden *Verhaltensänderung*, der Überführung einer Verhaltensform in eine neue andere«[bu], dann wäre neben anderen notwendigen Präzisierungen auch hier einzufügen, daß man unter »Erziehung« den »*Versuch* zur Verhaltensänderung« zu verstehen habe.

---

bo Vgl. z. B. *Bollnow* 1959, S. 132 ff.
bp *Winnefeld* 1972, S. 155.
bp *Kluge* 1967, S. 747; Ullstein-Lexikon 1969, S. 850.
br Für die DDR, in der *Winnefeld* (1911–1968) gewirkt hat, finden sich Hinweise darauf bei *Retter* 1971, S. 83; vgl. ferner *Mannschatz* 1965, S. 836.
bs *Klaus* 1968, S. 617.
bt *Aloys Fischer*, Bd. 2, 1951, S. 152 (Hervorhebung von mir).
bu *Correll* 1965, S. 31.

6. Die Förderungsabsicht

Die Sozialen Handlungen, die »Erziehung« genannt werden, sind durch die Absicht gekennzeichnet, die Persönlichkeit anderer Menschen zu fördern, sei es, sie zu verbessern, sei es, ihre wertvollen Komponenten zu erhalten.

Im vorwissenschaftlichen Sprachgebrauch wie in der pädagogischen Literatur werden unter »Erziehung« Handlungen verstanden, durch die versucht wird, den Educanden in irgendeiner Hinsicht besser, tüchtiger, leistungsfähiger, vollkommener oder wertvoller zu machen[bv]. Sein Dispositionsgefüge soll nicht bloß irgendwie verändert, sondern in seinem Wert gesteigert werden. In anderen Fällen soll es nicht einfach grundlos bewahrt, sondern es soll erhalten werden, weil es für *wertvoll* angesehen wird. Erziehen heißt in der Absicht handeln, die Persönlichkeit des Educanden zu fördern. Es setzt also voraus, daß der Endzustand, den der Educand erreichen soll und zu dessen Erreichung beizutragen der Zweck des erzieherischen Handelns ist, höher gewertet wird als der Anfangs- oder Ausgangszustand. Soweit es um die *Erhaltung* von Persönlichkeitskomponenten geht, wird ihr Ist-Zustand als Soll-Zustand betrachtet und höher gewertet als mögliche andere Zustände, deren Eintreten befürchtet und deshalb zu verhindern versucht wird.

Diese Wertung hängt selbstverständlich von der Wertordnung der Gesellschaft oder jener Untergruppe einer Gesellschaft ab, der der Erzieher angehört. Sie kann von anderen Positionen aus in Frage gestellt werden und ist in diesem Sinne *relativ*. Im Rahmen der Präzisierung des wissenschaftlichen Begriffs der Erziehung geht es nicht um die normative Frage der Geltung oder Begründung derartiger Werturteile, sondern allein um die deskriptive Einführung des Begriffsmerkmals, daß die psychischen Dispositionen, die der erzieherisch Handelnde im Educanden auszubilden oder zu erhalten versucht, von ihm gemäß den Normen, die er bejaht, als wertvoll angesehen werden. Diese immer anzutreffende Wertung geht in die Merkmale des Begriffes »Erziehung« also nur als *Tatsache* ein und *nicht* als Vorschrift oder Aufforderung, daß bestimmte psychische Dispositionen ausgebildet oder erhalten werden *sollen*. Dadurch bleibt der Begriff auf sämtliche Sozialen Handlungen anwendbar, durch die versucht wird, die Persönlichkeit von Menschen zu verbessern bzw. in ihrer Qualität zu erhalten — ganz unabhängig davon, was die Handelnden im konkreten Fall als wertvoll ansehen und ob außenstehende Beobachter diesen Werturteilen zustimmen oder nicht.

Da die Förderungsabsicht ein ganz wesentliches Merkmal des vorwissenschaftlichen Erziehungsbegriffes wie der Verwendung des Wortes durch die meisten Pädagogiker ist, verstoßen Begriffsbestimmungen, die von ihr absehen

---

[bv] Wird der Geschehens-Begriff der Erziehung verwendet, dann werden Geschehnisse, durch die eine Verbesserung der Persönlichkeit bewirkt worden ist, nachträglich *allein wegen dieser bewirkten Verbesserung* »Erziehung« genannt.

(unter anderem auch) gegen die Forderung, daß das Explikat dem Explikandum ähnlich sein muß[bw].

Auf der anderen Seite sollte die Bedeutung dieses Merkmals auch nicht überschätzt werden. Es schließt nur aus, daß Soziale Handlungen als Erziehung bezeichnet werden, durch die versucht wird, das Dispositionsgefüge von Menschen zu ändern, *ohne sie fördern zu wollen*. Für theoretische Zwecke ist diese Einschränkung vermutlich von relativ geringer Bedeutung, weil jeder Soll-Zustand der Persönlichkeit von einem bestimmten Wertungsstandpunkt aus gegenüber dem Ist-Zustand als besser bewertet werden kann. Es kommt ganz auf den normativen Bezugsrahmen an, an welchem sich der Handelnde orientiert. Persönlichkeitsmerkmale, die der einen Gruppe als Verbesserung gelten (z. B. der Glaube an eine politische Doktrin[7]), werden von anderen Gruppen als Wertminderung beurteilt und umgekehrt[bx]. An einem extremen Beispiel verdeutlicht: Wenn in einer Subkultur von Taschendieben, wie sie *Charles Dickens* in seinem Roman »Oliver Twist« geschildert hat[by], Handlungen erfolgen, die dazu dienen, in den »Lehrlingen« die Fähigkeit (Disposition) zum Taschendiebstahl zu fördern, dann liegt ein Fall von Erziehung vor. Auch jemand, der das Persönlichkeitsideal der Taschendiebe »Befähigung zur Ausübung des Taschendiebstahls« als moralisch schlecht oder böse beurteilt, kann dennoch die Lernhilfe, die die Meister ihren Lehrlingen zur Annäherung an dieses Ideal gewähren, »Erziehung« nennen. Ähnliches gilt sinngemäß für Versuche zur Änderung des politischen Bewußtseins oder religiöser Glaubensüberzeugungen (»Indoktrination«[bz], Propaganda, Mission, »Gehirnwäsche«[ca] usw.).[8]

Aus diesen Überlegungen folgt, daß für die erziehungswissenschaftliche Theorienbildung auch das Wissen über jene Sozialen Handlungen von zentraler Bedeutung ist, die zwar durch alle übrigen bisher genannten Merkmale, aber nicht ausdrücklich durch das Merkmal der Absicht zur »Förderung« oder »Verbesserung« (statt bloßer »Veränderung«) der Persönlichkeit gekennzeichnet sind. Es handelt sich prinzipiell um die gleiche Art von Vorgängen. Deshalb scheint mir unter anderem auch alles, was neuerdings »Verhaltensmodifikation« (behavior modification) genannt wird, dem Begriff der Erziehung, wie er hier präzisiert worden ist, untergeordnet werden zu können. Praktisch handelt es sich bei den Versuchen zur Modifikation des Verhaltens (genauer: von Ver-

---

[bw] So z. B. *Schneider* 1953, S. 63: »Alle Maßnahmen, die auf die psychophysische Entwicklung des Menschen Einfluß ausüben«, gehören »zur Erziehung«. Ähnlich *Krieck* 1922, S. 47. Vgl. S. 67 dieses Buches über den Wertungen ignorierenden Geschehens-Begriff der Erziehung.

[bx] Die damit zusammenhängenden Probleme werden ausführlich auf S. 142 ff. und S. 207 f. des Originaltextes erörtert.

[by] *Dickens* 1964, S. 49 ff. Über einen modernen Fall berichtet *Wendla Lipsius:* Lehrlinge für Verbrecherlaufbahn. Ganoven der Turiner Unterwelt bilden Zehn- bis Vierzehnjährige zu Kriminellen aus. Stuttgarter Zeitung, 25. 4. 1972, S. 15.

[bz] Vgl. *Snook* 1972.

[ca] Vgl. *Sargant* 1958; *Klaus Thomas* 1970, S. 38 ff.

haltens*bereitschaften,* d. h. Dispositionen) fast immer um Handlungen, die mit der Absicht der Verbesserung, Förderung oder Heilung (Psychotherapie) der Persönlichkeit der Adressaten erfolgen.

7. Adressaten der Erziehung
Die Adressaten der Erziehung können Menschen in jedem Lebensalter sein.

In der Umgangssprache wie in vielen Begriffsbestimmungen von Pädagogikern wird der Kreis der Adressaten der Erziehung auf Kinder und Jugendliche, auf »die Jugend«[cb], auf »Heranwachsende«[cc], auf »werdende«[cd], »unreife«[ce] oder »junge Menschen«[cf], auf die »reifende[cg]«, oder die »heranwachsende Generation«[ch], auf »Schüler«[ci], auf »einen noch Unmündigen«[cj] eingeschränkt. Diese Einschränkung ist sachlich nicht gerechtfertigt. Der Mensch kann in jedem Alter lernen, umlernen und verlernen. Es ist grundsätzlich möglich, Menschen jeder Altersstufe beim Erreichen von Lernzielen zu helfen. Es erfolgen auch tatsächlich zahlreiche und verschiedenartige Soziale Handlungen, durch die versucht wird, die Persönlichkeitsstruktur von Erwachsenen in irgendeiner Hinsicht zu verbessern.

Im englischen Sprachgebiet spricht man ohne Hemmung von »adult education«[ck]. Auch in der Sowjetunion wird der Erziehungsbegriff auf jugendliche wie auf erwachsene Adressaten angewendet[cl]. Im deutschen Sprachbereich herrscht zwar noch der Name »Erwachsenenbildung« vor, der mit der ganzen Unklarheit des Stammwortes »Bildung« belastet ist, aber der Gegenstand, den er bezeichnet, ist nichts anderes als »Erziehung« in der hier präzisierten Bedeutung des Wortes[cm].

Während Menschen jedes Alters zwischen Geburt und Tod Adressaten der Erziehung sein können, bleibt der Fötus, d. h. die menschliche Leibesfrucht von der Zugehörigkeit zu dieser Gruppe ausgeschlossen. Man trifft zwar ge-

---
cb *Beneke* 1835, S. 2; *Ziller* 1876, S. 7.
cc *Dilthey* 1963, S. 25.
cd *Willmann* 1969, S. 22; *Eggersdorfer* 1962, S. 15.
ce *März* 1965, S. 146.
cf *Spranger* 1962, S. 128.
cg *Göttler* 1948, S. 49.
ch *Meister* 1965, S. 10.
ci *Ogorodnikow* und *Schimbirew* 1954, S. 11.
cj *Röhrs* 1969, S. 121.
ck Vgl. *Brunner* und *Verner* 1968.
cl *Koroljow* 1969, S. 905: »Die moderne Pädagogik schließt die Probleme des Unterrichts und der Erziehung, der kulturellen Aufklärung, die agitatorisch-propagandistische Arbeit mit Erwachsenen in ihre Gegenstandsbestimmung ein«.
cm *Lochner* hat schon 1934 betont, daß Erziehen eine Tätigkeit ist, »die sich auf Jugendliche oder Erwachsene richtet« (S. 20). »Das Zöglingsein ist auf das Jugendalter nicht beschränkt« (S. 80). Neuerdings spricht man sogar von der »Erziehung alter Menschen«. Vgl. *Cleugh* 1970; *Mieskes* 1970.

legentlich auf den Ausdruck »vorgeburtliche Erziehung« und auf ein entsprechendes Programm[cn], aber die Sache, die damit gemeint ist, erweist sich bei genauer Analyse teils als Selbstbildung der Schwangeren, teils als Erziehung der Schwangeren.

8. Subjekte der Erziehung

Erzieher kann jeder Mensch sein, der imstande ist, Soziale Handlungen zu vollbringen, die den Zweck haben, die Persönlichkeit anderer Menschen zu verbessern (bzw. sie in ihren wertvollen Komponenten zu erhalten).

Ich habe es absichtlich vermieden, in meinen Präzisierungsvorschlag eine nähere Bestimmung des Subjekts, des Urhebers oder des Trägers erzieherischer Handlungen aufzunehmen. In der pädagogischen Literatur wird unter anderem von »Erwachsenen«[co], von »gereiften Menschen«[cp], von einem »erwachsenen und in seiner Reife fortgeschrittenen Menschen«[cq], von der »erwachsenen«[cr] oder der »gereiften Generation«[cs] gesprochen. Es steht jedoch außer Zweifel, daß auch Jugendliche die mit »Erziehung« gemeinten Handlungen ausüben können. Es kommt vor, daß Kinder ihre Eltern, Schüler ihre Lehrer, Lehrlinge ihre Meister erziehen — manchmal mit Erfolg, manchmal ohne.

Hier gibt es allerdings alters- oder entwicklungsmäßig eine untere Grenze. So ist es zum Beispiel mit den Merkmalen der Handlung und der Förderungsabsicht in unserem Erziehungsbegriff unvereinbar, »das Ungeborene als Erzieher der Mutter«[ct] zu bezeichnen. Vom Extremfall des »Ungeborenen« wie vom Kleinkind abgesehen bildet jedoch das Lebensalter kein wesentliches Kriterium. Erwachsensein schließt nicht notwendig geistige oder moralische Überlegenheit gegenüber jüngeren Menschen in sich.

Es kommt weniger auf das Alter oder die soziale Stellung an als auf einen wenigstens *partiellen* Vorsprung im Wissen und Können. Es wird gewöhnlich ein gewisser Niveauunterschied, ein »Reifegefälle«[cu] zwischen Erziehern und Educanden vorausgesetzt. Es mag für die Mehrzahl der Fälle zutreffen, daß der Erzieher dem Educanden zumindest in gewisser Hinsicht (»partiell«) überlegen ist, aber man sollte hierüber keine unrealistischen Vorstellungen hegen, die auf normatives pädagogisches Wunschdenken zurückgehen[cv]. Es erscheint jedenfalls möglich, erzieherisch zu handeln, auch wenn der Handelnde die psychischen

---

[cn] Vgl. *Schneider* 1951, S. 48 ff.
[co] *Beneke* 1835, S. 2; *Dilthey* 1963, S. 25.
[cp] *Willmann* 1969. S. 22.
[cq] *März* 1965, S. 146.
[cr] *Meister* 1965, S. 10.
[cs] *Göttler* 1948, S. 49.
[ct] *Schneider* 1951, S. 53.
[cu] *Winnefeld* 1959, S. 99.
[cv] Ein seltenes Beispiel für eine realistische Begriffsbestimmung des Erziehers findet sich bei *Lochner* 1934, S. 118 ff., bes. S. 122.

Dispositionen, die er im Educanden fördern will, selbst nicht (oder jedenfalls nicht in höherem Grade als dieser) besitzt. Als Adressat moralischer Erziehung kann der Educand moralisch höher stehen als sein Erzieher; als Adressat religiöser Erziehung kann er gläubiger sein als sein Erzieher; als Adressat von Leibeserziehung kann er leistungstüchtiger sein als sein Sportlehrer (Trainer) usw.

Damit wird nicht bestritten, daß es wünschenswert ist, wenn Erziehung von Personen ausgeübt wird, die den Educanden wenigstens hinsichtlich jener Persönlichkeitsmerkmale überlegen sind, zu deren Ausbildung sie beizutragen versuchen. Die Frage nach der Bedeutung des »guten« oder »schlechten« Beispiels gehört jedoch in den Problemkreis der Bedingungen des Erfolgs der Erziehung und nicht in den Rahmen der Merkmale, durch die ein empirischer Begriff der Erziehung bestimmt wird. Auf Grund dieser Überlegungen scheint es mir zweckmäßig zu sein, bei unserer Begriffsbestimmung auf Angaben über den Erzieher und seine Qualitäten zu verzichten.

Zusammenfassung...
Wir können nun das Ergebnis dieser Begriffsexplikation in einer Definition zusammenfassen. Sie ist ein Vorschlag, den Terminus »Erziehung« in folgender Bedeutung zu verwenden:
Unter Erziehung werden Soziale Handlungen verstanden, durch die Menschen versuchen, das Gefüge der psychischen Dispositionen anderer Menschen in irgendeiner Hinsicht dauerhaft zu verbessern oder seine als wertvoll beurteilten Komponenten zu erhalten.

Die kürzeste Formulierung für diesen Begriffsinhalt ist folgender Satz: *Als Erziehung werden Handlungen bezeichnet, durch die Menschen versuchen, die Persönlichkeit anderer Menschen in irgendeiner Hinsicht zu fördern.* Diese Begriffsbestimmung in Kurzform ist allerdings nur nach vorausgegangener Interpretation ihrer wichtigsten Bestandteile, insbesondere der Begriffe »Persönlichkeit« und »fördern«, genügend verständlich.

Unser präzisierter Begriff (Explikat) entspricht den vier Forderungen, die für Begriffsexplikationen aufgestellt worden sind[9]: er ist dem gebräuchlichen Handlungs-Begriff der Erziehung *ähnlich*; seine Merkmale sind relativ *exakt* bestimmt; er scheint *fruchtbar* zu sein; er ist so *einfach* wie möglich. Gemessen am Ideal der Exaktheit bleibt er allerdings verbesserungsbedürftig. Er ist nicht mehr als ein vorläufiges Hilfsmittel, das aller Voraussicht nach früher oder später durch einen noch genaueren Erziehungsbegriff ersetzt werden wird.

Quellennachweis und Anmerkungen des Herausgebers

Den Autoren bzw. Nachlaßverwaltern sowie den Verlegern der in diesem Band ausgewählten Texte sei an dieser Stelle für die Abdruckgenehmigungen vielmals gedankt.

I. Josef Dolch: Worte der Erziehung in den Sprachen der Welt

[1] Dieser Aufsatz von Josef Dolch (1899–1971, Prof. der Pädagogik an der Universität Saarbrücken) erschien in »Weltweite Erziehung«, Hrsg. W. Brezinka, Festschrift für F. Schneider, Verlag Herder, Freiburg/Basel/Wien 1961, S. 163–176.
Die Abhandlung wurde um die Einleitung und den letzten Absatz sowie um die knappen Ausführungen in bezug auf einige fernöstliche, afrikanische und indianische Sprachen gekürzt. Der vorliegende Text entstammt den Seiten 164–171 und 173–176. Die Bezifferung der Zwischenüberschriften wurde weggelassen.

[2] Vgl. den Beitrag von O. Willmann in diesem Band.

[4] J. Dolch hat in seinem Aufsatz »Der Erfahrungsbegriff der Erziehung – Versuch einer Explikation« (In: Zeitschrift für Pädagogik. Jg. 1966, H. 3, S. 213–237) überzeugend aufgezeigt, wie man durch Begriffsexplikation zur Präzisierung der Alltagssprache in Richtung auf eine wissenschaftliche Fachsprache hin beitragen kann. Als Ertrag dieser Explikation formuliert Dolch folgenden erfahrungsmäßig begründeten Erziehungsbegriff: »Erziehen heißen wir zwischenmenschliche Einwirkungen dann und insoweit, als durch sie eine mehr oder minder dauernde Verbesserung fremden oder eigenen Verhaltens und Handelns beabsichtigt oder erreicht wird« (a.a.O. S. 232). Vgl. dazu auch J. Dolch: Grundbegriffe der pädagogischen Fachsprache. München 5. Aufl. 1965, S. 54 f.

II. Otto Willmann: Die Fundamentalbegriffe der Erziehungswissenschaft

[1] Die Abhandlung von Otto Willmann (1839–1920, Prof. der Philosophie und Pädagogik an der Universität Prag) erschien in: Erstes Jahrbuch des Vereins für christliche Erziehungswissenschaft. Herausgegeben im Auftrage des Vorstandes von dessen 1. Vorsitzenden Rudolf Hornich. Verlag der Jos. Kösel'schen Buchhandlung, Kempten und München 1908, S. 1–39.
Der im vorliegenden Band abgedruckte Text umfaßt die ersten 13 Ziffern (von insgesamt 20 Ziffern), d. h. die Seiten 1–22 im Originalaufsatz.

[2] Vgl. den Beitrag von J. Dolch in diesem Band.

[3] Ternar = Dreiheit, als Einheit von drei zusammengehörenden Momenten.

[4] Wendelin Toischer (1855–1922), war Prof. der Pädagogik an der Universität Prag.

[5] Didaktik als Bildungslehre nach ihren Beziehungen zur Sozialforschung und zur Geschichte der Bildung. 2 Bde., Braunschweig 1882/89; 6. Aufl. Freiburg/Wien 1957 (in einem Bd.).

[6] Th. Waitz (1821–1864) lehrte an der Universität Marburg.

[7] August Hermann Niemeyer (1754–1826), Urenkel von A. H. Francke und Leiter der Franckeschen Stiftungen in Halle.

[8] Heinrich Gräfe (1802–1868) war Rektor und Prof. an der Bürgerschule in Bremen.

[9] Friedrich Ernst Daniel Schleiermacher (1768–1834) war nicht nur als Theologe, sondern auch als philosophischer und pädagogischer Systematiker bedeutsam. Vgl. Anmerkung Nr. VII. 10.

[10] »Pädagogische Provinz« = Erziehungsutopie in Goethes »Wilhelm Meisters Wanderjahre«.

[11] »Mens sana in corpore sano« = eine bekannte Sentenz (aus den Satiren: 10,356) von Juvenal (römischer Dichter, um 58–130), deren Übersetzung in dieser gekürzten Fassung meist mißverständlich lautet »In einem gesunden Körper wohnt ein gesunder Geist«. Vgl. dazu das vollständig übersetzte Zitat Juvenals im gleichen Absatz des hier abgedruckten Willmann-Textes.

III. Peter Petersen: Bildung und Erziehung

[1] Der hier abgedruckte Text von P. Petersen (1881–1952, Prof. der Pädagogik an der Universität Jena) ist entnommen aus »Der Ursprung der Pädagogik« (II. Teil der »Allgemeinen Erziehungswissenschaft«) Verlag Walter de Gruyter & Co, Berlin, 1. Aufl. 1931, 2. Aufl. 1964. Die Überschrift des Textes wurde vom Herausgeber eingefügt. Im Original (2. Aufl.) findet man die hier ausgewählten Partien auf S. 5–9, mit Kürzungen (unter der Zwischenüberschrift »Erziehung als kosmische Funktion«) sowie auf S. 85–96, mit Kürzungen (unter der Zwischenüberschrift »Individuum und Gemeinschaft – Form und Geist [Bildung und Erziehung]«).

[2] P. Petersen: Allgemeine Erziehungswissenschaft. I. Teil, 2. unveränderte Auflage, Berlin 1962 (1. Aufl. 1924).

[3] P. Petersen: Der Mensch in der Erziehungswirklichkeit. III. Teil der »Allgemeinen Erziehungswissenschaft«. Hrsg. E. Petersen. Mühlheim-Ruhr 1954.

[4] Päonie = Pfingstrose (Zierstaude).

IV. Herman Nohl: Die Autonomie der Pädagogik

[1] Der Text von Herman Nohl (1879–1960, Prof. der Philosophie und Pädagogik an den Universitäten Jena und Göttingen) entstammt dem »Handbuch der Pädagogik«, Hrsg. H. Nohl und L. Pallat, Bd. I: Die Theorie und Entwicklung des Bildungswesens. Verlag Julius Beltz, Langensalza (jetzt Weinheim) 1933.
Die hier abgedruckten Partien sind dem Abschnitt 1: Die Theorie der Bildung, II. Die Autonomie der Pädagogik, von S. 17 bis 27 (mit Kürzungen) entnommen. Die Bezifferung der Zwischenüberschriften entspricht nicht dem Original.
Dieser Abschnitt über »Die Theorie der Bildung« wurde später mit aufgenommen in H. Nohl: Die pädagogische Bewegung in Deutschland und ihre Theorie. Verlag G. Schulte-Bulmke, Frankfurt a. M. 3. Aufl. 1949, 6. Aufl. 1963.

[2] Als Autor dieses Zitates wurde in den späteren Auflagen Ortega y Gasset (1883–1955, spanischer Philosoph) genannt.

V. Eduard Spranger: Über Erziehung und Bildung

[1] Bei den hier wiedergegebenen Gedanken von Eduard Spranger (1882–1963, Prof. der Philosophie und Pädagogik an den Universitäten Leipzig, Berlin und Tübingen) mußten kürzere Text-Passagen ausgewählt werden, um bei dem verfügbaren Raum sowohl die früheren als auch die späteren Positionen Sprangers zum Erziehungs- und Bildungsbegriff berücksichtigen zu können. Die Überschriften wurden vom Herausgeber eingefügt.

[2] Dieser Text ist entnommen aus E. Spranger: Lebensformen. Verlag Max Niemeyer, Tübingen 9. Aufl. 1966 (S. 380–382).

[3] Diese beiden Definitionen entstammen der Abhandlung von E. Spranger: Berufsbildung und Allgemeinbildung. In: Handbuch für das Berufs- und Fachschulwesen. Hrsg. A. Kühne. Verlag Quelle & Meyer, Leipzig (jetzt Heidelberg) 1927, S. 27 und S. 28.

⁴ Dieser kurze Text ist abgedruckt aus E. Spranger: Macht und Grenzen des Einflusses der Erziehung auf die Zukunft: In: Pädagogische Perspektiven. Verlag Quelle & Meyer, Heidelberg 8. Aufl. 1964, S. 15.
⁵ Dieses Zitat stammt aus E. Spranger: Vom Wissenschaftscharakter der Pädagogik. Anhang in: Das Gesetz der ungewollten Nebenwirkungen in der Erziehung. Verlag Quelle & Meyer, Heidelberg 1962, S. 128.
⁶ ... »Das höhere Selbst ist das Subjekt des richtigen Denkens, vermöge dessen über den Eigenwelten eine gemeinsame, geordnete, für alle identische *Welt* sichtbar wird. Das höhere Selbst ist der Ort des Vernehmens von sittlichen Forderungen, an deren Erfüllung die Reinheit und Ehre des Menschen hängt. Wir haben dafür auch den Namen *Gewissen*. Das höhere Selbst ist eben deshalb die Stelle des Kontaktes mit dem Metaphysischen und also letzter sinngebender Erfahrungen.« E. Spranger: Vom Wissenschaftscharakter der Pädagogik. In: Das Gesetz der ungewollten Nebenwirkungen in der Erziehung. Verlag Quelle & Meyer, Heidelberg 1962, S. 127.

VI. Theodor Litt: Bildung heute

¹ Bei den hier vereinten Texten von Theodor Litt (1880–1962, Prof. der Philosophie und Pädagogik an den Universitäten Leipzig und Bonn) stammen die Überschriften vom Herausgeber.
Vgl. auch die Definition der Erziehung von Th. Litt, die im vorliegenden Band im Text von H. Roth zitiert wird (S. 105).
² Dieser Text ist mit freundlicher Genehmigung des Verlages F. A. Brockhaus, Wiesbaden, entnommen aus Th. Litt: Berufsbildung und Allgemeinbildung. Wiesbaden 1947, S. 12–14. Später wieder abgedruckt in Th. Litt: Berufsbildung, Fachbildung, Menschenbildung. (Schriftenreihe der Bundeszentrale für Heimatdienst, Heft 35) Bonn 1958.
³ Dieses Zitat stammt aus Th. Litt: Naturwissenschaft und Menschenbildung. Quelle & Meyer Verlag, Heidelberg, 5. Aufl. 1968, dort S. 11.
⁴ Dem Text liegt zugrunde Th. Litt: Technisches Denken und menschliche Bildung. Quelle & Meyer Verlag, Heidelberg, 3. Aufl. 1964, dort S. 91–93.
⁵ Der hier abgedruckte Text stammt aus Th. Litt: Das Bildungsideal der deutschen Klassik und die moderne Arbeitswelt. Verlag Ferdinand Kamp, Bochum, 6. Aufl. 1967, S. 106–108, 112, 114–115, 121.
⁶ Antinomie = hier im Sinne von: unvermeidbarer und unaufhebbarer, konfliktträchtiger Widerspruch und Widerstreit berechtigter Forderungen.

VII. Wilhelm Flitner: Erziehung

¹ Dieser Text von W. Flitner (geb. 1889, Prof. der Pädagogik an der Universität Hamburg) wurde ungekürzt übernommen aus: Einführung in pädagogisches Sehen und Denken. Hrsg. A. Flitner und H. Scheuerl. Verlag R. Piper & Co, München 1967, S. 312–321. Der Beitrag faßt einen zentralen Gedankengang aus W. Flitners »Allgemeiner Pädagogik« (Stuttgart, 10. Aufl. 1965) zusammen und stützt sich dabei streckenweise auf seinen Lexikonartikel »Erziehung« in »Die Religion in Geschichte und Gegenwart«, Bd. 3 (Hrsg.: H. v. Campenhausen u. a.) Tübingen 1959.
Die von Flitner angefügten Literaturhinweise werden weggelassen.
² Tuiskon Ziller (1817–1882), einer der führenden »Herbartianer«.
³ Ernst Krieck (1882–1947) schloß sich um 1930 ganz dem Nationalsozialismus an (s. Nachwort).

[4] Der Psychologe und Philosoph Wilhelm Wundt (1832–1920) meinte mit der »Heterogonie der Zwecke«, daß sich eine ursprüngliche Zwecksetzung im Laufe der Zeit nach Art, Richtung und Stärke verändern kann.

[5] Karl Groos (1861–1946) arbeitete besonders auf den Gebieten der Kinderpsychologie und der Tierpsychologie.

[6] Zu Adolf Portmann (geb. 1897) vgl. besonders: Zoologie und das neue Bild des Menschen, Hamburg 1956 (rde Nr. 20).

[7] Max Scheler (1874–1928) behandelte anthropologische Fragen vor allem in der Schrift: Die Stellung des Menschen im Kosmos. München 2. Aufl. 1949.

[8] Bei Helmut Plessner (geb. 1892) vgl. besonders: Die Stufen des Organischen und der Mensch. Berlin 1928 (2. erw. Aufl. 1965). Bei Arnold Gehlen (geb. 1904) vgl. besonders: Der Mensch. Seine Natur und seine Stellung in der Welt. Leipzig 1. Aufl. 1940, Bonn 8. Abfl. 1966. Adolf Portmann, siehe oben Anmerkung 6.

[9] Th. Litt (siehe Anmerkung Nr. VI. 1.); hier vgl.: Individuum und Gemeinschaft. Leipzig/Berlin, 3. Aufl. 1926.

[10] F. E. D. Schleiermacher; vgl.: Pädagogische Vorlesungen von 1826. In: Pädagogische Schriften, 2 Bde., Hrsg. Th. Schulze u. E. Weniger, Düsseldorf/München 1957.

[11] H. Nohl (siehe Anmerkung Nr. IV. 1.); vgl. hier: Charakter und Schicksal. Eine pädagogische Menschenkunde. Frankfurt a. M. 3. vermehrte Aufl. 1947.

[12] θυμός = Thymos, bei Platon (in »Politeia«), worauf Nohl zurückgreift, die Schicht des »Löwenartigen«, des Mutartigen und Ehrliebenden, des nach Leistung und Geltung Strebenden im Seelenaufbau des Menschen.

[13] Sigmund Freud (1856–1939) der Begründer der »Psychoanalyse«, Alfred Adler (1870–1937) der Begründer der »Individualpsychologie« und Carl Gustav Jung (1875–1961) der Begründer der »Komplexen Psychologie« waren die Wegbereiter der sogen. »Tiefenpsychologie«.

[14] Ludwig Binswanger, Viktor E. von Gebsattel und Ernst Michel sind Vertreter einer stärker personalistisch orientierten Psychotherapie«.

[15] Martinus J. Langeveld (geb. 1905); vgl.: Studien zur Anthropologie des Kindes, Tübingen 1956; Einführung in die theoretische Pädagogik, Stuttgart 5. Aufl. 1965.

[16] Initiationsriten = durch Zeremonien markierter Wechsel der Altersrolle, der in primitiven Stämmen meist in Form dramatisierter Pubertätsweihen vollzogen wird. Initiation = Erwerb des vollen Erwachsenenstatus und damit der vollgültigen Mitgliedschaft im sozialen System.

[17] Vgl. W. Flitner: Die Geschichte der abendländischen Lebensformen, München 1967.

VIII. Wolfgang Klafki: Zur Theorie der kategorialen Bildung

[1] Der hier ausgewählte Text von W. Klafki (geb. 1927, Prof. der Pädagogik an der Universität Marburg) entstammt dessen »Studien zur Bildungstheorie und Didaktik«, Julius Beltz Verlag, Weinheim, 8./9. Aufl. 1967. Teil I und II des daraus abgedruckten Textes sind der Studie »Kategoriale Bildung« von S. 27 bis S. 44 entnommen, wobei der Einleitungs- und der Schlußabschnitt weggelassen wurden. Der Teil III wurde aus dem zusammenfassenden Schlußteil der Studie »Das Problem der Didaktik« von S. 94 bis 98 entnommen und lediglich um den letzten Satz gekürzt. Die Überschrift zu dem abgedruckten Text und die Bezifferung seiner 3 Hauptteile wurden vom Herausgeber eingefügt.

[2] Friedrich Wilhelm Dörpfeld (1824–1893), rheinischer Lehrer und Rektor, ein gemäßigter Herbartianer.

[3] Josef Derbolav (geb. 1912); die hier erwähnte Schrift erschien 1957.

[4] Enkyklios Paideia = wörtlich: kreisförmige, d. h. in sich geschlossene, umfassende Bildung, der gesamte Umkreis der Bildung, Allgemeinbildung, enzyklopädische Bildung.
[5] Erich Weniger (1894–1961); vgl. vor allem seine Schrift: Didaktik als Bildungslehre, Teil I: Die Theorie der Bildungsinhalte und des Lehrplans, Weinheim, 6.–8. Aufl. 1965.
[6] Wilhelm von Humboldt (1757–1835), Hauptrepräsentant der neuhumanistischen Bildungstheorie, aus deren Geist heraus er an der Reform des preußischen Bildungswesens entscheidend mitwirkte.
[7] John Dewey (1859–1952), Hauptvertreter der pragmatischen Philosophie und der sogen. »Progressive education« in den USA.
[8] δύναμις dynamis = Vermögen.
[9] Martin Wagenschein (geb. 1896); vgl. seinen Sammelband: Ursprüngliches Verstehen und exaktes Denken. Stuttgart 1965.
[10] J. Derbolav: Versuch einer wissenschaftstheoretischen Grundlegung der Didaktik. In: Didaktik in der Lehrerbildung. 2. Beiheft der Zeitschrift für Pädagogik, 1960.

IX. Alfred Petzelt: Bildung als Einheit von Erziehung und Unterricht

[1] Bei der Auswahl der Texte von A Petzelt (1886–1967, Prof. der Pädagogik und der Psychologie an den Universitäten Breslau, Leipzig und Münster) wurde der Herausgeber durch Prof. Dr. W. Fischer in dankenswerter Weise beraten. Die eingefügten Überschriften stammen vom Herausgeber.
[2] Der Text ist entnommen aus A. Petzelt: Grundzüge systematischer Pädagogik. Lambertus-Verlag, Freiburg i. Br., 3. Aufl. 1964, dort S. 17–18.
[4] Dieser Aufsatz, dessen Einleitung und erster Teil – mit kleinen Kürzungen hier abgedruckt ist, erschien unter dem Titel »Über das Problem der Bildung im Hinblick auf die Einzelwissenschaften« in der Vierteljahresschrift für wissenschaftliche Pädagogik. Verlag Ferdinand Kamp, Bochum, Jg. 1953, Heft III, S. 161–174. Der daraus übernommene Text entstammt den Seiten 161–164.
[4] capacitas infinita = im Sinne des Cusanus: die Einheit für die Mannigfaltigkeit der Spontaneität.
[5] capax infiniti = im Sinne des Cusanus: das Vermögen, im Endlichen das Unendliche zu sehen.
[6] unitas uniens = eine Einheit stiftende Einheit.
[7] Der Cusaner = Nikolaus von Cues (1401–1464, Kardinal und Philosoph).
[8] sui generis = einzigartig, von eigener Art.
[9] veritas maxima = höchste Wahrheit.
[10] hó hteós kekeúei = was Gott befiehlt.
[11] Dieser Text ist entnommen aus A. Petzelt: Grundlegung der Erziehung. Lambertus-Verlag, Freiburg i. Br. 2. Aufl. 1961, S. 12–13, 68–70, 261–263, mit Kürzungen.
[12] Vgl. A. Petzelt: Kindheit – Jugend – Reifezeit. Freiburg i. Br. 2. Aufl. 1955.

X. Theodor Ballauff: Grundgedanken einer neuen Pädagogik

[1] Bei dem abgedruckten Text von Th. Ballauff (geb. 1911, Prof. der Pädagogik und Philosophie an der Universität Mainz) handelt es sich um den letzten Abschnitt seines Buches »Philosophische Begründung der Pädagogik (Die Frage nach Ursprung und Maß der Bildung)«, Verlag Duncker & Humblot, Berlin 1966, S. 233–246. Die Überschrift dieses Abschnittes wurde vom Herausgeber für den vorliegenden Quellentextband sinngemäß gekürzt.

² Subreption = logische »Erschleichung« eines Schlusses durch Stützung auf fehlerhafte Voraussetzungen.
³ ontologische Differenz = (nach Heidegger) der Unterschied zwischen dem Sein (als dem ursprünglich Seienden, dem Seienden schlechthin) und dem Seienden (als je bestimmten Seienden, z. B. einem spezifischen Ding); vgl. M. Heidegger: Sein und Zeit. Halle 1927.
⁴ Indizium = Anzeichen für etwas.
⁵ genuin = angeboren.
⁶ Ästimation = Einschätzung, Wertschätzung.
⁷ Anathema = Verfluchung, mit dem Bann belegen.
⁸ Insistenz = Beharrung, Auf-etwas-bestehen.
⁹ Lorenza Valla (1404–1457), italienischer Humanist.
¹⁰ Desiderius Erasmus von Rotterdam (1465–1536), Humanist, ungekrönter König der gelehrten Welt seiner Zeit.
¹¹ Philipp Melachthon (1497–1560), bemühte sich um den Ausgleich zwischen Reformation und Humanismus sowie um den Aufbau des protestantischen Bildungswesens.
¹² Kosmotheoros = Weltbetrachter.
¹³ Kosmopolit = Weltbürger.
¹⁴ ontisch = seiend; das Ontische = das tatsächlich Seiende; das Ontologische = das alles Seiende gründende Sein.
¹⁵ Christian Wolff (1679–1754), Hauptvertreter der deutschen Aufklärungsphilosophie.

XI. Heinrich Roth: Erziehung aus der Sicht der Pädagogischen Anthropologie

¹ Die abgedruckten Textpartien von H. Roth (geb. 1906, Prof. der Pädagogik an der Universität Göttingen) sind entnommen aus »Pädagogische Anthropologie«, Bd. I: Bildsamkeit und Bestimmung, Hermann Schroedel Verlag KG, Hannover 1966. Die ausgewählten Abschnitte entstammen: I. S. 73–78; II. S. 147–149; III. S. 263–267; IV. S. 352–354. Die Überschriften wurden vom Herausgeber eingefügt.
² Paul Häberlin (1878–1960); vgl. seine »Allgemeine Pädagogik«, Frauenfeld 1953.
³ ineffabile = unaussagbar, unauslotbar.
⁴ Vgl. O. F. Bollnow: Existenzphilosophie und Pädagogik. Stuttgart 1959.
⁵ Vgl. A. Gehlen: Der Mensch. Bonn 8. Aufl. 1966; vgl. Anmerkung Nr. VII. 8.
⁶ Vgl. G. Pfahler: Warum Erziehung trotz Vererbung? Leipzig 5. Aufl. 1943; Der Mensch und sein Lebenswerkzeug. Erbcharakterologie. Stuttgart 1954.
⁷ Debilität und Imbezillität = leichter und mittlerer Grad der Schwachsinnigkeit.
⁸ Vgl. Robert Reininger: Wertphilosophie und Ethik, Wien und Leipzig 1939.

XII. Klaus Mollenhauer: Was ist Erziehung?

¹ Dieser ungekürzte Aufsatz von Klaus Mollenhauer (geb. 1928, Prof. der Pädagogik an der Universität Göttingen) ist übernommen aus der Zeitschrift: Deutsche Jugend. Juventa Verlag, München, Jg. 1966, S. 159–194.
² Etymologie = Lehre vom Ursprung, von der Herkunft und Bedeutung der Wörter.
³ Vgl. K. Mollenhauer: Die Ursprünge der Sozialpädagogik in der industriellen Gesellschaft. Weinheim/Berlin 1959. Einführung in die Sozialpädagogik. Weinheim 1964.
⁴ Option = Bevorzugung, Entscheidung für etwas.
⁵ Vgl. K. Mollenhauer: Anpassung. In: Zeitschrift für Pädagogik, Jg. 1961, S. 347–362. Pädagogik und Rationalität. In: Die Deutsche Schule. Jg. 1964, S. 665–676. Erziehung und Emanzipation. München 1968.

⁶ Vgl. K. E. Nipkow: Der aufklärerische Charakter moderner Pädagogik. In: Die Deutsche Schule. Jg. 1968, S. 149–162, mit Bibliographie.

XIII. Werner Loch: Enkulturation als anthropologischer Grundbegriff der Pädagogik

¹ Dieser Aufsatz von Werner Loch (geb. 1928, Prof. der Pädagogik an der Universität Kiel) ist ungekürzt abgedruckt aus der Zeitschrift »Bildung und Erziehung«. Pädagogischer Verlag Schwann, Düsseldorf, Jg. 1968, S. 161–178.
² Vgl. W. Loch: Empirisches Erkenntnisinteresse und Sprachanalyse in der Erziehungswissenschaft. In: Bildung und Erziehung. Jg. 1967, S. 456–468.
³ quantité négligeable = zu vernachlässigende, außer acht zu lassende Größe.
⁴ endogen = anlagebedingt, exogen = umweltbedingt.
⁵ Sozialisation (= Sozialisierung) = soziales Lernen und Prägen, soziale Eingliederung und Angleichung. J. L. Child versteht unter »socialization« den gesamten Prozeß »durch den ein Individuum, das mit einer enormen Variationsbreite von Verhaltensmöglichkeiten geboren wird, zur Ausbildung seines faktischen, weit enger begrenzten Verhaltens geführt wird – wobei die Grenzen des üblichen und akzeptablen Verhaltens durch die Normen der Gruppe, der es angehört, bestimmt werden«. In: G. Lindzey: Handbook of Social Psychology. Vol. II, Cambridge, Mass. 1954, S. 655. Neuerdings wird vorgeschlagen, den mit vielen Mißverständnissen belasteten Begriff der »funktionalen Erziehung« preiszugeben und durch den Terminus »Sozialisation« zu ersetzen.

XIV. Hans-Jochen Gamm: Erziehung und Bildung

¹ Der Text von Hans-Jochen Gamm (geb. 1925, Prof. der Erziehungswissenschaft an der Technischen Hochschule Darmstadt) wurde seiner »Einführung in das Studium der Erziehungswissenschaft«, List Verlag, München 1974, entnommen. Die ausgewählten Abschnitte über »Erziehung« entstammen dem Kapitel 6 »Zur Begriffsbildung in der Erziehungswissenschaft« (dort S. 109–117) und jene über »Bildung« dem Kapitel 8 »Bildung und Bildungspolitik« (dort S. 143–151). Die Überschriften wurden vom Herausgeber eingefügt. Die Anmerkungen Gamms, die dieser in den Anhang seines Buches untergebracht hat, wurden vom Herausgeber mit Buchstaben markiert (z. T., wie jeweils vermerkt, in gekürzter Fassung), als Fußnoten abgedruckt und, wenn sie Literaturangaben bringen, gleich mit den betreffenden bibliographischen Daten aus dem Literaturverzeichnis des Autors versehen. Auch Literaturhinweise, die Gamm in Klammern einfügte, hat der Herausgeber als Fußnoten aufgenommen. Vom Herausgeber angefügte Erläuterungen und Hinweise wurden mit Ziffern gekennzeichnet und im Anmerkungsteil des vorliegenden Quellentextbandes untergebracht.
² Gamm bezieht sich hier auf I. Kants Aufsatz »Beantwortung der Frage: Was ist Aufklärung«, der mit dem Satz beginnt: »Aufklärung ist der Ausgang des Menschen aus seiner selbst verschuldeten Unmündigkeit« (In: Berlinische Monatsschrift 1784, 12. Stück. Dezember, S. 481; abgedruckt in: Kant, Akademieausgabe, Bd. III, Berlin 1912, S. 33 ff.).
³ Vgl. dazu z. B.: Amendt, G., Hrsg.: Kinderkreuzzug oder Beginnt die Revolution in den Schulen? Reinbek bei Hamburg 1968; Bott, G., Hrsg.: Erziehung zum Ungehorsam. Kinderläden berichten aus der Praxis der antiautoritären Erziehung. Frankfurt a. M. 1971³; Claßen, J., Hrsg.: Antiautoritäre Erziehung in der wissenschaft-

lichen Diskussion, Heidelberg 1973; Gamm, H.-J.: Kritische Schule. Eine Streitschrift für die Emanzipation von Lehrern und Schülern. München 1972; Haug, H.-J. u. Maessen, H.: Was wollen die Schüler? Frankfurt a. M. 1969; Kron, F. W., Hrsg.: Antiautoritäre Erziehung. Bad Heilbrunn, Obb. 1973; vgl. die zusammenfassende und kritische Darstellung von Weber, E.: Autorität im Wandel. Autoritäre, antiautoritäre und emanzipatorische Erziehung. Donauwörth 1974.

[4] Eine kritische Auseinandersetzung mit der neomarxistischen Emanzipationspädagogik, die Erziehung mit Politik identifiziert und parteilich, indoktrinierend betreibt, findet man z. B. in: Bath, H.: Emanzipation als Erziehungsziel. Überlegungen zum Gebrauch und zur Herkunft eines Begriffes. Bad Heilbrunn, Obb. 1974; Brezinka, W.: Erziehung und Kulturrevolution. Die Pädagogik der Neuen Linken. München/Basel 1974; L. Kerstiens: Modelle emanzipatorischer Erziehung. Bad Heilbrunn, Obb. 1974; Th. Wilhelm: Emanzipation — Pädagogischer Schlüsselbegriff oder Leerformel? (Schriftenreihe der Landesregierung Schleswig-Holstein, Schriften des Kultusministeriums, H. 19), Kiel 1974. In diesen Publikationen wird z. T. die Kategorie der Emanzipation und die emanzipatorisch interessierte Erziehung allzu pauschal neomarxistisch interpretiert. Es ist jedoch eine differenziertere Analyse erforderlich, da es außer dem neomarxistischen auch ein liberales Emanzipationskonzept gibt, das durch eine lange abendländische Tradition im Sinne der Aufklärungsbewegung fundiert ist und für eine emanzipatorische Erziehung eintritt, die als Lernhilfe zum Mündigwerden der Person in einer freiheitlichen und rechtsstaatlichen, demokratischen Lebensordnung verstanden wird (vgl. E. Weber: Autorität im Wandel. Autoritäre, antiautoritäre und emanzipatorische Erziehung. Donauwörth 1974).

[5] Johann Wilhelm Süvern (1775—1829), zunächst Gymnasiallehrer und später Universitätsprofessor, wurde durch W. v. Humboldt 1808 als preußischer Staatsrat in die Sektion für Kultus und Unterricht berufen, wo er als einer der bedeutendsten Schulmänner des frühen 19. Jahrhunderts Referent für das Gymnasialschulwesen wurde und dieses im Sinne der neuhumanistischen Pädagogik reformierte. Er erarbeitete einen Gesamt-Schulplan aus, der 1819 als Gesetzentwurf vorgelegt, infolge restaurativen Widerstandes aber nicht verwirklicht wurde.

[6] Gamm verweist hier auf eine Tabelle, die die Schullaufbahnen in der Bundesrepublik schematisch darstellt und im Anhang seines Buches auf S. 230 zu finden ist.

[7] Gamm verweist hier auf S. 244 f. seines Buches, wo er im Anhang die 1974 von der UNESCO abgegebene »Allgemeine Erklärung der Menschenrechte« abgedruckt hat.

[8] Gamm verweist hier auf seine Anmerkung (Nr. 86, im Originaltext auf S. 214), in der er zunächst den Schlußteil von I. Kants Entschuldigungsbrief an Friedrich Wilhelm II. (vom 12. Okt. 1794) zitiert, den er dann im Sinne der historischen Hermeneutik aus dem geschichtlichen Kontext heraus in seiner Zeitgebundenheit kurz interpretiert, um den berühmten Philosophen vor einer kurzschlüssigen Fehleinschätzung als »Kriecher vor Fürstenthronen« zu bewahren.

[9] Vgl. dazu die Kurzdarstellung des Bedeutungswandels des neuhumanistischen Bildungsbegriffs, der ursprünglich auch ein emanzipatorisches Moment enthielt, sowie seiner restaurativen Umfunktionierung im Verlauf des 19. Jahrhunderts, in E. Weber: Pädagogik. Eine Einführung, 1. Bd.: Grundfragen und Grundbegriffe. Donauwörth 1975⁶, S. 62 ff., wo auch weiterführende Literaturangaben zu finden sind.

XV. Wolfgang Brezinka: Präzisierung des Begriffes »Erziehung«

[1] Der ausgewählte Text von Wolfgang Brezinka (geb. 1928, Prof. der Erziehungswissenschaft an der Universität Konstanz) gibt den mit »Präzisierung des Begriffes ›Erziehung‹« überschriebenen Hauptteil seiner Studie »Erziehung« wieder. Der abgedruckte Text entstammt Brezinkas Sammelband »Grundbegriffe der Erziehungswissenschaft. Analyse, Kritik Vorschläge«, E. Reinhardt Verlag, München/Basel 1975[2], S. 70—95, unter Weglassung eines Exkurses über den Begriff »Leibeserziehung« (S. 81—84, a. a. O.). Dem übernommenen Text gehen Feststellungen über »die Begriffsverwirrung im Problemkreis ›Erziehung‹« sowie eine »Bedeutungsanalyse des Wortes ›Erziehung‹« in der Alltagssprache und der neueren pädagogischen Fachsprache voraus. Vom letzten Teil der Abhandlung, der mit »Zusammenfassung und Ausblick auf weitere Probleme« unterschrieben ist, bringt der vorliegende Text nur noch Brezinkas zusammenfassende Bestimmung des Erziehungsbegriffes in Kurzform. Wie im Originaltext werden die vom Verfasser eingefügten Literaturangaben und Anmerkungen als Fußnoten angefügt, jedoch nicht wie dort mit durchlaufender Bezifferung gekennzeichnet, sondern mit Buchstaben. Dadurch lassen sich Verwechslungen mit den durch Ziffern markierten Hinweisen auf Anmerkungen des Herausgebers vermeiden.

[2] Da die genauen bibliographischen Angaben zu den von Brezinka als Fußnoten angefügten Literaturhinweisen nur seinem für den gesamten Band gemeinsamen Literaturverzeichnis entnommen werden können, wurde vom Herausgeber ein Auszug daraus erstellt, der alle für den ausgewählten Text erforderlichen bibliographischen Daten in folgendem Literaturverzeichnis enthält.

Literaturverzeichnis (zum Text von W. Brezinka, entnommen aus dem Original-Literaturverzeichnis, dort S. 219—236)

Achinstein, Peter: Concepts of Science. A Philosophical Analysis. Baltimore 1968
Allport, Gordon W.: Persönlichkeit. Struktur, Entwicklung und Erfassung der menschlichen Eigenart. Stuttgart 1949
— Gestalt und Wachstum in der Persönlichkeit. Meisenheim 1970
Bandura, Albert: Principles of Behavior Modification. New York 1969
Beneke, Friedrich Eduard: Erziehungs- und Unterrichtslehre. Bd. I, Berlin 1835
Birnbaum, Ferdinand: Versuch einer Systematisierung der Erziehungsmittel. Wien 1950
Bollnow, Otto Friedrich: Existenzphilosophie und Pädagogik. Stuttgart 1959
Brezinka, Wolfgang: Der erziehungsbedürftige Mensch und die Institutionen. In: W. Brezinka (Hrsg.): Weltweite Erziehung. Freiburg 1961, S. 11—39
— Die Pädagogik und die erzieherische Wirklichkeit. In: Hermann Röhrs (Hrsg.): Erziehungswissenschaft und Erziehungswirklichkeit. Frankfurt 1964, S. 192—226
— Über Absicht und Erfolg der Erziehung. Probleme einer Theorie der erzieherischen Wirkung. Konstanz 1969
— Von der Pädagogik zur Erziehungswissenschaft. Eine Einführung in die Metatheorie der Erziehung. Weinheim 1972^2
Brunner, Edmund und Verner, Coolie: Adult Education. In: International Encyclopedia of the Social Sciences. Vol. 1, New York 1968, S. 100—106
Carnap, Rudolf: Induktive Logik und Wahrscheinlichkeit. Bearbeitet von Wolfgang Stegmüller. Wien 1959
Cleugh, Mary F.: Educating Older People. London 1970^2

Correll, Werner: Pädagogische Verhaltenspsychologie. München 1965
Daniels, L. B.: Behavior Strata and Learning. In: Educational Theory, Vol. 20 (1970), S. 377—386
Dickens, Charles: Oliver Twist. Übertragen von Carl Kolb. Reinbek 1964
Dilthey, Wilhelm: Pädagogik. Gesammelte Schriften, Bd. IX. Stuttgart 1961[3]
— Über die Möglichkeit einer allgemeingültigen pädagogischen Wissenschaft. Herausg. von Herman Nohl. Weinheim 1963[4]
Dolch, Josef: Grundbegriffe der pädagogischen Fachsprache. München 1965[5]
— Der Erfahrungsbegriff der Erziehung — Versuch einer Explikation. In: Zeitschrift für Pädagogik, 12. Jg. (1966), S. 213—237
— Das Lehr- und Lernbare in der Pädagogik. In: Hans Bokelmann und Hans Scheuerl (Hrsg.): Der Aufbau erziehungswissenschaftlicher Studien und der Lehrberuf. Heidelberg 1970, S. 76—89
Eggersdorfer, Franz Xaver: Jugenderziehung. München 1962
Eyferth, Klaus: Schwererziehbarkeit, ihre Ursachen und Formen. In: Hildegard Hetzer (Hrsg.): Pädagogische Psychologie. Handbuch der Psychologie, Bd. 10. Göttingen 1959, S. 455—469
Fischer, Aloys: Leben und Werk. Herausg. von Karl Kreitmair. 8 Bände, München 1950—1971
Girndt, Helmut: Das soziale Handeln als Grundkategorie erfahrungswissenschaftlicher Soziologie. Tübingen 1967
Göttler, Josef: System der Pädagogik. München 1948[8]
Graumann, Carl Friedrich: Subjektiver Behaviorismus? In: Archiv für die gesamte Psychologie, 117. Band (1965), S. 240—251
— Interaktion und Kommunikation. In: Handbuch der Psychologie, Bd. 7: Sozialpsychologie, 2. Halbband. Göttingen 1972, S. 1109—1262
Häberlin, Paul: Selbsterziehung. In: Lexikon der Pädagogik. Bern 1951, Band 2, S. 646—647
— Allgemeine Pädagogik in Kürze. Frauenfeld 1953
Hempel, Carl G.: Fundamentals of Concept Formation in Empirical Science. Chicago 1952
Hörmann, Hans: Zur Validierung von Persönlichkeitstests, insbesondere von projektiven Verfahren. In: Psychologische Rundschau, 12. Jg. (1961), S. 44—49
Hummel, Hans J.: Psychologische Ansätze zu einer Theorie sozialen Verhaltens. In: René König (Hrsg.): Handbuch der empirischen Sozialforschung. Band II, Stuttgart 1969, S. 1157—1177
Kaminski, Gerhard: Verhaltenstheorie und Verhaltensmodifikation. Stuttgart 1970
Kaplan, Abraham: The Conduct of Inquiry. Methodology for Behavioral Science. San Francisco 1964
Klauer, Karl Josef: Revision des Erziehungsbegriffs. Grundlagen einer empirisch-rationalen Pädagogik. Düsseldorf 1973
Klaus, Georg: Wörterbuch der Kybernetik. Berlin 1968
Kluge, Friedrich: Etymologisches Wörterbuch der deutschen Sprache. Berlin 1967[20]
Körner, Stephan: Grundfragen der Philosophie. München 1970
Koroljow, F. F.: Methodologische Grundfragen im Bereich der Pädagogik. In: Pädagogik, 24. Jg. (1969), S. 902—917
Krieck, Ernst: Philosophie der Erziehung. Jena 1922
Litt, Theodor: Führen oder Wachsenlassen. Stuttgart 1949[4]
Loch, Werner: Enkulturation als anthropologischer Grundbegriff der Pädagogik.

In: Erich Weber (Hrsg.): Der Erziehungs- und Bildungsbegriff im 20. Jahrhundert. Bad Heilbrunn 1969, S. 122—140
Lochner, R.: Erziehungswissenschaft. München 1934
März, Fritz: Einführung in die Pädagogik. München 1965
Mannschatz, Eberhard: Sozialistische Erziehungstheorie und die Einheit von Bildung und Erziehung. In: Pädagogik, 20. Jg. (1965), S. 831—839
Meister, Richard: Unterrichtsfächer als Dispositionssysteme. In: Beiträge zur Theorie der Erziehung. Wien 1947², S. 76—91
— Beiträge zur Theorie der Erziehung. Neue Folge. Graz 1965
Mieskes, Hans: Geragogik — Pädagogik des Alters und des alten Menschen. In: Pädagogische Rundschau, 24. Jg. (1970), S. 90—101
Neuhäusler, Anton: Grundbegriffe der philosophischen Sprache. München 1963
Ogorodnikow, I. I. und Schimbirew, P. N.: Lehrbuch der Pädagogik. Berlin 1954⁶
Parsons, Talcott: Social Interaction. In: International Encyclopedia of the Social Sciences. New York 1968, Bd. 7, S. 429—440
Redl, Fritz: Erziehungsberatung, Erziehungshilfe, Erziehungsbehandlung. In: G. Bittner u. W. Rehm (Hrsg.): Psychoanalyse und Erziehung. Bern 1964, S. 165—177
Retter, Hein: Erziehung und Bildung in der DDR. In: Pädagogik und Schule in Ost und West 18. Jg. (1970), S. 270—273; 19. Jg. (1971), S. 73—84
Röhrs, Hermann: Allgemeine Erziehungswissenschaft. Weinheim 1969
Roth, Heinrich: Pädagogische Anthropologie. Bd. I: Bildsamkeit und Bestimmung. Hannover 1966
Sargant, William: Der Kampf um die Seele. München 1958
Scheffler, Israel: The Language of Education. Springfield (Illinois) 1965⁴. Deutsche Ausgabe: Die Sprache der Erziehung. Düsseldorf 1971
Scherwey, Johann: Aufsicht und Überwachung. In: Josef Spieler (Hrsg.): Die Erziehungsmittel. Olten 1944, S. 139—150
Schleiermacher, Friedrich: Pädagogische Schriften. Herausg. von Erich Weniger. Bd. I, Düsseldorf 1957
Schmitt, Rudolf: Religiöse Erziehung — ohne Erfolg? Zielanalyse als Voraussetzung der Erfolgskontrolle. (Studien zur Erziehungswissenschaft, herausg. von W. Brezinka, Bd. 7). Weinheim 1971
Schneider, Friedrich: Katholische Familienerziehung. Freiburg 1951⁵
— Einführung in die Erziehungswissenschaft. Graz 1953²
Smith, S. L.: A First-Order Analysis of »Education«. In: Educational Theory, Vol. 20 (1970), S. 387—398
Snook, I. A. (Hrsg.): Concepts of Indoctrination. London 1972
Spranger, Eduard: Das Gesetz der ungewollten Nebenwirkungen in der Erziehung. Heidelberg 1962
Stern, William: Allgemeine Psychologie auf personalistischer Grundlage. Haag 1935
Strauss, Anselm L.: Spiegel und Masken. Die Suche nach Identität. Frankfurt 1968
Strohal, Richard: Bemerkungen zu dem Begriff der psychischen Disposition und seiner Bedeutung für die Pädagogik. In: Wolfgang Brezinka (Hrsg.): Weltweite Erziehung. Freiburg 1961, S. 251—262
Tausch, Reinhard u. Anne-Marie: Erziehungspsychologie. Göttingen 1970⁵
Thomas, Klaus: Die künstlich gesteuerte Seele. Stuttgart 1970
Ullstein-Lexikon der deutschen Sprache. Frankfurt 1969
Weber, Max: Methodologische Schriften. Studienausgabe. Frankfurt 1968

— Wirtschaft und Gesellschaft. 5. revidierte Auflage (Studienausgabe), Tübingen 1972
Willmann, Otto: Die Fundamentalbegriffe der Erziehungswissenschaft. In: Erich Weber (Hrsg.): Der Erziehungs- und Bildungsbegriff im 20. Jahrhundert. Bad Heilbrunn 1969, S. 15—30
Winnefeld, Friedrich: Psychologische Analyse des pädagogischen Lernvorganges. In: Hildegard Hetzer (Hrsg.): Pädagogische Psychologie. Göttingen 1959, S. 93—110
— Erziehungswissenschaft — Utopie oder Wirklichkeit? In: Dieter Ulich (Hrsg.): Theorie und Methode der Erziehungswissenschaft. Weinheim 1972, S. 123—162
Ziller, Tuiskon: Vorlesungen über Allgemeine Pädagogik. Leipzig 1876

[3] Terminus = Fachausdruck, dessen Bedeutung und Verwendung möglichst eindeutig und präzise festgelegt ist.

[4] Max Weber (1864—1920), Prof. für Wirtschaftswissenschaft und für Soziologie, ging es darum, das sinnhaft orientierte soziale Handeln deutend zu verstehen und dadurch seine Abläufe und Wirkungen zu erklären. Er vertrat eine klare Trennung von Seins- und Sollensaussagen, von Wissenschaft und Politik. Diese Position löste die als Werturteilsstreit bekannt gewordene Kontroverse aus, die neuerdings im Positivismusstreit der deutschen Soziologie wieder aktualisiert wurde.

[5] Eine Disposition ist kein beobachtbares Faktum, sondern ein erschlossenes Konstruktum zur Erklärung von Beobachtungen. Unter Disposition versteht man relativ konstante, ererbte und/bzw. erlernte Potenzen und Tendenzen, die als Fähigkeit und Bereitschaft zu einem bestimmten Verhalten oder Handeln wirken (vgl. dazu den Text von W. Brezinka, S. 160 f. u. S. 161 ff.)

[6] Behaviorismus (engl. behavior = Verhalten), im klassischen Sinne, war eine vor allem durch den amerikanischen Psychologen J. B. Watson (1878—1950) in den ersten Jahrzehnten des 20. Jhds. in den USA begründete Forschungsrichtung der Psychologie, die in ihren wissenschaftlichen Untersuchungen lediglich das beobachtbare Verhalten von Lebewesen (Reaktionen, abhängige Variable) auf beobachtbare Einflüsse ihrer Umwelt (Reize, unabhängige Variable) untersuchte. Später hat man im Neobehaviorismus darüber hinaus noch gedankliche Konstrukte (als intervenierende Variable) zur Erklärung und Prognose des Verhaltens von Lebewesen in bestimmten Situationen mit einbezogen (z. B. die Annahme von Dispositionen).

[7] Doktrine = Meinungen und Überzeugungen, vor allem in politischer und religiöser Hinsicht, soweit diese im erfahrungswissenschaftlichen Sinne empirisch weder verifiziert noch falsifiziert werden können.

[8] Mit Indoktrination hat man es dann zu tun, wenn Doktrine (vgl. Anm. 7) einseitig, also ohne Berücksichtigung von Gegenpositionen und Einwänden, derart konditionierend und fixierend vertreten und vermittelt werden, daß der Lernende unerschütterlich an sie glaubt, d. h. sich dann von der indoktrinierten Überzeugung auch nicht mehr durch die Beweiskraft von Tatsachen und vernünftigen Argumenten abbringen läßt.

[9] Brezinka bezieht sich hier auf seine einschlägigen Ausführungen, die im Originaltext auf S. 32 f zu finden sind.

Nachwort des Herausgebers

Mit dem Erziehungs- und Bildungsbegriff wird der zentrale Gegenstand der Pädagogik bezeichnet. Beim Studium des pädagogischen Schrifttums zeigt sich jedoch bald, daß diese Fundamentalbegriffe der Pädagogik nur selten eindeutig definiert und häufig in einer verwirrenden Mannigfaltigkeit konkurrierender Bedeutungen verwendet werden. Diese Verworrenheit der pädagogischen Fachsprache, selbst im Bereich ihrer Grundkategorien, wird angesichts der im vorliegenden Band vereinten Texte deutlich erkennbar. Ein Vergleich der für die gegenwärtige deutsche Pädagogik repräsentativ ausgewählten Positionen ergibt, daß die Begriffe Erziehung und Bildung weder in ihrem jeweiligen Inhalt und Umfang noch in ihrer Beziehung zueinander präzise und gleichsinnig bestimmt werden.

So reicht die Bedeutungsbreite des Erziehungsbegriffes vom umfassendsten Sinne der Milieupädagogik, die alle prägenden Einflüsse als erzieherisch bezeichnet, bis zur engsten Fassung, mit der nur die sittliche Erziehung gemeint ist, die z. T. noch auf jene erzieherischen Akte eingeschränkt wird, die sich an die eigene Einsicht und freie Zustimmung des zu erziehenden Menschen wenden. Ebenso lassen sich beim Bildungsbegriff verschieden weite Fassungen unterscheiden, von der umfassendsten Bedeutung, nach der »das Leben bildet«, bis zum engsten Sinne der betont geistigen Bildung durch die lernende Auseinandersetzung mit den tradierten Kulturgütern, mitunter sogar noch eingeengt auf deren literarische Aneigung in Schulen. Die terminologische Verwirrung wird in bezug auf den Bildungsbegriff noch dadurch vergrößert, daß man die allgemeine Menschenbildung (bzw. Allgemeinbildung) noch mehr oder weniger scharf von der Spezialbildung (bzw. Ausbildung oder Berufsbildung) unterscheidet.

Der Umfang und Bedeutungsgehalt der Begriffe Erziehung und Bildung wird noch dadurch variiert und kompliziert, daß man mit ihnen entweder nur intentionale (bewußte, absichtliche, zielstrebige) Akte oder auch ein funktionales (unbewußtes, unbeabsichtigtes, nebenbei sich einstellendes) Geschehen meint. Im ersten Fall haben wir es immer mit einem pädagogisch intendierten, d. h. von Erziehungs- und Bildungsabsichten bestimmten Handeln zu tun, im zweiten Falle mit einer pädagogisch bedeutsamen Wirkung, die als Funktion eines nicht von Erziehungs- und Bildungsintentionen bestimmten Umgangs zustande kommt.

Weitere Differenzen im Hinblick auf die Begriffe Erziehung und Bildung entstehen dadurch, daß man sie entweder nur auf direkte, unmittelbare, dialogische soziale Interaktionen einschränkt oder auch auf indirekte, durch Medien (z. B. Bücher und Filme) vermittelte Kommunikationen ausweitet. Außerdem läßt sich der Erziehungs- und Bildungsbegriff noch dadurch unterscheiden, ob man ihn an ein Generationsverhältnis bindet oder auch auf den pädagogisch relevanten Umgang zwischen Gleichartigen (z. B. in der Erwachsenenbildung oder in altershomogenen Jugendgruppen) anwendet.

Außer der Bedeutungsweise ist die Zuordnung der Begriffe Erziehung und Bildung umstritten. Man kann das problematische Verhältnis der beiden pädagogischen Fundamentalbegriffe zueinander terminologisch verschiedenartig zu klären versuchen, wofür die ausgewählten Texte Beispiele bieten.

Eine erste Möglichkeit besteht darin, daß man nur einen der beiden Begriffe verwendet und den anderen aus dem Sprachgebrauch ausschaltet, oder weniger radikal, daß man den einen Begriff in der Fachsprache akzentuiert, den anderen nur reduziert verwendet. So dominierte in der deutschen Pädagogik z. B. seit dem 18. und 19. Jahrhundert der Bildungsbegriff, während gegenwärtig – nicht zuletzt im Gefolge des gescheiterten Bildungsidealismus – häufig der Erziehungsbegriff bevorzugt wird.

Man kann das Verhältnis zwischen dem Erziehungs- und Bildungsbegriff aber auch in der Weise interpretieren, daß man beide Kategorien auf einer Ebene mit verschiedenen Bedeutungen einander komplementär zuordnet. Das geschieht meist in der Weise, daß man die Erziehung primär auf das Handeln, die Haltung (ethos) und den Charakter, die Bildung hingegen vor allem auf das Verständnis, die Gelehrsamkeit (logos) und das Weltbild bezieht.

Außer der Koordination ist auch eine Subordination beider Begriffe möglich. Einmal läßt sich die Kategorie der Bildung im weiteren Sinne als Oberbegriff verwenden, dem man die Erziehung im engeren Sinne, etwa zusammen mit dem Unterricht, subsumiert. Zum anderen kann man den Terminus Erziehung im weiteren Sinne zum übergeordneten Begriff erheben, dem dann z. B. die biologische Pflege, die sittliche Erziehung und die geistige Bildung terminologisch untergeordnet werden.

Schließlich läßt sich die Relation zwischen beiden Begriffen auch in der Weise festlegen, daß man die Erziehung als Hilfe zur Bildung bzw. die Bildung als Werk der Erziehung begreift. Bei diesem Begriffsverständnis wird Erziehung häufig als interpersonaler und Bildung als intrapersonaler Prozeß verstanden. Daneben werden jedoch auch andere Konzeptionen vertreten, z. B. die Auffassung, nach der Erziehung nicht nur als Fremderziehung, sondern auch als Selbsterziehung verstanden wird und eine Position, die den Bildungsbegriff nicht nur reflexiv (im Sinne des »Sich-Bildens«) sondern auch transitiv (im Sinne des »Einen-anderen-Bilden«) gebraucht.

Zum Teil werden die aufgezeigten formalen Grundmöglichkeiten zur terminologischen Unterscheidung der Begriffe Erziehung und Bildung miteinander kombiniert oder nur unscharf realisiert.

Deshalb wird bei aller Berücksichtigung der Schwierigkeiten, die mit dem Bemühen um Überwindung der »Begriffsverwirrung« im Bereich der Pädagogik verbunden sind, die Präzisierung der Fachsprache zu einem unaufschiebbaren Desiderat der wissenschaftlichen Pädagogik. Sie hat, wenn schon kein Konsens in den pädagogischen Begriffsbestimmungen erreicht wird, zumindest eindeutige Definitionen zu erstreben, bei denen feststeht, was gemeint ist und was nicht, um wenigstens die unerläßliche Verständigungsbasis zu gewinnen.

Die Begriffe Erziehung und Bildung unterscheiden sich jedoch nicht nur in formaler Hinsicht, wie das in bezug auf ihren Umfang und ihre Zuordnung angedeutet wurde, sondern auch in ihren materialen Bestimmungen. Bereits die wenigen im vorliegenden Band ausgewählten Texte lassen die Vielfalt der Bedeutungsgehalten sichtbar werden, die mit den Worten Erziehung und Bildung verbunden sind. Die inhaltliche Mehrdeutigkeit dieser Begriffe könnte etymologisch, historisch und komparativ aufgewiesen werden, was hier nicht beabsichtigt, in Ansätzen jedoch bereits im einschlägigen Schrifttum nachzulesen ist.

Der vorliegende Band will lediglich einen Überblick bieten über bedeutsame Konzeptionen des Erziehungs- und Bildungsbegriffs in der deutschen Pädagogik der Gegenwart. Dabei sollen die Auffassungen der einzelnen Autoren von ihren spezifischen systematischen Denkansätzen her aufgezeigt werden. Die Auswahl der Texte, die trotz der räumlich gebotenen und verlagsrechtlich erzwungenen Beschränkungen eine möglichst repräsentative Orientierung über die wichtigsten Positionen zu ermöglichen trachtet, wurde von folgenden Gesichtspunkten bestimmt. Die Texte sollen in bezug auf den Erziehungs- und Bildungsbegriff des 20. Jahrhunderts eine Art Spektrum des pädagogischen Denkens in Deutschland aufzeigen. Dabei liegt der Schwerpunkt der Betrachtung auf der Zeit von 1945 bis zur unmittelbaren Gegenwart. Die politisch-pädagogischen Konzeptionen der NS-Zeit und der DDR sowie die spezifisch religionspädagogischen

Positionen werden ausgeklammert. Es wurden solche Texte ausgewählt, die den Wandel der pädagogischen Auffassungen im bisherigen Verlauf dieses Jahrhunderts sowie die gegenwärtig einflußreichsten Standpunkte erkennen lassen, zugleich aber auch die verschiedenartigen wissenschaftstheoretischen und methodischen Ansätze widerspiegeln. Dabei können nur wenige namhafte und exponierte Vertreter spezifischer Konzeptionen zu Wort kommen, deren Berücksichtigung im folgenden noch kurz zu begründen ist und von denen aus lediglich auf weitere verwandte und beachtenswerte Positionen verwiesen werden kann.

Der einleitende Text von J. Dolch, in dem die Worte der Erziehung in den Sprachen der Welt gesammelt und ausgewertet werden, zeigt, wie bereits die vergleichende Betrachtung des pädagogischen Wortfeldes zur sachlichen Wesenserschließung der Erziehung beizutragen vermag.

Der zu Beginn unseres Jahrhunderts geschriebene Aufsatz von O. Willmann über die Fundamentalbegriffe der Erziehungswissenschaft repräsentiert die »paedagogia perennis catholica«. Willmann, der von Herbart ausgegangen ist, hat unter dem Einfluß Schleiermachers und Diltheys sowie fundiert durch den christlichen Aristotelismus die soziale und historische Dimension in seine Pädagogik einbezogen, in der er über die begriffliche Spekulation hinaus das Empirische ernst nimmt. Die Erziehung wird von Willmann als »soziale Lebenserneuerung« und »geistige Güterbewegung« verstanden und ihr Gesamtsinn in fürsorgende, führende und bildende Momente auseinandergelegt. Dieser um Synthese bemühten Position geht es vor allem um die Koinzidenz von profaner Vernunft und christlichem Offenbarungsglauben. (Anknüpfungen an Willmann erfolgten z. B. bei F. X. Eggersdorfer und H. Henz.)

Mit den Textauszügen P. Petersens berücksichtigen wir die im ersten Drittel des 20. Jahrhunderts erfolgte starke Ausweitung des Erziehungsverständnisses, das Erziehung als eine zum Menschsein gehörende Urfunktion der Gemeinschaft interpretiert, von der die planmäßige Führung (= Pädagogie) nur ein Sonderfall darstellt. Petersen setzt sich in Gegenschaft zum idealistischen und individualistischen Denken für eine illusionsfreie realistische Erziehungswissenschaft ein, die er in der von Gemeinschaftsgedanken fundierten Schulwirklichkeit des Jena-Plans erprobte. In seiner Erziehungstheorie verbindet Petersen organologische Traditionen mit anthropologisch-existentiellen Positionen, wonach er Bildung als eine entelechial bestimmte Funktion des Lebens und Erziehung als eine Funktion des Geistes, als Durchgeistigung der menschlichen Form versteht. Neben Petersen ist vor allem E. Krieck für den weiten Erziehungsbegriff eingetreten, wobei jedoch im Sinne seiner »Universalen Biologie« der personale vom organologischen Aspekt überwuchert wurde. Für Krieck ist Erziehung eine überall und stets stattfindende typische Angleichung aller Glieder an die Normen und Ordnungen der Gemeinschaft. Von seinem volksorganischen und völkischen Denken her hat sich Krieck der nationalsozialistischen Ideologie verschrieben, die er in seiner Erziehungswissenschaft radikal vertreten hat.

H. Nohl, der, von der Lebensphilosophie Diltheys herkommend, den kritisch revidierten Ertrag der Reformpädagogik zur Geltung bringt, zeigt in dem ausgewählten Beitrag den Sinn der eigenständigen erzieherischen Leistung im allgemeinen Kulturzusammenhang auf. Für Nohl liegt, bei aller Anerkennung der polaren Struktur der Erziehung, der Zielpunkt der autonomen Pädagogik im Subjekt. Der Erzieher hat im pädagogischen Bezug für das Recht des jungen Menschen einzutreten, damit dieser zu seinem höheren Leben gelangt. Die Qualität des Subjekts ist jedoch allein in der Hingabe an die Qualität des Objekts zu gewinnen, wobei Bildung als die subjektive Seinsweise der Kultur zustande kommt. In der Nachfolge Nohls hat sich dessen Schüler E.

Weniger als namhafter Repräsentant der geisteswissenschaftlichen Pädagogik ebenfalls mit Nachdruck für die Eigenständigkeit der Erziehung in Theorie und Praxis eingesetzt. Sprangers anfänglich noch stark ästhetisch ausgerichtete Kulturpädagogik liegt, seiner geisteswissenschaftlich-verstehenden Psychologie entsprechend, die Vorstellung einer Korrespondenz zwischen den Kulturgütern und Einzelseelen zugrunde, die auch Kerschensteiners Bildungstheorie stark beeinflußt hat. Dem späten Spranger hingegen ist das Verhältnis zwischen Mensch und Kultur zutiefst fragwürdig geworden. Deshalb wurde für Spranger, insbesondere nach 1945, die Erweckung des Gewissens, dessen metaphysische Verankerung er betonte, und die Erziehung zur Verantwortlichkeit zum Brennpunkt seiner Pädagogik.

Von der Bildungstheorie Th. Litts berücksichtigen die hier vereinten Textauszüge lediglich dessen Spätwerk nach dem 2. Weltkrieg. Es läßt, angesichts der veränderten Bedingungen der heutigen Welt, eine kritische Ernüchterung gegenüber allzu hoch klingenden »Bildungidealen« erkennen und bemüht sich um die Überwindung einer primär an der harmonischen Innerlichkeitspflege interessierten idealistischen Bildungskonzeption und um die Humanisierung der sachlich fachlichen Schulung. Litt setzt sich nun im Geiste des realen Humanismus für die Anerkennung der Antinomien unseres Lebens ein und fordert, daß die menschenbildenden Mächte der Naturwissenschaft und Technik sowie der modernen Arbeitswelt und der politischen Lebensordnung in die pädagogische Verantwortung einbezogen werden.

Für W. Flitner ist die Pädagogik eine pragmatisch-hermeneutische Disziplin mit der Aufgabe, die aus dem praktischen Erziehungszusammenhang entspringenden Einzelfragen unter Einbeziehung ihrer historischen Dimension zu verstehen, um dadurch zur Klärung und Steuerung des aktuellen erzieherischen Handelns beitragen zu können. Die vorliegende Abhandlung Flitners bietet eine umfassende Betrachtung der Erziehung, die durch die Zusammenschau der verschiedenen, einander ergänzenden Sichtweisen, gleichsam in einem imaginären Gespräch zwischen den Vertretern der anthropologischen, der historisch-soziologischen, der kultur- und sozialphilosophischen sowie der existenzphilosophischen und theologischen Position gewonnen wird.

Die didaktisch orientierte Bildungstheorie der Gegenwart wird durch W. Klafki repräsentiert, der unter dem Einfluß von Litt und Derbolav sowie Nohl und Weniger durch die dialektische Verschränkung von formaler und materialer Bildung zu seiner Theorie der »kategorialen Bildung« gelangt. In ihr geht es um eine doppelseitige Erschließung, durch die dem Menschen die Wirklichkeit kategorial so erschlossen wird, daß ihm etwas »aufgeht«, so daß er selbst durch die kategoriale Erfahrung für den betreffenden Bereich der Wirklichkeit erschlossen wird. Unter inhaltlichem Aspekt gewinnt dabei das didaktische Problem des Elementaren, des Fundamentalen und des Exemplarischen zentrale Bedeutung.

A. Petzelt, ein Schüler von R. Hönigswald, ist bestrebt, auf dem Boden der neukantischen Philosophie die Erziehungs- und Bildungstheorie aus dem Tagesstreit in die überzeitliche, prinzipielle Sphäre zu rücken, für die alle empirische pädagogische Forschung belanglos ist. Da der Empirie die Dimension des »Sollens« fehlt, macht sie, so ist Petzelts These, die Erziehungspraxis richtungslos. Er sieht den Menschen angesichts der Vielfalt seiner Lebensrollen als Zentrum des Sollens, aus dem heraus es die aufgabenhafte Einheit und Stetigkeit des Ichs im Sinne des »recte vivere« zu realisieren gilt, was einen gültigen Standpunkt voraussetzt. Bildung als die Einheit von Erziehung und Unterricht ist nach Petzelt als prozeßhafter Vollzug nur im Dialog möglich, wobei der Unterricht auf das an die Wahrheit gebundene Wissen und die Erziehung auf jene Haltung zielt, deren Maßstab die Sittlichkeit bzw. die Religion, also das absolut Gute ist.

Das von Th. Ballauff übernommene Kapitel aus seiner »Philosophischen Begründung der Pädagogik« markiert die Wendung der pädagogischen Fragestellung im Anschluß an die existentialistische Fundamentalontologie M. Heideggers. In kritischer Auseinandersetzung mit der klassischen Theorie der Persönlichkeitsbildung, die den Selbststand und die Selbstermächtigung des Menschen intendiert, geht es Ballauff um das vom Druck des Subjekts befreite Denken, das sich als der Anspruch ereignet, in Rede, Werk und Tat, das Geschehen und die Vorkommnisse auf das hin freizugeben, was sie in Wahrheit sind. Erziehung besagt für Ballauff die Freigabe des Menschen auf seine Menschlichkeit. Sie befreit ihn zu einem Denken, das ihn unabhängig von normsetzenden Institutionen, in Selbstlosigkeit und Besonnenheit zum Anwalt des Seins von Sachen und Mitmenschen werden läßt. Bildung als Sachlichkeit und Menschlichkeit ereignet sich nur, wo nicht mehr Selbstgewinn die Absicht ist, sondern das selbstvergessene Bei-der-Sache-sein unstetig die Reflexivität durchbricht. Für K. Schaller, der an seinen Lehrer Th. Ballauff und an Gedanken M. Bubers anknüpft, ist Bildung ebenfalls ein unplanbares Vorkommnis im Un-stetigen. Sie erweist sich nicht als Selbststand, sondern im Einstand und Beistand für die Wahrheit. Die Bedeutung der Existenzphilosophie für die Pädagogik hat vor allem O. F. Bollnow, auf den hier nur kurz verwiesen werden kann, aufgezeigt.

H. Roth setzt sich, von der Pädagogischen Psychologie herkommend, für den Ausbau der erfahrungswissenschaftlichen Methoden und für eine realistische Wendung in der Pädagogik ein, da man zunächst die Wirklichkeit erfassen muß, wenn man die Fakten auf ihre noch verborgenen pädagogischen Möglichkeiten hin verändern will. In seiner »Pädagogischen Anthropologie«, der die hier abgedruckten Textauszüge entstammen, beschreibt Roth das Phänomen und die Aufgaben der Erziehung, wie sie sich auf Grund der umfassend ausgewerteten Forschungsergebnisse der verschiedenen anthropologischen Disziplinen aus der Bildsamkeit und Bestimmung des Menschen ergeben.

K. Mollenhauer versteht die Erziehungswissenschaft als kritische Sozialwissenschaft. Für ihn sind Erziehungsbegriff und Gesellschaftssystem nicht unabhängig voneinander zu denken. Mit dem erfahrungswissenschaftlichen Ansatz der Pädagogik wird hier ein stark gesellschaftskritisches und gesellschaftspolitisches Interesse verbunden. Erziehung hat, wie der abgedruckte Aufsatz Mollenhauers erkennen läßt, nicht nur gesellschaftliche Zustände zu reproduzieren und die nachwachsende Generation an diese anzupassen, sondern aus dem Anspruch der Vernunft heraus die Kritik und Veränderungsfähigkeit hervorzubringen, die zur Realisierung zunehmender Emanzipation des Menschen in einer sich demokratisierenden offenen Industriegesellschaft erforderlich ist.

W. Loch versteht die Pädagogik als Enkulturationswissenschaft, die, wie der hier abgedruckte Aufsatz zeigt, unter Ausklammerung aller weltanschaulich-ideologischen Theorien, den Erziehungsbegriff kulturanthropologisch ableitet. Dabei kommt es Loch darauf an, den Erziehungsbegriff so zu definieren, daß sich aus ihm eine pädagogische Theorie ableiten läßt, deren Aussagen empirisch bestätigt oder widerlegt werden können. Da die Lebensform dem Menschen weder angeboren ist noch sich biomechanisch entwickelt, muß er sie als die Kultur jener Gesellschaft, in der er lebt, erst erlernen. Diese Enkulturation, die nicht nur die Erneuerung der überlieferten Kultur, sondern auch die Aktivierung kultureller Produktivität bewirkt, macht den umfassenden Gegenstand der Pädagogik aus. Von ihr aus läßt sich die Erziehung als ihr zentraler Gegenstand begreifen, und zwar als jene Interaktionsform der Lernhilfe, die der Mensch benötigt, wenn ihm das Erlernen kultureller Sachverhalte infolge von endogenen oder exogenen, bereits eingetretenen oder erwarteten Lernhemmungen nicht aus eigener Kraft gelingt.

Gamm repräsentiert einen historisch-materialistischen Ansatz, von dem aus er innerhalb der spätbürgerlichen, kapitalistischen Gesellschaft durch eine politische Pädagogik und eine Politisierung der Erziehung im marxistischen Sinne zur Gesellschaftsveränderung beitragen will. Im Unterschied zu liberalen Konzepten einer an individueller Mündigkeit interessierten emanzipatorischen Erziehung und kritischen Pädagogik in einer offenen, pluralistischen Demokratie, ist die sozialistische Pädagogik und Erziehung auf kollektive Emanzipation ausgerichtet. Auf der Basis einer Solidarisierung mit den Lohnabhängigen wird Parteilichkeit zum Bildungsprinzip erhoben und will man mit Hilfe einer Konfliktstrategie das Klassenbewußtsein und den Klassenkampf fördern, bestimmt von dem zentralen, utopischen Ziel, alle Herrschaft von Menschen über Menschen zu beseitigen. Erziehung und Bildung werden hier aus materialistischer Sicht in Abhängigkeit von ökonomischen und politischen Determinanten reflektiert mit dem Zweck der ideologischen Ausrichtung und Aktivierung einer parteilich engagierten pädagogischen Praxis.

Für Brezinka ist die Erziehungswissenschaft eine Sozialwissenschaft, um deren metatheoretische Begründung er sich im Sinne des kritischen Rationalismus bemüht. Im Unterschied zum naiven Empirismus wird hier jedes vermeintlich voraussetzungslose Registrieren von Fakten abgelehnt und eine theoriegeleitete erfahrungswissenschaftliche Forschung vertreten. Ihre Hypothesen werden so formuliert, daß sie durch intersubjektive Nachprüfung an der Realität prinzipiell falsifizierbar sind. Solange sie der Erfahrungskontrolle standhalten, können sie als vorläufig bewährt gelten. Auf diese Weise erkannte Wenn-dann-Beziehungen und Gesetzmäßigkeiten lassen sich zur Erklärung, Prognose und Technologie — auch im Bereich der Erziehung — verwenden. Ziel einer solchen Erziehungswissenschaft ist es nach Brezinka, Erkenntnisse über den Handlungsbereich Erziehung zu gewinnen, jedoch nicht, durch Werturteile die Erziehungsprozesse zu normieren oder zu regulieren. Dies sei die Aufgabe der Praktischen Pädagogik. Wenn die Erziehungswissenschaft nach diesem Konzept Theorien zu entwickeln hat, worunter hier ein System von an der Wirklichkeit mehr oder weniger gut bestätigten Gesetzeshypothesen verstanden wird, ist sie auf eindeutige und präzise Begriffe angewiesen, die für die Theoriebildung möglichst fruchtbar sein sollen. Eine solche Terminologie will Brezinka in kritischer Auseinandersetzung mit dem herkömmlichen pädagogischen Sprachgebrauch durch Begriffsexplikationen erreichen, z. B. in seinen im vorliegenden Quellentext abgedruckten Ausführungen über den Erziehungsbegriff.

Die im vorliegenden Band vereinten Texte können nur eine erste grobe Orientierung über die breite und verwirrende Skala des Erziehungs- und Bildungsbegriffes und seiner Wandlungen in der deutschen Pädagogik des 20. Jahrhunderts vermitteln. Es ist nicht der Zweck dieser Auswahl, von der Lektüre der vollständigen Schriften und der erwähnten weiterführenden Literatur zu befreien; sie will vielmehr zu deren gründlichem Studium anregen.

Bibliographie (Auswahl)

Willmann, O.: Didaktik als Bildungslehre (ursprünglich in 2 Bänden, Braunschweig 1882/1888), in einem Band 1909[4], Freiburg i. Br. 1957[6]
Lehmann, R.: Erziehung und Erzieher, Berlin 1901
Rein, W.: Pädagogik in systematischer Darstellung, 3 Bde., Langensalza 1902/03, 1911/12[2]
Barth, P.: Die Elemente der Erziehung- und Unterrichtslehre, Leipzig 1906
Göttler, J.: System der Pädagogik, München 1915, neu bearb. u. erw. von J. B. Westermayr, München 1964[12]
Hönigswald, R.: Studien zur Theorie pädagogischer Grundbegriffe, Leipzig 1915
Bergmann, E.: Die Grundlagen der deutschen Bildung, Leipzig 1916
Foerster, F. W.: Erziehung und Selbsterziehung, Zürich 1917
Kerschensteiner, G.: Das Grundaxiom des Bildungsprozesses, Berlin 1917, München 1964[10]
Häberlin, P.: Wege und Irrwege der Erziehung. Grundzüge einer allgemeinen Erziehungslehre, Berlin 1918
Hönigswald, R.: Über die Grundlagen der Pädagogik, München 1918
Cohn, J.: Geist der Erziehung. Pädagogik auf philosophischer Grundlage, Leipzig 1919
Spranger, E.: Kultur und Erziehung, Leipzig 1919, 1928[4]
Spranger, E.: Lebensformen, Halle 1920, Tübingen 1950[8]
Flitner, W.: Laienbildung, Jena 1921
Frischeisen-Köhler, M.: Bildung und Weltanschauung, Charlottenburg 1921
Paulsen, F.: Pädagogik, Stuttgart/Berlin 1921
Behrend, F.: Bildung und Kulturgemeinschaft, Leipzig 1922
Krieck, E.: Philosophie der Erziehung, Jena 1922
Grisebach, E.: Probleme der wirklichen Bildung, München 1923
Natorp, P.: Philosophie und Pädagogik, Marburg 1923
Petersen, P.: Allgemeine Erziehungswissenschaft, Berlin 1924
Krieck, E.: Menschenformung, Leipzig 1925
Scheler, M.: Die Formen des Wissens und der Bildung, Berlin 1925
Wagner, J.: Analyse des Bildungsbegriffes und des Bildungsprozesses, Frankfurt a. M. 1925
Buber, M.: Rede über das Erzieherische, Berlin 1926, wiederaufgenommen in: Reden über Erziehung, Heidelberg 1953
Kerschensteiner, G.: Theorie der Bildung, Leipzig 1926
Lehmensick, E.: Theorie der formalen Bildung, Göttingen 1926
Litt, Th.: Möglichkeiten und Grenzen der Pädagogik, Leipzig/Berlin 1926, 1931[2]
Delekat, F.: Von Sinn und Grenzen bewußter Erziehung, Leipzig 1927, Neudruck Darmstadt 1967
Litt, Th.: Führen oder Wachsenlassen, Leipzig 1927, Stuttgart 1965[12]
Eggersdorfer, F. X.: Jugendbildung, München 1928, 1956[8]
Hellpach, W.: Prägung, Leipzig 1928
Petersen, P.: Der Ursprung der Pädagogik, II. Teil der Allgemeinen Erziehungswissenschaft, Berlin 1931, 1964[2]
Tumlirz, O.: Der Begriff der Bildung, Wien 1931
Krieck, E.: Nationalpolitische Erziehung, Leipzig 1932/33[10]
Krieck, E.: Nationalsozialistische Erziehung, Osterwieck a. Harz 1933, 1937[4]

Nohl, H.: Die Theorie der Bildung. In: Hdb. d. Päd., 1. Bd., Hrsg. H. Nohl u. L. Pallat, Langensalza 1933; später selbständig unter dem Titel: Die pädagogische Bewegung in Deutschland und ihre Theorie, Frankfurt a. M. 1949³, 1963⁶
Häberlin, P.: Möglichkeiten und Grenzen der Erziehung, Zürich 1935
Barth, K.: Evangelium und Bildung, Zürich 1938
Döpp-Vorwald, H.: Erziehungswissenschaft und Philosophie der Erziehung, Berlin 1941, Ratingen 1967²
Bäumler, A.: Bildung und Gemeinschaft, Berlin 1942
Litt, Th.: Berufsbildung und Allgemeinbildung, Wiesbaden 1947
Lochner, R.: Erziehungswissenschaft im Abriß, Wolfenbüttel 1947
Meister, R.: Beiträge zur Theorie der Erziehung, Wien 1947; Neue Folge, Graz/Köln 1965
Petzelt, A.: Grundzüge systematischer Pädagogik, Stuttgart 1947, Freiburg i. Br. 1964³
Schneider, F.: Einführung in die Erziehungswissenschaft, Graz/Salzburg/Wien 1948, 1953³
Guyer, W.: Grundlagen einer Erziehungs- und Bildungslehre, Zürich 1949
Nohl, H.: Pädagogik aus dreißig Jahren, Frankfurt a. M. 1949
Flitner, W.: Allgemeine Pädagogik, Stuttgart 1950², 1975¹⁴ (Umgearb. u. erw. aus: Systematische Pädagogik, Breslau 1933)
Hammelsbeck, O.: Evangelische Lehre von der Erziehung, München 1950, 1958²
Bohne, G.: Grundlagen der Erziehung. Die Pädagogik in der Verantwortung vor Gott, Hamburg 1951
Spranger, E.: Pädagogische Perspektiven, Heidelberg 1951, 1964⁸
Kroh, O.: Revision der Erziehung, Heidelberg 1952, 1962⁶
Litt, Th.: Naturwissenschaft und Menschenbildung, Heidelberg 1952, 1968⁵
Weniger, E.: Didaktik als Bildungslehre, Teil I, Die Theorie der Bildungsinhalte und des Lehrplans, Weinheim/Bergstr. 1952, 1962⁴
Guardini, R.: Grundlegung der Bildungslehre, Würzburg 1953
Häberlin, P.: Allgemeine Pädagogik, Frauenfeld 1953
Kanning, F.: Strukturwissenschaftliche Pädagogik, Heidelberg 1953
Netzer, H.: Erziehungslehre im Abriß, Bad Heilbrunn 1953, 1968⁹
Weniger, E.: Die Eigenständigkeit der Erziehung in Theorie und Praxis, Weinheim/Bergstraße 1952, 1964³
Petersen, P.: Allgemeine Erziehungswissenschaft, Bd. 3, Der Mensch in der Erziehungswirklichkeit, Mühlheim/Ruhr 1954
Petzelt, A.: Grundlegung der Erziehung, Freiburg i. Br. 1954, 1961²
Litt, Th.: Das Bildungsideal der deutschen Klassik und die moderne Arbeitswelt, Bonn 1955, Bochum 1967⁶
Petzelt, A.: Wissen und Haltung. Untersuchungen zum Begriff der Bildung, Freiburg i. Br. 1955
Stettner, M.: Studien und Fragmente zur axiomatischen Pädagogik, Wien 1955
Weinstock, H.: Realer Humanismus, Heidelberg 1955
Derbalov, J.: Die gegenwärtige Situation des Wissens von der Erziehung, Bonn 1956
Brezinka, W.: Erziehung als Lebenshilfe, Wien/München 1965, 1967⁵
Flitner, W.: Das Selbstverständnis der Erziehungswissenschaft in der Gegenwart, Heidelberg 1957, 1965⁴
Klafki, W.: Das pädagogische Problem des Elementaren und die Theorie der kategorialen Bildung, Weinheim/Bergstr. 1957, 1965⁴
Litt, Th.: Technisches Denken und menschliche Bildung, Heidelberg 1957

Petzelt, A.: Von der Frage. Eine Studie zum Begriff der Bildung, Freiburg i. Br. 1957
Schwarz, R.: Wissenschaft und Bildung, Freiburg/Wien 1957
Keilhacker, M.: Pädagogische Orientierung im Zeitalter der Technik, Stuttgart 1958
Litt, Th.: Berufsbildung, Fachbildung, Menschenbildung, Bonn 1958
Siewerth, G.: Wagnis und Bewahrung. Zur metaphysischen Begründung des erzieherischen Auftrags, Düsseldorf 1958
Blankertz, H.: Der Begriff der Pädagogik im Neukantianismus, Weinheim/Berlin 1959
Bollnow, O. F.: Existenzphilosophie und Pädagogik, Stuttgart 1959, 1965³
Drechsler, J.: Das Wirklichkeitsproblem in der Erziehungswissenschaft, Heidelberg 1959
Spranger, E. (Hrsg.): Pädagogische Wahrheiten und Halbwahrheiten, Heidelberg 1959
Erlinghagen, K.: Vom Bildungsideal zur Lebensordnung, Freiburg 1960
Kampmann, Th.: Erziehung und Glaube, München 1960
Scheibe, W. (Hrsg.): Die Pädagogik im 20. Jahrhundert. Eine enzyklopädische Darstellung ihrer Grundfragen, geistigen Gehalte und Einrichtungen, Stuttgart 1960
Schaller, K.: Vom »Wesen« der Erziehung, Ratingen 1961
Ballauff, Th.: Systematische Pädagogik, Heidelberg 1962, 1966²
Eggersdorfer, F. X.: Jugenderziehung, Hrsg. A. Fischer, München 1962
Blankertz, H.: Berufsbildung und Utilitarismus, Düsseldorf 1963
Klafki, W.: Studien zur Bildungstheorie und Didaktik, Weinheim/Bergstr. 1963, 1972¹³
Lochner, R.: Deutsche Erziehungswissenschaft, Meisenheim a. Glan 1963
Röhrs, H. (Hrsg.): Die Bildungsfrage in der modernen Arbeitswelt, Frankfurt a. M. 1963
Schaller, K.: Der Gebildete heute. Sachwalter und Mitmensch, Bochum 1963
Doepp-Vorwald, H.: Grundfragen der Erziehungswissenschaft, Ratingen 1964
Dohmen, G.: Bildung und Schule, 2 Bde., Weinheim/Bergstr. 1964/65
Henz, H.: Lehrbuch der systematischen Pädagogik, Freiburg/Basel/Wien 1964, 1975⁴
Lorenzen, H.: Der Auftrag der Erziehung, Ratingen 1964, 1967²
Röhrs, H. (Hrsg.): Erziehungswissenschaft und Erziehungswirklichkeit, Frankfurt a. M. 1964
Klafki, W. (Hrsg.): Beiträge zur Geschichte des Bildungsbegriffs (von F. Rauhut — J. Schaarschmidt und einem Anhang mit Artikeln zur Wortfamilie »bilden — Bildung« aus den Wörterbüchern von Adelung, Campe, Grimm und Trübner), Weinheim/Bergstr. 1965
März, F.: Einführung in die Pädagogik, München 1965
Mühlbauer, R.: Der Begriff der Bildung in der Gegenwartspädagogik, St. Ottilien 1965
Spranger, E.: Grundlegende Bildung, Berufsbildung, Allgemeinbildung, Heft 9/10 der Reihe »Grundlagen und Grundfragen der Erziehung«, Heidelberg 1965
Strasser, S.: Erziehungswissenschaft — Erziehungsweisheit, München 1965
Ballauff, Th.: Philosophische Begründung der Pädagogik. Die Frage nach dem Ursprung der Bildung, Berlin 1966
Fischer, W.: Was ist Erziehung. Zur Abgrenzung und Bestimmung des Erziehungsbegriffes in der Pädagogik, München 1966
Kerstiens, L.: Der gebildete Mensch, Freiburg i. Br. 1966
Lichtenstein, E.: Zur Entwicklung des Bildungsbegriffs von Meister Eckhardt bis Hegel, Heidelberg 1966
Roth, H.: Pädagogische Anthropologie, Bd. I, Bildsamkeit und Bestimmung, Hannover 1966, 1971³
Schaller, K.: Studien zur systematischen Pädagogik, Heidelberg 1966
Drechsler, J.: Bildungstheorie und Prinzipienlehre der Didaktik, Heidelberg 1967

Froese, L.: Erziehung und Bildung in Schule und Gegenwart. Weinheim/Berlin 1967
Müllges, U.: Bildung und Berufsbildung, Ratingen 1967
Reinig, R.: Bildung und Person. Versuch einer personalen Bildungstheorie, Ratingen 1967
Wilhelm, Th.: Theorie der Schule, Stuttgart 1967, 1969²
Mollenhauer, K.: Erziehung und Emanzipation, München 1968, 1973⁶
Schaller, K. (Hrsg.): Erziehungswissenschaft und Erziehungsforschung, Hamburg 1968
Blankertz, H.: Theorien und Modelle der Didaktik, München 1969, 1974⁸
Ellwein, Th., Groothoff, H.-H., Rauschenberger, H. u. Roth, H. (Hrsg.): Erziehungswissenschaftliches Handbuch, Erster Band: Das Erziehen als gesellschaftliches Phänomen, Berlin 1969
Fend, H.: Sozialisierung und Erziehung, Weinheim/Berlin/Basel 1969, 1972⁵
Giesecke, H.: Einführung in die Pädagogik, München 1969, 1975⁷
Goldschmidt, D., Händle, Ch., Lepsius, M. R., Roeder, P.-M. u. Wellendorf, F.: Erziehungswissenschaft als Gesellschaftswissenschaft, Heidelberg 1969
Heitger, M.: Erziehung oder Manipulation, München 1969
Kuckartz, W.: Sozialisation und Erziehung, Essen 1969
Röhrs, H.: Allgemeine Erziehungswissenschaft, Weinheim/Berlin/Basel 1969, 1973³
Seiffert, H.: Erziehungswissenschaft im Umriß, Stuttgart/Berlin/Köln/Mainz 1969, 1971²
Slotta, G.: Grundprobleme der Erziehungswissenschaft, Bad Heilbrunn/Obb. 1969
Zöpfl, H.: Einführung in die Grundfragen der Pädagogik, Donauwörth 1969
Baethge, M.: Ausbildung und Herrschaft, Frankfurt a. M. 1970
Beck, J., u. a.: Erziehung in der Klassengesellschaft. Einführung in die Soziologie der Erziehung, München 1970.
Bokelmann, H.: Pädagogik: Erziehung, Erziehungswissenschaft. In: Handbuch pädagogischer Grundbegriffe, (Hrsg.: Speck, J. u. Wehle, G.), Bd. II, München 1970
Derbolav, J.: Frage und Anspruch. Pädagogische Studien und Analysen, Wuppertal/Ratingen/Düsseldorf 1970
Heydorn, H. J.: Über den Widerspruch von Bildung und Herrschaft, Frankfurt a. M. 1970
Kippert, K. (Hrsg.): Einführung in die Soziologie der Erziehung, Freiburg/Basel/Wien 1970
Massner, N.: Normative Pädagogik im Umbruch. Kritische Reflexionen zum katholischen Erziehungsverständnis der Gegenwart, München 1970
Menze, C.: Bildung. In: Handbuch pädagogischer Grundbegriffe, (Hrsg.: Speck, J. u. Wehle, G.), Bd. I, München 1970
Klafki, W., u. a.: Erziehungswissenschaft. Eine Einführung. 3 Bände, Frankfurt a. M. 1. Bd. 1970, 1971³, 2. Bd. 1970, 1971², 3. Bd. 1970, 1971²
Stieglitz, H.: Soziologie und Erziehungswissenschaft, Stuttgart 1970
Vogel, M. R.: Erziehung und Gesellschaftssystem, München 1970
Weber, E.: Erziehungsstile. Donauwörth 1970, 1974⁵
Brezinka, W.: Von der Pädagogik zur Erziehungswissenschaft. Weinheim/Berlin/Basel 1971, 1975³
Pleines, J.-E.: Bildung. Grundlegung und Kritik eines pädagogischen Begriffs. Heidelberg 1971
Roth, H.: Pädagogische Anthropologie, Bd. II: Entwicklung und Erziehung, Hannover/Berlin/Darmstadt/Dortmund 1971
Schäfer, K.-H. u. Schaller, K.: Kritische Erziehungswissenschaft und kommunikative Didaktik, Heidelberg 1971

Strelczyk, N.: Erziehung und Kultur. Untersuchungen zum pädagogischen Werk Richard Meisters, Wuppertal/Ratingen 1971
Gamm, H.-J.: Das Elend der spätbürgerlichen Pädagogik. Studien über den Erkenntnisstand einer Sozialwissenschaft, München 1972
Heitger, M.: Pädagogik, Darmstadt 1972
Heydorn, H.-J.: Zu einer Neufassung des Bildungsbegriffs, Frankfurt/Main 1972
Mollenhauer, K.: Theorien zum Erziehungsprozeß, München 1972, 1973[2]
Rössner, L.: Erziehung in der Gesellschaft, Braunschweig 1972
Voets, S., Hrsg.: Sozialistische Erziehung. Texte zur Theorie und Praxis, Hamburg 1972
Weber, E.: Pädagogik. Eine Einführung. 1. Bd.: Grundfragen und Grundbegriffe, Donauwörth 1972, 1975[7]
Werder, L. v.: Von der antiautoritären zur proletarischen Erziehung, Frankfurt a. M. 1972
Wolf, A.: Brennpunkte moderner Erziehungswissenschaft, Donauwörth 1972
Zdarzil, H.: Pädagogische Anthropologie. Studien zur Kategorialanalyse der Erziehung und der Erziehungswissenschaft, Heidelberg 1972
Autorenkollektiv: Revolutionäre Erziehung im Kapitalismus und Sozialismus. Kritik der antiautoritären Erziehung, Köln 1973
Benner, D.: Hauptströmungen der Erziehungswissenschaft. Eine Systematik traditioneller und moderner Theorien, München 1973
Claßen, J., Hrsg.: Antiautoritäre Erziehung in der wissenschaftlichen Diskussion, Heidelberg 1973
Erlinghagen, K.: Autorität und Antiautorität. Erziehung zwischen Bindung und Emanzipation, Heidelberg 1973
Götz, B.: Erfahrung und Erziehung. Prinzipien der pragmatischen Erziehungstheorie, Freiburg 1973
Hartfiel, G. und Holm, K., Hrsg.: Bildung und Erziehung in der Industriegesellschaft, Opladen 1973
Hierdeis, H., Hrsg.: Sozialistische Pädagogik im 19. und 20. Jahrhundert, Bad Heilbrunn, Obb. 1973
Kanz, H., Hrsg.: Einführung in das erziehungswissenschaftliche Grundstudium, Stuttgart 1973
Klauer, K. J.: Revision des Erziehungsbegriffs. Grundlagen einer empirisch-rationalen Pädagogik, Düsseldorf 1973
Kron, F. W., Hrsg.: Antiautoritäre Erziehung, Bad Heilbrunn, Obb. 1973
Strzelewicz, W. u. a.: Bildung und gesellschaftliches Bewußtsein, Stuttgart 1973
Weber, E., Hrsg.: Zur moralischen Erziehung in Unterricht und Schule, Donauwörth 1973, 1974[2]
Xochellis, P.: Pädagogische Grundbegriffe. Eine Einführung in die Pädagogik, München 1973
Brezinka, W.: Grundbegriffe der Erziehungswissenschaft, München/Basel 1974, 1975[2]
Brezinka, W.: Erziehung und Kulturrevolution. Die Pädagogik der Neuen Linken, München/Basel 1974
Gamm, H.-J.: Einführung in das Studium der Erziehungswissenschaft, München 1974
Kerstiens, L.: Modelle emanzipatorischer Erziehung, Bad Heilbrunn, Obb. 1974
Lempert, W.: Berufliche Bildung als Beitrag zur gesellschaftlichen Demokratisierung, Frankfurt a. M. 1974
Schmied-Kowarzik, W.: Dialektische Pädagogik, München 1974

Tröger, W.: Erziehungsziele, München 1974
Weber, E.: Autorität im Wandel. Autoritäre, antiautoritäre und emanzipatorische Erziehung, Donauwörth 1974
Derbolav, J.: Pädagogik und Politik, Stuttgart 1975
Groothoff, H.-H.: Einführung in die Erziehungswissenschaft, Ratingen 1975
Gröll, J.: Erziehung im gesellschaftlichen Reproduktionsprozeß, Frankfurt a. M. 1975
Kopp, F., Hrsg.: Erziehung hat Zukunft. Aufgaben, Probleme, Chancen, Donauwörth 1975
Lochner, R.: Phänomene der Erziehung, Meisenheim 1975
Oerter, R. und Weber, E., Hrsg.: Der Aspekt des Emotionalen in Unterricht und Erziehung, Donauwörth 1975²
Preuß, U. K.: Bildung und Herrschaft, Frankfurt a. M. 1975
Rössner, L.: Rationalistische Pädagogik. Ein erziehungswissenschaftliches Programm, Stuttgart 1975
Scheuerl, H: Probleme einer systematischen Pädagogik. In: Erziehungswissenschaftliches Handbuch, Bd. IV: Pädagogik als Wissenschaft. Theorien und Methoden. Hrsg.: Th. Ellwein, H.-H. Groothoff, H. Rauschenberger u. H. Roth, Berlin 1975
Schieck, G.: Emanzipation in der Erziehung. Von der Fremderziehung zur Selbsterziehung, Pullach b. München 1975
Schmidt, G. R.: Autorität in der Erziehung, Freiburg 1975
Voigt, W.: Einführung in die Berufs- und Wirtschaftspädagogik, München 1975
Wilhelm, Th.: Jenseits der Emanzipation. Pädagogische Alternativen zu einem magischen Freiheitsbegriff, Stuttgart 1975
Brezinka, W.: Erziehungsziele, Erziehungsmittel, Erziehungserfolg. Beiträge zu einem System der Erziehungswissenschaft, München/Basel 1976
Fucke, E.: Berufliche und allgemeine Bildung, Stuttgart 1976
Hammel, W.: Aspekte sittlicher Erziehung, Bad Heilbrunn, Obb. 1976
Kob, J.: Soziologische Theorie der Erziehung, Stuttgart 1976
Lempert, W. und Franzke, R.: Die Berufserziehung, München 1976
Werder, L. v.: Erziehung und gesellschaftlicher Fortschritt, Frankfurt a. M. 1976